Man and Society in Disaster

シリーズ 災害と社会 ………… 4

減災政策論入門

【巨大災害リスクのガバナンスと市場経済】

永松伸吾 著

弘文堂

序　防災対策から減災政策へ

　本書は、防災・減災分野における公共政策を論じる、おそらく我が国では初めての試みである。

　我が国ではこれから半世紀ほどの間に、東海・東南海・南海地震などの超広域地震津波災害や、首都直下地震などの大規模都市災害の発生が懸念されており、1万人を超える人的被害や100兆円近い経済的被害など、いずれも我が国にとって未曾有の大災害になることが予想されている。さらに地球温暖化によるグローバルな気候変動が、将来的に大規模な風水害の発生可能性を高めていることも指摘されている。

　このように、今後発生が予測される超巨大災害に対して、我々の社会はどう向き合い、どのような公共政策を構想してゆけば良いのだろうか。これが本書の問題意識である。

　防災・減災が公共的な政策課題であることは、本書が殊更に強調するまでもない。なにしろ我が国において、防災は重要な課題の一つとして、つねに政府政策の主要な柱の一つに掲げられていた。今日でも、我が国の防災政策に関する最高の方針決定機関・実施機関である中央防災会議は、経済財政諮問会議、総合科学技術会議、男女共同参画会議らと並び、内閣府に設置される「重要政策に関する会議」の一つを構成している。

　しかしながら、防災・減災分野における政策論はそれほど盛んには行われてこなかった。別の角度からみれば、公共政策研究の対象として、防災・減災はほとんど顧みられて来なかった。それは果たしてなぜなのだろうか。

対策論としての防災

　その理由は、政府の防災・減災政策に求められていたものが、実は「政策」ではなく「対策」であったということに他ならない。

　防災・減災分野では一貫して災害による人的・経済的被害を抑止する、あるいは軽減するということが政策目標に掲げられていた。そしてこの政策目標は今日まで全く疑われることがなかった。

　このため、防災・減災分野の政府政策とは、極論すれば科学技術の成果を

活用し、被害軽減の「対策」を講じることであったといえよう。このため、防災・減災に関する学術的研究の多くは、災害による被害が生じるメカニズムを科学的に解明し、そのメカニズムを利用して被害を軽減するための対策を考案するということをもっぱら行ってきた。砂防技術、河川改修技術、都市の排水設備の開発、気象予報技術、耐震化技術、情報技術などがそれにあたる。社会科学も、主に社会学や心理学などを中心として、例えばデマやうわさなど災害時に生じる問題の発生メカニズムを解明し、その解決策を探ることにその作業の多くを捧げてきたのである。

　そして、そのような対策を実施することによって、確実に被害が減らせるはずだという確信が多くの人々にあったことも見逃せない。災害リスクの多くは科学的に解明されており、対策の技術もほとんどメニュー化されていると考えれば、あとはその技術を採用するために予算をつけるか否かという問題だけであった。しかしこれも経済が成長し、財政規模も拡大し続けてきたこれまでの我が国においては、それほど大きな問題ではなかったように思われる。

なぜ「減災政策論」か

　しかしこのような対策中心の議論では、これからの巨大災害を乗り切ることはできないと筆者は痛切に感じている。

　その理由は、本書で詳細に述べるように、われわれが直面している災害のリスクがかつてとは全く異なり、非常に扱いにくい性格に変貌を遂げているということ、そして我々の社会も人口減少や高齢化、経済の低成長化という大きな構造変化を遂げているということが背景にある。

　このような時代において、災害被害を技術的に軽減することはますます難しくなってきている。我が国の土地利用のあり方や経済システム、ライフスタイルそのものを改めて問い直すことなしには、いっそうの被害の軽減は見込めなくなってきている。このため、災害被害を軽減するという目的の達成のためには、他の政策目標——例えば経済成長など——を犠牲にしなければならない場面も生じるかもしれない。

　また、被害軽減が困難になったということは、被害の発生を前提としてどうやって速やかに復興を遂げるかという、復旧・復興の問題が相対的に高い重要性を帯びるようになったことを意味する。これによって、災害リスクの捉え方も変化が求められている。災害リスクとは決して人命損失や資産喪失

だけではない。我々の生活は衣食住といった基本的な財のみによって成り立っているわけではない。家族やコミュニティのつながりや、郷土への誇り、労働を通じて得られる生き甲斐、将来への希望、生活基盤の安定など、人々の生活の質に関わるこれらの要素が必要不可欠なのである。災害はこれらを瞬時に破壊すると同時に、高齢化・低成長化といった社会構造の変化によって、その回復がかつてよりも非常に困難になってきているのである。

このような時代において、もはや災害による人的・物的被害の軽減という政策目標を金科玉条としていてはならないと筆者は考える。災害被害の軽減という目標を所与のものとするのではなく、新しい時代に適った政策目標を再定義し、その実現に向けた政策手段の体系をデザインする作業が必要なのである。その新しい政策目標と手段の体系のことを、本書では従来の防災対策あるいは防災政策と区別するために、あえて耳慣れない「減災政策」という言葉を充てることとした。

公共政策学としての減災政策論

ところで、本書は防災・減災分野における政策論ということだけではなく、公共政策学の防災・減災分野における実践という位置づけも同時に与えたいと考えている。本書が依拠しているディシプリン(学問分野)は何かという問いには、迷わず「公共政策学」であると回答したい。

公共政策学が独立したディシプリンとして存在するか否かについては、学会でも議論が分かれるところであるが、少なくとも公共政策学が「さまざまなディシプリンの中に散在する洞察を丹念に拾い集め、それらをさまざまに異なる文脈に応用可能な問題「解決」のための一般理論つまりは実践知へと統合すること(足立 2005; p.9)」にその使命があり、したがって政策学は純然たる「分析」だけではなく、「処方」を当然に含むものであるという認識については、ほぼ共通認識が得られているように思われる。

本書を支えているのは、まさにこの発想であり、防災・減災分野における公共政策課題の解決の「処方」を見出すことにある。そしてそのために、本書の分析視点として以下を設定した。

第一に、本書はかなりの程度、価値判断を含む主張を行っている。政策の選択や決定は一般に、いかなる価値を他の諸価値との関係でどの程度重視するかという、価値判断を含むプロセスである(足立 2005)。特にそれは、政策課題の設定の場面から顕著に表れる。例えば土砂災害による被害を、十分

な砂防工事がなされていなかったことを問題ととらえるのか、それともそういった危険な地域に人々が住んでいることを問題ととらえるのか、どちらの立場を採るのかは明らかに価値判断を含む問いである。具体的な政策課題の解決の指針を与えようとする減災政策論の立場からは、このような問いに対して解答を出すことが求められる。もちろん、なぜそのような価値判断が妥当かということについてはできる限り丹念に論じたつもりである。

　第二に、学際性である。本書が参考とした先行研究は経済学、政治学、行政学、社会学、土木工学、建築学、都市計画学、リスク学、公共哲学など広範な分野にまたがる。もちろん、これが減災政策論において必要な知見を十分に網羅しているというつもりはないが、筆者が考える減災政策を論じようとした結果として、少なくともこれらの分野の知見を参照する必要があると判断したからである。もちろん、筆者は必ずしもすべての分野において専門的な訓練を受けたわけではないため、誤解しているところも少なくないかもしれない。それについてはご指摘頂ければ幸いである。

　第三に、政策過程に対する配慮である。公共政策、とりわけ政府による政策の決定と実施には、選挙や世論を通じて広く市民による合意がなされなければならないし、議会による議決を通じて実際の政策が選択されなければならない(松下 1992)。このようなプロセスを生き残った政策のみが現実に採用されることになる。したがってこれらのプロセスを無視した政策提案は現実的ではない。特に、防災・減災分野は平時において市民や政治家の関心は高くないが、ひとたび災害が発生するとヒステリックなまでに関心が高まる。このような独特の政策過程についても本書は極力考慮に含めたつもりである。

　もとより、以上のような視点がどれだけ有効に機能し、減災政策の処方を導くことに成功しているかは読者の評価を待つより他にない。

本書の想定読者

　タイトルにもあるように、本書は入門書として執筆されている。しかし、ここまで読まれた読者も感じられたことと思うが、本書は初学者を対象としたテキストとは全く異なる性格を持っている。普通入門書といえば、対象の分野における通説と論点をわかりやすく紹介し、当該分野の全体像を示しながら、さらに高度な内容に進むための論理的基礎を与えるものが相場であろう。しかし本書に関して言えば、必ずしもこうしたことを目的として執筆されていない。なにしろ、減災政策について論じた書物が初めてのものである。

スタンダードなどあるはずもないし、見方を変えればどれも最先端の議論だともいえる。

それでも、あえて本書を入門書と位置づけたのは、いくつかの理由による。

一つは、本書が主な読者として、中央省庁・地方行政などの政策担当者やNPO・NGOのリーダー、政策提言を行う民間シンクタンクなど、減災政策に関わる実務家を想定しているからである。本書があくまで防災・減災分野における具体的な課題解決のための処方を提示するという目的からすれば、実務の方々に読んで理解してもらえることなしには、本書の出版意義は低いと判断したからである。

もう一つは、防災分野における政策研究を志す学生の参考となる本にしたいという思いである。筆者は大学の教員ではないが、それでもたまに大学院で公共政策を学ぶ学生から相談を受けることがある。そのすべてが修士論文で防災をテーマとして論文を書きたいが、先行研究が乏しいのでどうしたらいいかというものであった。このような学生たちが、防災・減災分野における政策研究をはじめるにあたって足がかりとなるような本にしたいと考えた。

そこで、本書は、特定の学問分野における基礎知識を前提とせず、大学卒レベルで理解できるような内容にすることを、執筆にあたっての目標とした。理論的な議論や専門的な部分についてはコラム等にまとめ、本文はできるかぎり読みやすくするように配慮したつもりである。

本書の構成

本書は以下のように構成されている。

第1章「減災政策の基本的視点」では、防災・減災という政策領域が持つ性質や特殊性について、災害の低頻度化・巨大化及び多様化・複雑化などをキーワードとして概観する。そして、これらが具体的な政策決定・実施の局面において、どのような問題を生じさせているかを、住宅耐震化施策と住宅再建支援施策を事例として概観する。これらを踏まえて、旧来の防災対策の考え方の限界を示し、「尊厳ある生の保障」を政策目標とする「減災政策」を提案する。

第2章では、減災政策論における中核的な課題の一つとなる経済リスクの問題について詳しく論じる。第一の論点は、災害時に発生する経済問題についてである。従来考えられていたような供給サイド中心の発想から、需要サイドを考慮しなければならないこと、そしてこうした問題の解決のためには、

市場メカニズムとは異なる、人為的調整を含む新しいガバナンス構造が必要であることを論じる。第二に、将来の巨大災害からの復旧・復興戦略である。将来の巨大災害ではその復旧・復興に必要な財源が巨額に及び、従来のような総花的な復旧・復興対策は不可能となる。既存の災害復旧制度を抜本的に見直し、戦略的な復旧・復興戦略の構築を可能とするガバナンス構造の構築が急務であることを論じる。

　第3章では、減災政策におけるガバナンス構造を考える議論の材料として、地域防災について論じる。地域社会において防災上の課題のとらえ方が歴史的に変化を遂げ、その結果「地域防災」という概念が、今日では多様な主体の水平的協働関係を含意するものとして発展してきたという経緯を紹介しつつ、具体的な政策手段として、地域防災計画のあり方について今後の方向性を提示したい。

　第4章では、これまでの議論を踏まえて、減災政策の構想を支えるガバナンス構造のあり方について論じ、今後の課題について展望する。

減災政策論に関する諸外国の状況

　なお、防災・減災分野の政策論は、我が国では初めての試みであるが、海外ではすでにいくつかの試みがなされており、本書の執筆においても参考にした。これらを読むと、テロを含めた巨大災害への対処というのがいずれの国においても大きな課題になっており、そのための政策論が必要とされているということが我が国だけの状況ではないということがうかがえる。本書をきっかけに、より本格的にこの分野における政策論に進みたいと思われる読者は、ぜひこれらに挑戦して頂きたい。

Kettl, Donald F.（2007）, *System under Stress: Homeland Security and American Politics (2nd edition)*, CQ PRess.
Sylves, Rechard（2008）, *Disaster Policy & Politics*, CQ Press.
Handmer, John and Stephen Dovers（2007）, *The Handbook of Disaster and Emergency Policies and Institutions*, Earthscan.

　なお、本書の執筆にあたっては、筆者が過去に発表した以下の論文を参考としたが、かなりの加筆修正を行っているため、ほとんど原型を留めていないものも少なくない。参考までに以下記す。

第 1 章
永松伸吾・秦康範(2003)「住宅被害の軽減策の推進と事後補償の充実―両立可能な制度の提案」『地域安全学会論文集』5, 353-362.
永松伸吾(2007)「持続可能な地域社会に寄与する災害対策:展望と課題」『月刊地方財務』2008 年 1 月号.
永松伸吾(2005)「住宅耐震化と再建支援の経済学:生活の安全保障の構築に向けて」『建築と社会』994, 23-24.
永松伸吾(2005)「住宅の地震リスクマネジメント:制度設計に関する一考察」『都市住宅学』50, 9-13.

第 2 章
永松伸吾(2007)「新潟県中越地震発生直後の小千谷市における贈与経済の発生メカニズムと経済復興に与える影響に関する分析」『計画行政』30(1), 109.116.
永松伸吾(2007)「災害と地域経済:巨大災害に向けた対策の長期戦略」平成 19 年日本公共政策学会大会『防災政策の長期戦略』於東北大学.
永松伸吾(2006)「阪神・淡路大震災からの経済復興と復興財政」『減災』1, 106-123.
永松伸吾・林敏彦(2005)「阪神・淡路大震災からの経済復興と復興財政の機能について」『震災復興と公共政策Ⅱ』DRI 調査研究レポート, 7, 40-59.
永松伸吾(2007)『地震に負けるな地域経済:小千谷・柏崎発「弁当プロジェクト」のススメ』独立行政法人防災科学技術研究所.

第 3 章
永松伸吾(2008)「「地域防災」概念の発展とガバナンスの課題」『自治体危機管理研究』1, 47-60.
永松伸吾・林春男・河田惠昭(2005)「地域防災計画にみる防災行政の課題」『地域安全学会論文集』7, 395-404.

『減災政策論入門──巨大災害リスクのガバナンスと市場経済』　目次

序　防災対策から減災政策へ　003

第1章
減災政策論の基本的視点　017

【第1節】　**はじめに**　018

【第2節】　**我が国の戦後防災行政の成果**　019
1. 1980年代までの劇的な被害軽減
   - ●コラム●　災害サイクルモデル　023
2. 災害リスクの質的転換──より低頻度だがより破滅的な被害の災害へ
   - ●コラム●　災害リスクの構造　028
3. 防災行政の課題としての低頻度巨大災害対策
4. 低頻度巨大災害に対する政策対応の困難さ
5. リスクの内容の多様化と複雑化
   - ❶震災関連死　❷失業　❸誰が災害リスクに曝されているのか

【第3節】　**住宅耐震改修促進施策にみる防災対策の特徴**　038
1. 住宅耐震改修促進施策の政策的重要性
2. 背景──阪神・淡路大震災と住宅被害
3. 耐震改修促進施策の展開
4. 耐震改修促進施策の問題点
   - ❶未成熟な耐震改修の市場　❷耐震改修とは合理的な選択か？
   - ❸「耐震改修」とは何か──定義を巡る問題
   - ❹どのような住宅を改修するか──対象を巡る問題
   - ❺そもそも耐震改修が可能な対策なのか
   - ●コラム●　外部不経済　053

【第4節】　**住宅再建支援制度にみる防災対策の特徴**　054
1. 阪神・淡路大震災までの制度
   - ❶災害救助法による支援　❷地震保険制度の創設
2. 阪神・淡路大震災以降の施策展開

❶仮設住宅の建設　　❷住宅復興と公営住宅の建設
❸復興公営住宅供給の問題点

3　住宅再建支援の政策過程
❶住宅再建共済制度の提案　　❷生活再建支援法の成立
❸支援法の第1次見直し──耐震化 vs. 住宅再建支援
❹「居住安定支援制度」の創設──住宅本体の支援は実現せず
❺被災者生活再建支援法第2次改正──所得要件の撤廃と住宅本体への支給
❻政治決着

4　生活再建支援制度の問題点
❶大災害時のフィージビリティー
❷制度間の整合性

●コラム●　大数の法則と地震保険　068

【第5節】　減災政策の基本的特性　070

1　不確実性と科学技術
2　不安定な世論と政策過程
❶減災政策における政治過程の特色　　❷政治的実現可能性への配慮
3　市場メカニズム
❶市場メカニズムの利点　　❷市場メカニズムの限界

●コラム●　政策プロセス理論と減災政策への含意　080
●コラム●　市場メカニズムと規制　082

【第6節】　減災政策の課題　085

1　政策目標の転換──「被害軽減」から「尊厳ある生の保障」へ
2　事前対策と事後対策の総合的検討
3　「弱者救済」から「安全保障」への転換
4　社会の持続可能性の向上

●コラム●　経済的豊かさは安全を生むか──ホービッチの主張を巡って　092
●コラム●　人間の安全保障　094

第2章

災害と経済システム ……………………………………… 095

【第1節】 はじめに　096

【第2節】 経済的被害とは何か　097
  1. 直接被害と間接被害の概念
     - ❶マクロ的生産関数　❷ストック被害とフロー被害
     - ❸間接被害概念の特徴
  2. 被害額推計の実際
  3. 経済被害推計の持つ政策的含意
     - ●コラム●　GDPと経済成長率　103

【第3節】 災害が経済に及ぼす影響　105
  1. 災害と経済成長
     - ❶供給側への影響　❷需要側への影響　❸総合的な影響
  2. 災害と市場メカニズム
     - ●コラム●　生産力とは　113

【第4節】 贈与経済　114
  1. 贈与経済とは何か
  2. 贈与経済の実態──2004年新潟県中越地震
     - 被災企業の売上回復と贈与経済の影響の分析
  3. 贈与経済発生の理論的考察
     - ❶送り手からみた贈与の意義　❷受け手から見た贈与の意義
     - ❸贈与経済の取引システムとしての優位性　❹贈与経済から調整経済へ
  4. 贈与経済が持つ減災政策への含意

【第5節】 巨大災害からの経済復興とその課題　125
  1. 阪神・淡路大震災にみる経済復興の足取り
     - ❶兵庫県内総支出の推移　❷震災による復興需要
     - ❸5年間で7.7兆円の復興需要の発生　❹復興需要の9割が被災地外へ漏洩
     - ❺復興需要の官民比率は3対7
  2. 低成長化と経済復興
     - ❶被災企業への復旧支援とその効果　❷復興過程における倒産件数の急増

❸復旧・復興の投資を回収できない低成長経済
3 産業構造のソフト化と経済復興
❶労働市場における需給のミスマッチ
❷肉体労働と事務労働との需給ギャップ
❸復興需要と労働需要　❹政府による雇用対策とその効果
4 グローバル化と経済復興
❶グローバル化する港湾ビジネスと神戸港の被害　❷ケミカルシューズ産業
5 被災都市経済のモデル
災害対応と経済復興のトレードオフ
6 供給側の課題──事業継続(BC)の有効性と限界
❶減災政策におけるBCPの限界
　　合成の誤謬　事業所の私的重要業務と社会的重要業務の乖離
　　地域経済復興に与える悪影響　需要側に起因する業務停止の問題
7 需要側の課題──災害時の需要の被災地内部からの調達
❶弁当プロジェクト　❷小千谷市における食料調達の問題
❸被災地で弁当を作る　❹小千谷弁当プロジェクトの意義
❺2007年新潟県中越沖地震──弁当プロジェクトの発展
❻市場経済を支える共同体の論理　❼共同体を支える市場経済
● コラム ●　BCPとは　153
● コラム ●　2005年3月福岡県西方沖地震　154

【第6節】 将来の巨大災害における経済リスク　156

1 災害復旧・復興のファイナンス
民間資金と公的資金の関係
2 今後の巨大災害における復興需要と資金規模の推計
❶先行研究とその課題
❷阪神・淡路大震災と新潟県中越地震の復興需要額の推計
❸復興需要と直接被害額の関係　❹推計結果
❺なぜ阪神・淡路大震災のマクロ経済への影響は小さかったのか
❻将来の巨大災害におけるマクロ経済への影響
3 巨大災害によるマクロ経済シナリオ
シナリオ分岐点としての生産力の回復
● コラム ●　関東大震災と昭和金融恐慌　169

【第7節】 災害復興財政制度　171

1 問題提起
❶災害復旧事業と地域の持続可能性──水俣市の事例
❷災害復旧の意義が問われる超広域巨大災害
2 日本の災害復旧財政制度の概略

    3　災害復旧事業の国庫負担制度
    4　地方債の発行と普通交付税による措置
    5　特別交付税
    6　激甚災害法
    7　我が国の災害復旧財政制度の特徴と問題点
        ❶迅速かつ確実な災害復旧を可能にするシステム
        ❷低成長・人口減少の時代に不適合のシステム
        ❸災害復旧事業費の一般財源化の必要性
        ❹復旧・復興のガバナンスの再構成

【補論】　**阪神・淡路大震災の直接被害額の補正**　184
    ●コラム●　地方交付税制度と三位一体改革　186
    ●コラム●　阪神・淡路大震災における財政特例措置　188
    ●コラム●　復興基金　189

第 **3** 章

地域防災 ……………………………………………………………… 191

【第1節】　**はじめに**　192
    1　減災政策における地域社会の位置づけ
    2　地域社会と政府、市場
    3　地域防災の重要性の再認識

【第2節】　**「地域防災」概念の生成と発展**　195
    1　第一期(国土保全期:戦後〜1960年代)
    2　第二期(都市基盤防災期:1970年代)
    3　第三期(コミュニティ防災期:1980年代〜阪神・淡路大震災)
        ❶「減災」概念と「自助・共助・公助」概念の誕生
        ❷地域コミュニティの発達　❸都市生活の複雑化による不確実性の増大
    4　第四期(地域防災期:阪神・淡路大震災以降)
        ❶「分業」から「協働」へ　❷新しい災害対応主体の誕生
        ❸市場メカニズムの導入
    5　「地域防災」概念の特徴

【第3節】 防災行政と地域防災計画　203

1　防災行政のサイクル
2　アセスメントと被害想定の重要性
　❶被害想定の科学性と政治性　❷適正な想定水準
3　被害想定と業績評価
4　災害対策基本法と地域防災計画
　❶部局・組織を横断する総合的な政策分野であること
　❷既存の法体系・所掌体系を所与としていること
　❸防災計画によるコントロール(統制)を指向していること
5　地域防災計画の問題点
　❶性格の異なる「対応計画」と「予防計画」の同居
　❷広域災害への対処が困難である　❸価値体系・価値判断の欠如
　❹ステークホルダーの計画過程への参加機会の欠如
　❺業務責任と計画権限の不一致

【第4節】 地域防災計画の相対化現象　218

1　アクションプログラム
　❶アクションプログラムとは何か　❷アクションプログラム作成の意義
2　防災基本条例
3　危機管理計画
4　業務継続計画
5　ガバナンス計画としての防災計画のあり方
　●コラム●　明石市地域防災計画(平成18年度修正)　231

第4章

巨大災害に向けたガバナンスの再構築──まとめに代えて　233

【第1節】 これまでの振り返り　234

【第2節】 減災政策におけるガバナンスの課題　238

1　四つの統治システム
2　〈市場〉・〈国家〉・〈共同体〉・〈科学〉の相互補完関係
　❶〈市場〉－〈国家〉の関係について　❷〈市場〉－〈共同体〉
　❸〈市場〉－〈科学〉　❹〈国家〉－〈共同体〉

❺〈国家〉−〈科学〉　　❻〈共同体〉−〈科学〉
　3　減災政策におけるガバナンスのあり方
　　❶減災政策のための財源と配分ルールに関する研究
　　❷不確実性を内包した政策的意思決定のあり方に関する研究

参考文献　248

あとがき　252

索引　255

第 **1** 章

減災政策論の基本的視点

▶第 1 節……… **はじめに**
▶第 2 節……… **我が国の戦後防災行政の成果**
▶第 3 節……… **住宅耐震化推進施策にみる防災対策の特徴**
▶第 4 節……… **住宅再建支援制度にみる防災対策の特徴**
▶第 5 節……… **減災政策の基本的特性**
▶第 6 節……… **減災政策の課題**

第1節 はじめに

　本章では、本書で論じようとする「減災政策論」の基本的な考え方を示すことを目標としている。

　それぞれの政策分野はその目的やステークホルダー（利害関係者）、法的・制度的枠組みも全く異なる。減災政策を構想するにあたっては、一般的な政策に関する理論はもちろんのことながら、防災・減災分野がどのような政策分野で、これまでどのような対策が行われてきたか、現在この分野が直面している課題とは何か、そしてこの分野の政策を検討するにあたって特別に考慮すべき特徴は何かを明らかにしておく必要があるだろう。

　このため、本章では、はじめに戦後の我が国の防災行政の到達点について概観する。そして現在我が国は災害リスクの低頻度高被害化と多様化・複雑化という質的転換を迎えており、これらに対する新たな政策的対応が求められていることを明らかにする。

　次に、防災・減災分野における政策課題固有の困難さやその特色を明らかにするために、その最重要課題の一つである、住宅の耐震化推進施策と、被災した住宅の再建支援施策についてやや詳細に論じる。これらを手掛かりに、防災・減災分野の固有の特色について、科学技術、政策過程、市場メカニズムのいう三つの観点から整理する。そして、人的・物的被害の軽減という従来の防災対策の目標に変わるものとして、「尊厳ある生の保障」という新しい目標を掲げた「減災政策」の構想を論じる。

第2節

我が国の戦後防災行政の成果

1……1980年代までの劇的な被害軽減

　我が国の防災行政の目的は、国民の生命・財産を災害から守ることである。我が国における防災行政の憲法とも呼べる災害対策基本法第1条には、「この法律は国土ならびに国民の生命、身体および財産を災害から保護するため……」と、我が国の災害対策の目的を明記している。

　なにも法律に定められるまでもない。そもそも近代国家の存在理由の一つは、治安や国防など、個々の国民がそれぞれに実現することができないような公共的な価値の実現にあると言われる。もちろん、治山・治水をはじめとする大規模な災害対策もその範疇に含まれる。国家に国民から徴税する権利が与えられているのも、法を侵す国民に刑罰を与える権限が付与されているのも、まさに国家がこうした公共的価値の実現を国民から付託されているからに他ならない。換言すれば、国民の安全を守れない権力には正統性を認められないのである（五百旗頭1995）。

　現実に、我が国ではその目的は達せられているのだろうか。残念ながら、毎年のように全国各地で災害は発生し、犠牲となる人々も後を絶たない。しかしながら、戦後の我が国の災害死者数を辿ってみると、我が国の災害による死者数は、1995年の阪神・淡路大震災を例外とすれば、劇的に減少を遂げているのである。図1は、戦後の我が国の自然災害による死者数の推移を表したグラフである。時代背景を示すために、我が国の経済成長率の推移を参考までに重ねている。これによれば、死者が千人を超える災害を戦後列挙すると、1945年に三河地震（死者2306人）、枕崎台風（死者3756人）、1946年には南海地震（死者1443人）、1947年にはカスリーン台風（死者1930人）、1948年には福井地震（死者3769人）、1953年には6月に前線による大雨（死者1013人）7月に南紀豪雨（死者1124人）、1954年には洞爺丸台風（死者1761人）と、戦後10年の間に8回も発生している。たまたま

大きな地震が連続して発生したという要因もあるが、特に風水害の被害を大きくした理由は、終戦後の我が国の国土の荒廃に求められる。すなわち、我が国は戦時経済下において、国内の資金を軍需産業に重点配分した。このため、戦時中は十分な治山治水事業を行うことができなかったのである。

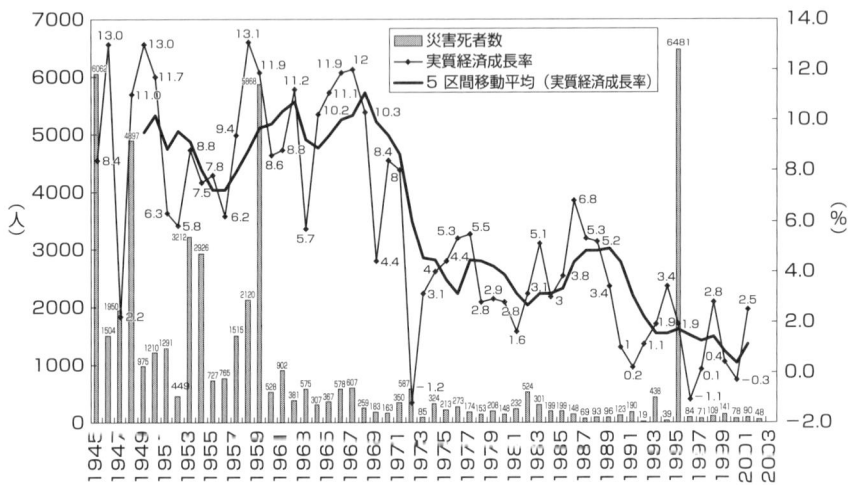

図1　戦後我が国の自然災害による死者数の推移
(出所)　防災白書並びに経済財政白書より筆者作成

　しかし1959年の伊勢湾台風災害で死者5098人を記録して以降、1995年の阪神・淡路大震災までの35年間には、死者1000人を超すほどの大規模災害は一度も発生していない。少なくとも、戦後から今日までを通してみれば、特に高度成長期において、主に風水害に対しては人的被害の軽減という目的はかなりの程度達成されているといえよう。
　より政策的な側面から眺めてみよう。図2は、我が国の一般会計歳出決算額に占める防災関係予算の割合の推移を、その内訳とともに示したものである。防災関係予算は必ずしも一般会計のみからなるわけではないため[1]、ここでの数値そのものに意味があるわけではないが、我が国における防災行政のウエイトがどのように変化してきたかを知るには有益であろう。なお、ここで、「国土保全」とあるのは治山・治水事業、海岸事業、地すべり対策な

1　防災白書（平成19年度版）によれば、防災関係予算とは「防災に関する科学技術の研究、災害予防、国土保全、災害復旧等の施策の実施に要した国の予算（国費、補正後）」と記述されている。

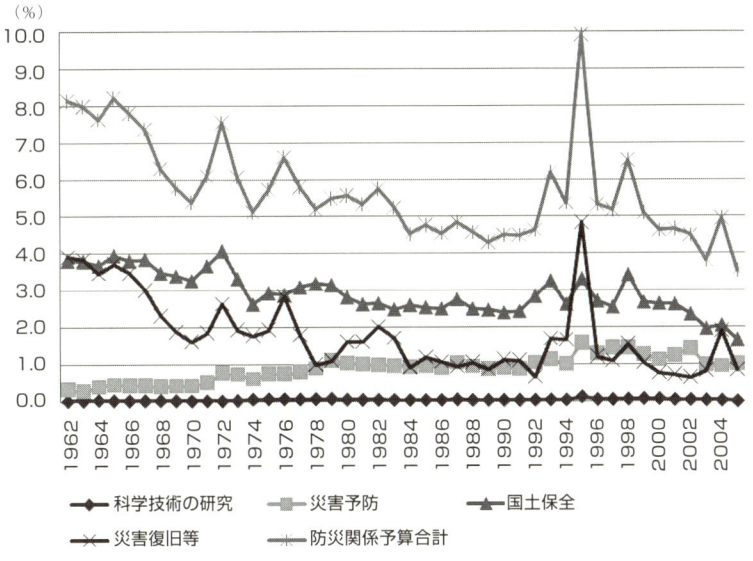

図2　我が国の一般会計歳出決算に対する防災関係予算の割合の推移
(出所) 防災白書(平成19年度版)より筆者作成

ど、文字通り国土を保全するためのハード事業である。「災害予防」とは、建築物の耐震化や都市再開発などのハード事業に加え、情報システムの構築や防災に関する教育・訓練などのソフト事業も含まれる。「科学技術の研究」は、防災に関する調査研究や技術開発などの事業である。そして「災害復旧等」とは、防災施設や社会基盤の復旧、被災者支援などの事業を指す。すなわち、「国土保全」と「災害予防」および「科学技術の研究」は主に事前の備えに関する支出であり、「災害復旧等」はもっぱら事後の対応に関する支出であると考えて良い。

　図2によれば、災害対策基本法が制定された前後の1960年代前半においては、一般会計の実に8％以上に相当する金額が防災に関係する事業に投じられていたことが判る。その割合は緩やかに低下し、1984年に5％を切ってからは、阪神・淡路大震災の発生した1995年を別とすれば、ほぼ横ばいなのである。

　では、1984年までの防災関係予算の減少は何によってもたらされているのか。防災関係予算の内訳をみればそれが明らかになる。最も大きな減少を見せているのが、「災害復旧等」であり、4％からおよそ1％まで大幅に低下

している。災害復旧にかかる費用は、おおよそ災害による経済的被害に比例すると考えてよい。すなわち、人的被害と同様に経済的被害についても大幅に減少させることに我が国は成功したといえるのである。

　ところで、この時期に「災害予防」が0.3％から1％程度まで漸増していることも重要な特徴である。これは見方を変えれば、災害被害が軽減されたことによって余裕が生じた事後的な対応資金を、事前対策に投資することによってさらなる被害軽減へと繋げているということでもある。それは被害をさらに軽減させることにつながり、それによってより事前対策を充実させることができる。非常に理想的な被害軽減のプロセスである。

　国際的にも日本の災害対策についての評価は高い。我が国は環太平洋帯に位置するために特に地震や火山噴火の危険性が高く、また温暖湿潤な気候のため風水害の危険性も高い。こうした災害を受けやすい国土条件にも関わらず経済発展を成し遂げた国として、我が国は国際的にもしばしば引き合いに出されるほどである（ISDR 2002）。

　ところで、そのような理想的な被害軽減のプロセスは1980年代にはほぼ終焉し、1995年には大幅に災害復旧費が増加している。図1によればこの年に6400人を超える大規模な人的被害を記録している。言うまでもなく、これは阪神・淡路大震災の影響である。1995年1月17日午前5時46分に発生した阪神・淡路大震災は、6434人という単一の災害では戦後最大規模の人的被害を発生させた。また経済的被害は約9兆9000億円と推計されているが、もちろんこれも戦後最悪の被害である。阪神・淡路大震災は、あらゆる意味でそれまでとは次元が異なる災害であった。

　我が国の防災行政は、人的被害や経済的被害の軽減に成功したとすでに述べた。しかし、それが真実であれば果たして阪神・淡路大震災の被害とは何であるのか。本書が経済政策や公共事業を論じる書物であれば、1995年の値を異常値として考慮の対象から外すことも許されようが、減災政策論ではそうはいかない。果たして、本当に我が国の防災対策は成功を収めたといえるのであろうか。今後首都直下地震や東南海・南海地震、大阪直下地震など、1万人を超える死者が想定される地震も少なくない。そう考えると、我が国が自然災害に対して安全になったと純朴に信じるわけにはいかないのではないか。

COLUMN

災害サイクルモデル

　減災政策を論じるにあたって、必ず念頭に置いていなければならない考え方の一つに「災害サイクルモデル」がある。図3は、災害サイクルを4つのステージでモデル化したものである。

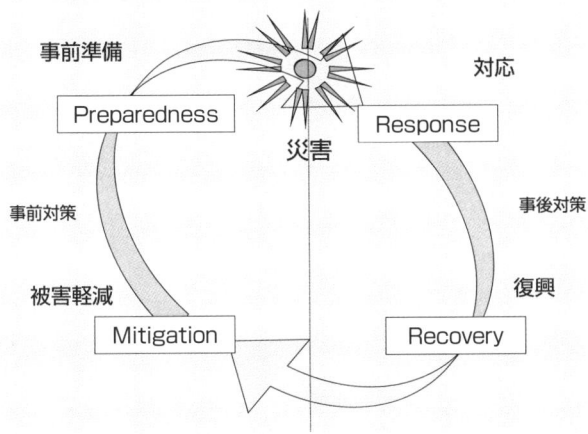

図3　災害サイクルモデル

　それぞれについて説明しよう。まず、「対応（response）」とは、文字通り災害が発生した直後の事態処理や、被害の拡大防止のための対策を指す。例えば救命救助活動、被災者の避難誘導、消火活動などがここに含まれるであろう。次に「復旧・復興（recovery）」とは、災害直後の混乱期から日常生活を回復させるための対策を指す。例えば、ライフラインの復旧、住宅の再建、再開発などが個々に含まれる。その次に「被害軽減（mitigation）」は、災害に備えて被害そのものを軽減するための施策を行う段階である。ここには治山・治水事業、建築物の耐震化、道路の拡張などが含まれる。そして「事前準備（Preparedness）」は、災害の発生を前提としながら、それに対応するための準備活動を指す。例えば避難所の整備、消防設備の整備、備蓄、またそれらを使った訓練などが含まれる。

　しかし、これら四つの段階とは必ずしも明確な区分があるわけではない。例えば津波情報や、緊急地震速報などの予報・警報システムは、ハザードや物的被害の発生を前提とし、人的被害の軽減のために人々の適切な行動を促すという意味では事前準備でもあるし、被害そのものを軽減させるという意味では被害軽減対策であるともいえる。

　理解を容易にするために具体的な例を挙げたが、ある対策がど

COLUMN

　の段階の対策に該当するかを厳密に定義することにそれほど意味があるわけではない。むしろ災害サイクルモデルが重要なのは、それぞれの段階は決して独立した対策ではなく、次の段階の対策に対して影響を及ぼすという、対策間相互の関係性を示している点にある。例えば、被害軽減対策が進めば、予想される被害は少なくなるので、その分事前準備の負担は軽減される。事前準備が十分行われていれば、災害発生後の対応は容易になる。災害直後に速やかな対応がなされ、被害の拡大が抑止されれば、その後の復旧・復興も容易になる。また、復旧・復興の段階で災害リスクに対する十分な配慮がなされれば、それは次の災害に向けた被害軽減につながる。それぞれの対策はすべてつながっており、減災政策を論じる際には、これらをトータルでみて評価することが重要である。さもなければ、減災政策を非常に偏ったものにする可能性があるからである。

　具体的な事例を挙げよう。阪神・淡路大震災の際には、兵庫県知事による自衛隊派遣要請が地震発生から4時間強経過した午前10時頃であったこと、当時の村山総理は地震発生当日の昼頃まで通常のスケジュールをこなしていたことなどから、政府の初動対応が遅れたことに対して猛烈な批判が浴びせられた。そこから、行政の初動対応の遅れが阪神・淡路大震災の被害を拡大させたというイメージが固定された。2007年4月8日に、石原慎太郎東京都知事が3選後のインタビューで震災対策に触れ、阪神・淡路大震災について「（兵庫県知事の対応が遅かったから）2000人余計に死んだ」と発言したことは極めて象徴的である。

　この石原発言に対しては、井戸敏三兵庫県知事がその翌日に反論している[2]。後述するように、阪神・淡路大震災による死者の多くは住宅倒壊による圧死であり、そのほとんどが地震発生直後に死亡したとされている。阪神高速道路をはじめ多くの道路が寸断され、全国からの応援を組織して速やかに動員したとしても、そもそも現地に入れる状況ではなかった。阪神・淡路大震災の被害の多くは阪神間の脆弱な都市構造に起因しているのであり、これらを対応のみによって劇的に軽減することは非現実的である。

　そうした現実にも関わらず、事後的な対策、特に災害対応の部分はマスコミの関心も集中し、国民にとって非常に見えやすいことから、より多くの政治的関心が払われる傾向がある（Birkland 1997）。だからこそ、減災政策に関わる人々は、この災害サイクルモデルを常に意識しておく必要があるといえよう。

2　読売新聞大阪朝刊（2007.4.10）

2……… 災害リスクの質的転換──より低頻度だがより破滅的な被害の災害へ

　我が国は本当に災害に強くなったのか。この問題を考えるために、一つの分析道具を導入したい。図4は、縦軸に災害を発生させる自然の外力（ハザード：コラム「災害リスクの構造」参照）の発生確率、横軸には、ハザードの規模を表している。ここで右下がりの曲線が描かれている理由は、発生確率と被害をもたらす外力との間に逆相関の関係があることを示している。例えば、時間雨量が100ミリを超すような豪雨はめったに発生しないが、震度50ミリ程度の豪雨は頻繁に発生する。この曲線は、外力発生の確率とその規模に関して、経験的に明らかになっているこうした逆相関の関係性を示したものなのである。

　さて、これを仮に地震に当てはめて考えてみよう。震度5弱という外力の規模の大きさがD1で表され、その発生する確率はP1で表されるとしよう。社会の被害抑止力が低く、震度5弱の揺れ未満にしか対応できていないとすれば、社会はP1の確率で被害が発生し、地震災害が発生するということになる。

　ところが、耐震化等の被害軽減対策が進むことによって、社会の災害抑止力が上昇したとする。例えば社会が震度6強の揺れ（D2）までの抑止力を身につけたとしよう。その場合、震度6強以上の揺れになって初めて被害が発生することを意味する。このため災害の発生確率はP1からP2まで減少することとなる。我が国が1980年代までに経験したのは、まさにこのようなプロセスなのである。

　ただし、ここで重要なのは、あくまで災害の発生確率が下がったということであって、決して確率がゼロになったわけではない。そのため、ひとたび社会の抑止力を上回る外力、例えば震度7の地震が発生すると、社会の災害抑止力はほとんど意味をなさない。このため、被害は非常に大きなものとなってしまう。つまり、頻度は低いが、いったん発生すると極めて甚大な被害をもたらすリスクが残存してしまうのである。1995年の阪神・淡路大震災とは、この領域に該当する災害

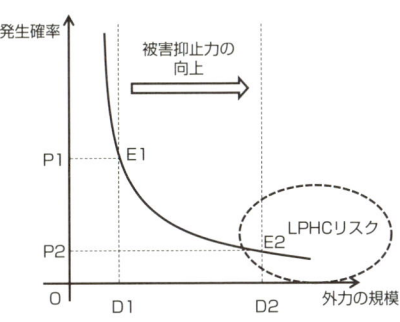

図4　リスクカーブと災害抑止力

事象であったと理解することができよう。

このようなリスクは低頻度高被害型（Low Probability-High Consequences; LPHC）の災害リスクと呼ばれ、他の災害リスクとは以下の点で区別される[3]。

第一に、低頻度高被害型リスクは、その頻度の少なさにより、過去の経験的データが著しく不足している。このため、低頻度であるということは明らかであったとしても、科学的・統計的な検証や予測が困難なものが多い。例えば我々は台風については毎年およそ数回程度日本に上陸するということを感覚的に知っている。現実に、気象庁によれば、1951年から2004年までの間に日本に上陸した台風は年平均で約3個であるという。もちろん、全く上陸のない年もあれば、2004年のように10個も上陸する年もあるものの、「およそ数回」程度は毎年上陸する可能性があるという前提で、様々な対策を進めることができた。ところが、震度7を記録するような大地震がどの程度発生するかとなると、皆目検討がつかない。何しろ、気象庁の震度データベースに記録が存在する1925年以降について、震度7を記録したのは1995年の兵庫県南部地震と2004年の新潟県中越地震のわずか2回しかないのである。次に震度7の地震がいつ頃どこで発生するかということを予測することは科学的にも極めて困難なものとなる。

第二に、低頻度高被害型リスクは低頻度であるがゆえに、社会の側に対処するための文化や知識が蓄積されず、極端に言えば対策そのものが全く顧みられない可能性もある。例えば阪神・淡路大震災が発生した当時、多くの人々が「関西には大地震はない」と信じていたと言われる。しかし、1927年にはマグニチュード7.3という、兵庫県南部地震と同規模の地震が京都府丹後半島北部で発生し、2925人の死者が発生している。1946年には紀伊半島熊野灘沖から四国南方沖を震源域とする昭和南海地震（マグニチュード8.0）が発生して、1443人の死者が発生している。地震学者らによれば、関西は活断層の巣であるというのが常識であったそうであるが、そのような科学者の意見を聞かずとも、「関西に大地震はない」というのは史実をみれば誤った認識なのである。しかし、昭和南海地震から阪神・淡路大震災までのわずか50年ほどの間に、関西に大地震がなかったということで、そのような誤った認識が社会通念化してしまった[4]。まさにこれが低頻度高被害型

---

[3] 以下の議論は、岡田（2006）を参考にした。岡田はLPHC型災害リスクとそれ以外の災害リスクを「構造変化をもたらす自然ペリルとそうでない自然ペリル」という語で分類しているが、その主張するところは本書と何ら変わることはない。

リスクの特徴なのである。

　第三に、低頻度高被害型リスクには、対策が顧みられないことによって、さらにリスクが増大するというジレンマが存在している。例えばたびたび河川が氾濫していた時代は、その流域に大規模な都市が建設されることはなく、遊水池やせいぜい農地としての利用が一般的であった。しかし治水事業が進み洪水の危険性が低下すれば、かつては河川の氾濫原であった地域にまで都市が拡張され、多くの人口が居住し、活発な経済活動が行われるようになった。こうなると、同じ規模の河川氾濫であったとしても、生じる被害はそれまでとは比較にならないほど大規模なものとなるのである。

4　山中（2005）は、ジャーナリストとしての視点から、当時の関西がいかに地震に対して関心が低かったかを論じ、これを「関西安全神話」と呼んだ（p.35）。

COLUMN

災害リスクの構造

　地震や洪水、豪雪、竜巻など、「自然災害」という言葉によって様々な現象が表現されているが、厳密にはこれらを「災害」と呼ぶのは正しくない。なぜなら、これらはあくまで自然現象そのものであって、これらの現象だけでは被害は生じないからである。例えば中国奥地の砂漠で地震が起こったとしても、誰も被害を受けないのであればそれは災害ではない。

　このように考えると、災害とはむしろ社会現象であるということがわかる。学術的には、災害を引き起こす原因となる外力のことを「ハザード (hazard)」と呼び、災害とは区別する。そして、社会の側にこうした外力に対して脆弱 (vulnerable) な部分が存在した時に、初めて被害が発生する。したがって一般的には

　　ハザード(hazard)×脆弱性(vulnerability)＝災害(disaster)

という関係式が成立する。

　なお、リスク論の分野ではこの式に、ハザードへの暴露 (exposure) を明示的に加えるべきだと考える議論もある。例えば河川の堤防の強度を脆弱性と捉えた場合には、その堤防の決壊によって影響を被る地域にどれだけの人的・経済的資源が存在するかが暴露となる。しかし、上記の式を用いる場合は、こうした暴露も脆弱性の一つとして捉えられていると考えるべきであり、その意味でどちらが正しいという性格の議論ではない。いずれの場合でも、災害とは社会現象であるという点では一致している。

　ところで、ここでは自然災害を例にとって説明したが、実は上式は自然災害だけではなく、大規模事故やテロなど人為的な災害についても全く同様に考えることができる。この両者の違いはハザードが自然現象に起因するのか、社会に内在するのかという点のみである。しかも、この違いも相当曖昧になってきている。例えば地球温暖化による気候変動の結果、大規模な台風やハリケーンが発生しやすくなっていると言われるが、そうだとすればその結果生じる災害は人為的なものであるともいえる。また、地震そのものは自然災害だが、地震による揺れの結果、大規模な鉄道事故が発生したり、化学工場が爆発事故を起こしたりすれば、それは人為的災害の側面を強く有しているということにもなる。

　このようなことから、最近では「自然災害 (Natural Disaster)」という言葉はあまり用いられなくなった。「ハザードは確かに自然現象かもしれないが、災害そのものは決して自然現象ではない (Cannon 1994)」からである。本書の議論も、主に地震や風水害を念頭に置きつつも、自然災害だけを念頭に置いたものではなく、テロや大規模事故などについてもかなりの程度当てはまるものである。

3……… 防災行政の課題としての低頻度巨大災害対策

最初の問いに戻ろう。我が国の防災対策は人的被害や経済的被害の軽減を達成したのかと問われれば、比較的高頻度で被害も小さな災害については、成功したと断言してもよいであろう。しかしながら、災害抑止力がいかに向上したとしても、災害発生確率そのものをゼロにすることはできないために、非常に低頻度ではあるが、いったん発生すれば大規模な被害をもたらすタイプの災害リスクが残存した。そして、まさにその低頻度性ゆえに対策が十分に行われず、安全だという前提で様々な社会経済活動が行われるために、潜在的な被害が増大するというジレンマが生じている。このため、我々は未だに自然災害への恐怖から自由になることはできておらず、その意味で、国民の生命・財産を災害から守るという防災行政の目的は未だ十分達成されたとはいいがたい。阪神・淡路大震災は、まさにこのことを我々に突きつけた災害であったといえる。

したがって、今後の我が国における防災行政の最大の課題は、こうした低頻度の巨大災害に対してどう立ち向かうかということにあることは間違いない。我が国の防災行政における最高の意思決定および実施機関である中央防災会議では、今後我が国で発生が懸念される大規模災害について、被害想定を行い対策の検討を進めている。その中で主要なものについて、その被害量と発生確率についてとりまとめたものが表1である。

表1 中央防災会議による大規模災害の被害想定

	想定外力	外力の発生確率評価	人的被害	経済的被害
宮城県沖地震	M7.6（津波はM8.2）	99%[1]	約290人	約1.3兆円
首都直下地震	東京湾北部（M7.3）	70%程度[1)2)]	約11,000人	約112兆円
利根川の洪水	利根川堤防決壊 （茨城県古川市）	200年に1回[3]	約3,800人[5]	—
東海地震	M8.0程度	87%（参考値）[1]	約9,200人	約37兆円
東南海・南海地震	東南海地震（M8.1前後） 南海地震（M8.4前後）	東南海地震 60〜70%[1] 南海地震 50%[1]	約17,800人	約57兆円
大阪直下地震	上町断層帯（M7.6）	2〜3%[1]	約42,000人	約74兆円
(参考)阪神・淡路大震災	兵庫県南部（M7.3）	0.02〜8%[4]	6,434人	9.9兆円

(出所) 中央防災会議専門調査会資料より筆者作成。人的被害、経済的被害は原則として最悪のケースを記した。なお、地震についての発生確率評価は文部科学省地震調査研究推進本部による公表。

注) 1) 2007年1月1日を起点とした30年以内の発生確率。
2) 「その他の南関東のM7程度の地震」の発生確率であり、必ずしも東京湾北部地震に限定しない。
3) 昭和22年(1947年)のカスリーン台風時に相当する降雨量による洪水を想定。
4) 地震発生直前に評価した場合の発生確率。
5) 避難率40%、ポンプ運転無、燃料補給無、水門操作無、排水ポンプ車無のケース。

いずれも激甚な被害が予想されており、阪神・淡路大震災を遙かに上回る災害も少なくない。発生確率についてはまちまちであり、宮城県沖地震のように今後30年以内の長期確率が99％という高確率なものも存在するが、対策を検討するにあたっていくつか注意すべき点がある。

第一に、ここでいう発生確率とは、想定外力（ハザード）が発生する確率であり、人的被害や経済的被害が想定通りに発生する可能性ではないということである。人的被害や経済的被害は、発生する季節や時間帯によっても大きく変化する可能性があり、ここでは想定上最悪の数字を示しているに過ぎない。これよりも小さくなる可能性もあれば、想定外の事態により大きくなる可能性もある。

第二に、ここでいう発生確率の評価は、あくまで30年間の長期的な評価であり、宮城県沖地震について99％という数字があったとしても、それが来年発生するのか、30年後に発生するのかについては何も語っていないことにも注意しなければならない。

第三に、注意すべきことは、表1に掲げられた災害が、発生確率の高い順に発生するとは限らない。例えば最大3％の大阪直下地震が70％程度と考えられている首都直下地震に先立って発生する可能性もある。現実に、阪神・淡路大震災についてみると、この震災を引き起こした兵庫県南部地震について、地震発生直前時点での30年確率評価を試みたとすれば、最大でも8％でしかなかったとされている。当時は東海地震や宮城県沖地震など、他に切迫した地震があると考えられていたにも関わらず、わずか8％の地震が現実となったのである。

第四に、この表に掲載しておらず、また中央防災会議で想定されていない地域で大規模災害が発生する可能性も否定できない。例えば2005年3月に発生した福岡県西方沖地震は、福岡県西方沖の玄界灘を震源とするマグニチュード7.0の地震であり、福岡市中心部で最大震度6弱を記録した。余震活動の分布から、博多湾を通って福岡市中心部に向かって長い断層帯が存在することが明らかになり、万が一震源がより陸地に近いところであったとすれば、阪神・淡路大震災と同様に都市を直撃する大災害となった可能性がある。すなわち、中央防災会議の想定だけが巨大災害のシナリオではないのだ。

4 低頻度巨大災害に対する政策対応の困難さ

これらを考慮した上で、改めて表1を見直すと、低頻度高被害型の災害リ

スクとは、政策対応が極めて困難な性格を有している。

その第一の点は、その低確率さゆえに、その取り組みにどの程度の政策資源を投入すべきか、また政府が社会経済活動にどの程度介入するかについて極めて難しい判断が迫られるのである。極端な話だが、首都直下地震が発生することで首都機能の継続に深刻な懸念があるというのならば、首都機能の移転を真剣に議論すべきなのかもしれない。東海地震や東南海・南海地震によって津波による人的被害が懸念されるというのであれば、浸水想定地域の土地利用を規制するか、より厳しい建築規制を課すべきなのかもしれない。しかしそうした議論が受け入れられない原因の一つは、こうした巨大災害が極めてまれな現象であるということにある。

もちろん、地震研究者らの多くは「それでも必ず巨大地震はやってくる」と主張する。確かに歴史的にみても、表1に掲げられたような地震のいくつかは歴史的に何度も発生しており、科学的な手法による発生確率の長期評価でも、高い値が示されている。しかし、自然科学の立場から必然であっても、政策的に最優先に考慮されるべき課題とはならない。

例えば、津波の想定浸水地域の土地利用を規制した結果、多くの企業や労働者の港湾へのアクセスが困難になったとしよう。仮に20年後に大規模な津波がやってきて、人的被害がゼロになったとする。しかし20年間沿岸部の土地利用が制限されることによる機会的損失は計り知れない。港湾の利用コストが上昇することによって、国際的な競争力を港は失い、存続が危うくなるかもしれない。またそこで取引される財の価格も上昇し、国民経済全体に影響が及ぶかもしれない。このような社会的コストを果たして社会は受容できるのだろうか。

このような社会的コストの問題は、例えば津波から地域を守るための防潮堤などを整備するといった被害軽減措置を行う場合でも同様である。図2にも示されているように、2001年以降は、小泉政権下における構造改革の影響もあって、特に国土保全対策については急激に減少しはじめている。周知のように、我が国は先進国でも最悪の財政赤字を累積させており、もはや災害被害の軽減のみを目的として地方に膨大な投資を行える時代ではない。これからは、被害軽減や準備のための財政出動についても、抑制する圧力がかかってくる。その一つの原因として、災害そのものが低頻度化し、きわめてまれな現象となっているということは否定できない。

もう一点は、自然災害は一般的に地域的な現象であるという点である。こ

のため、防災対策についても地域的な対策が中心とならざるを得ず、どの地域にどの程度の政策資源を投入するべきかといった地域間配分の問題が生じる。例えば国防などのように、すべての国民があまねくその恩恵を受ける対策であれば、それほど問題はないのかもしれない。また、ある程度の精度を持って巨大災害の予測ができれば、その切迫性に応じた配分も可能なのかもしれない。

しかしすでにみたように、低頻度高被害型の災害発生確率の評価はそのような確度をもったものでは決してない。我が国の防災対策のなかでも東海地震対策はそのことを考える好例である。

昭和53年（1978年）には、地震の直前予知が可能であるという前提のもと、大規模地震対策特別措置法（大震法）が制定され、静岡県をはじめ想定被災地を地震防災対策強化地域に指定すると共に、昭和55年（1980年）にはこれらの強化地域に対する財政上の特別措置法が制定され、東海地震対策は我が国の防災対策でも高いプライオリティーが置かれることとなった。

しかし周知の通り、その東海地震はいまだ発生していない。他方で阪神・淡路大震災が1995年に発生し6434人が犠牲となった。あえて扇情的な言い方をすれば、この6434人は、自ら支払った税金が東海地震対策に用いられ、そして自らが地震の犠牲となったということを意味している（永松 2003）。

阪神・淡路大震災以降、我が国の地震対策は、こうした直前予知偏重、すなわち東海地震対策偏重を脱し、より長期的な発生確率に基づいた対策へと転換し、表1に列挙したような災害について対策が展開されている。例えば、東南海・南海地震については、平成14年（2002年）7月に議員立法により東南海・南海地震対策特別措置法を制定し、平成19年（2007年）4月1日時点で412市町村を「東南海・南海地震対策推進地域」に指定するとともに、国に基本計画、地方自治体に推進計画の作成などを求めている。同じく、日本海溝・千島海溝周辺海溝型地震についても対策特別措置法を平成16年（2004年）に制定し、119の市町村を推進地域に指定している。

いずれにしても、法律の中に、地震防災対策の推進のため必要な財政上及び金融上の配慮をするものとするよう定められているものの、推進地域に対しては国の財政特別措置は今のところ行われておらず、今後財政金融上どの程度の配慮をどのように行うべきかについて、明確な指針はいまだ生まれていない。

5⋯⋯⋯リスクの内容の多様化と複雑化

　さて、災害リスクのもう一つの質的変化として、その内容の多様化と複雑化を挙げることができる。今日、災害が発生したことによって生じる問題は著しく多様化・複雑化している。これまでの議論は、おもに人的被害と経済的被害の規模だけで論じてきたが、実際には、住宅や建築物の倒壊・浸水、火災、ライフラインの被害や停止、交通網や流通の停止、それに伴う経済活動の停止など、さまざまな被害が連続的に発生する。最近の被害想定においても、こうした内容についてできる限り具体的な被害量を把握するような技術が開発され、実施されている。例えば中央防災会議による首都直下地震の被害想定では、約15万棟の住宅が全壊すること、火災で最大65万棟の住宅が全焼すること、最大で700万人の避難者が発生すること、東京都内だけで390万人の帰宅困難者が発生すること、9600万トンもの廃棄物が発生することなどが指摘されている。

　しかし、ここで指摘されているのは災害時に生じる膨大な問題のある側面を数量的に把握しているにすぎない。地下鉄やターミナル駅では常に人が切れ目なく移動しており、電車が走っている時間帯に地震が起こればそれだけで多くの犠牲者が出る可能性があることなども指摘されている（河田 2006）。また、首都高速道路における自動車事故などによる被害が全く抜け落ちているという指摘もある（高嶋 2007）。いずれも、科学的に十分な検証が行われているリスクではないが、直感的にはいずれももっともな指摘である。そしてひょっとしたらこれらの指摘は氷山の一角であり、実は我々がまだ気づいていないリスクもあるかもしれないのである。

　このように、災害リスクが多様化・複雑化しその予測はますます困難になっている。一つの事例として、ここでは「関連死」の問題を取り上げてみたい。

❶震災関連死

　関連死とは阪神・淡路大震災をきっかけとして注目された概念であり、地震やその余震などでストレスや疲労がたまり、ショック死に至ったり、持病が悪化して死亡することを一般に指している。神戸市によれば「直接死のほかに、死因が震災と相当な因果関係があると神戸市又は他の自治体が認定し、災害弔慰金の支給対象とした人数（自殺者を含む。）」と定義されている。災害弔慰金の支給対象の認定は市町村が行うことになっていることも統一的な

基準がない理由の一つであるが、ここではその基準の詳細には立ち入らず、震災関連死が投げかける政策課題について検討してみたい。

表2　震災関連死の数とその割合

	直接死	関連死	関連死の割合
阪神・淡路大震災*	5483	919	14.4%
新潟県中越地震**	16	52	76.5%

*兵庫県発表の値 (2005.12.22時点　県内の死者のみ)
**読売新聞調べ (2007.10.16)

表2は、1995年の阪神・淡路大震災と2004年の新潟県中越地震について、震災関連死の数と、犠牲者数全体に占める割合を示したものである。阪神・淡路大震災では、ほとんどの人々が住宅の下敷きになって亡くなったと言われているが、それは直接死に限定すれば正しい。しかし、犠牲者のおよそ14％が、地震そのものでは命を奪われなかったものの、その後の生活の中で命を失っていることになる。その多くは心疾患・肺炎などであり、高齢者が多かったといわれている[5]が、中には過労によるものや、生活苦などで自ら命を絶ったものも含まれる[6]。もちろん、この中には、適切なケアが行われれば死に至らずに済んだものも少なくない。その意味で、関連死を「防ぐことのできた死（preventable death）」と考える意見もある。

絶対数は少ないが、関連死の割合は新潟県中越地震ではより大きくなっている。災害の規模も異なるし、阪神・淡路大震災が大都市を襲ったもので、新潟県中越地震が主に中山間地を襲ったものという質的な違いがあるため、単純な比較は慎むべきである。しかし、これらの事例は、災害発生直後を生き延びるための対策だけでは、もはや災害対策は不十分だという事実を我々につきつけている。

現代社会では、人間は生きていくために様々なものを必要としている。水、食糧、被服および居住空間はもちろんのこと、トイレを始め下水やゴミの処理など衛生的な環境を維持するためのサービスも欠かせない。ストレスを発散するための適度な娯楽や休息も不可欠であろう。さらには、他者との関わり合いやつながり、生き甲斐や生きる希望といった非物質的なものも必要不可欠である。これらも阪神・淡路大震災の重要な教訓であった。

このように考えると、災害のリスクとは、住宅が倒壊して下敷きになるリスクはもちろんのこと、その後の避難生活において病気やストレスを抱えることも含まれる。障害を持つ人であれば、そもそも避難所に移動できない、

5　内閣府「阪神・淡路大震災教訓情報資料集」
6　消防庁が発表している阪神・淡路大震災の公式な死者数6434人に自殺者は含まれない。

あるいは避難所で十分なケアが受けられないというリスクもある。常用している薬が入手できなくなる、アレルギーを持つ人が避難所で配布された食事を摂取できない、幸いにして身体に大きな影響がなかったとしても、生活再建に巨額の負担を強いられるといったリスクもある。住宅再建や家財用具の再調達にかかる費用はもちろんのこと、仕事ができないことによる収入機会の減少というリスクもある。

❷失業

ここでもう一つ強調しておきたいリスクがある。それは失業のリスクである。災害によって企業や事業所の施設に大規模な被害が生じると、長期に渡って経済活動は停止する。被害の回復のためにはまとまった資金が必要になるものの、経済活動の停止は、本来得られるはずだった売り上げや収益が途絶えることを意味する。そうすると、企業にとっては家賃や従業員の給与、これまでの取引に対する支払いなど、経常的にかかる経費の支出すら困難となる。阪神・淡路大震災では、このため、多くの企業が倒産したり、従業員の解雇に踏み切らざるを得ない状況が生まれた。正確な数は把握されていないものの、震災を原因とした失業者の数は4万人～10万人に及ぶ[7]と言われている。

ただでさえ過酷な避難生活を強いられている中で失業するというのは、どれほどつらいことであろうか。震災で多くの資産を失った被災者にとって、しごとは生活を再建するための重要な命綱に他ならない。しかし震災による失業は、かろうじてつかんだはずのこの命綱を断ち切られるようなものなのだ。これは、災害時における失業の問題が、平時に起こる失業に比べて極めて深刻なものとなることを意味している。

またしごとを失うということは、単に経済的に困窮するだけではない。雇用は単なる所得獲得の手段というだけではなく、多くの人にとっては生き甲斐の大きな部分を占めている。失業は、被災者から生き甲斐を奪い、精神的にも被災者を追いつめていくのである。阪神・淡路大震災の後、仮設住宅や復興公営住宅では孤独死が相次いだ。仮設住宅での孤独死の特徴として、アルコール性肝疾患で亡くなった中年男性が多い、ということが指摘されている。そのほとんどは無職あるいは不安定なパート労働者であり、自宅への引きこもりや対人関係の断絶によりアルコール依存に陥ったケースが多い（兵

---

7 内閣府「阪神・淡路大震災教訓情報資料集」。

庫県 1998; pp.56-59)。こうした悲惨な死も、巨大災害がもたらすもう一つの被害の姿なのである。

　失業のリスクが災害リスクの中でも特に他と異なる点は、ほとんどの場合、失業した被災者に責任を問うことができないということである。このことは、次章で災害による経済問題をより詳細に分析すればより明らかとなるが、責任がないということはすなわち、事前にそのリスクを回避することが個人レベルでは困難なことを意味している。あまり認識されていないことだが、災害リスクの中にはこのように被災者自身の努力でどうしようもできないものも存在するのだ。

❸誰が災害リスクに曝されているのか

　災害リスクが特定の階層——例えば低所得者など——に集中しているのだとすれば、それは防災・減災分野の課題というよりは、むしろ貧困対策といった別の政策の対象として捉えられるべきかもしれない。災害リスクが多様化し、複雑化しているといった場合、そのリスクに曝されているのはどのような人々なのだろうか。

　例えば、阪神・淡路大震災による人的被害の地理的分布を見ると、その多くがインナーシティと呼ばれる密集市街地に集中していたと言われている。それはこの地域に多くの老朽化した木造住宅が存在していたことが大きな原因である。したがって、どこに居住することができたかということによって、その人が災害から被る被害を決定的に左右しており、その意味で人的被害と社会経済的階層との関係は明白だという指摘もある（高坂・石田 2005）。

　しかし、経済的な貧困層のみに災害リスクが集中しているという見方は誤りである。生命を失うとまでは行かなくとも、阪神・淡路大震災では第4節でみるように、中間所得層においても、資産や職を失うなど、生活の安定を失う事態が生じた。低所得ゆえにローンが組めず賃貸住宅で暮らしている世帯は、持ち家世帯に比べて、災害によって生活設計が狂うというリスクは小さい。また、年金生活者や生活保護世帯は、災害によって失業し、所得獲得の機会を失うというリスクもない。

　高坂（2006）は、中間所得層に潜む脆弱性を「総資産5000万円の壁」という印象的なフレーズで表現している。すなわち、総資産5000万円を超える世帯であれば震災ですべてを失うということはほとんどないが、それを下回ると、震災により負債を抱える可能性が著しく上昇するという。そして、

おおよそ全人口の7割の人の総資産は5000万円以下であることから、いわゆる中流階級の脆弱性を強調している。

　このように、所得階層と災害リスクとの関係は、一般に考えられているほど明確ではない。むしろ本書が強調したいのは、極めて平均的な階層に属する世帯であったとしても、災害リスクは厳然として存在するという事実である。

　まとめよう。結局、我々が災害リスクと呼んでいるものは、第一に様々なリスクの巨大な複合体であること、第二に、その多様さや複雑さゆえに、予測が困難であること、第三に必ずしもそれが社会の特定の階層のみに集中しているとは言えないということである。

　このような性格を持った災害リスクを軽減するための政策の困難さについて次節以降検討してみたい。

第3節 住宅耐震改修促進施策にみる防災対策の特徴

　本節と次節では、特に地震防災対策において中心的な課題となっている住宅耐震化と、被災住宅の再建支援の問題を事例として取り上げたい。ここで住宅の問題を取り上げるのは、もちろん、災害において住宅に被害が生じることや、その再建が被災者にとって精神的・経済的に大きな負担となっているという事実もあるが、ここでは、住宅のもつ特殊な性格について説明したい。

　まず、住宅の多くは私的に所有されており、私有財産としての側面を有する。したがって原則的には住宅の売買や建築については所有者や建築主の自己責任のもと、市場による自由な取引にゆだねられている。他方で、まちの一部として景観を構成したり、また都市で生活する人々の生活基盤を提供するという意味で公共的な性格も有している。加えて、住宅とはすべての人々にとって、健康で文化的な生活を送るためになくてはならない必需品であるという、側面もある。経済学的にいえば、それぞれ私的財、公共財、価値財という三つの側面を住宅が有しており、それゆえに、住宅をめぐる公共政策においては、住宅の持ついずれの側面に注目するかによって、市場主義的な解決策から規制的な解決策まで、非常に多様な施策が考えられる。住宅耐震化や再建支援の議論は、前述の災害リスクの質的転換に加え、住宅のもつこうした多義的な性格が反映されたものとなり、本書が主張している「減災政策論」の課題を浮き彫りにする格好の事例なのである。

1………住宅耐震化改修促進施策の政策的重要性

　我が国の地震防災対策において、住宅の耐震改修促進施策に期待されるものは極めて大きい。それは、中央防災会議が平成18年（2006年）に発表した「地震防災戦略」に明確に現れている。

　「地震防災戦略」とは、10年後に災害が発生した場合の人的・物的被害を

想定の半分にするという具体的な数値目標を掲げ、その実現に必要な施策を省庁横断的に取りまとめたものである。国がこの戦略を取りまとめた背景には、従来の対策が被害軽減を目標としながらも、その具体的目標が定められておらず、評価もなされないために、本当に被害軽減につながっているのか疑わしいという反省があった。特に平成16年度（2004年度）の防災白書では、ニュー・パブリック・マネジメント（NPM）の考え方を紹介しながら、成果指向の防災行政への転換の必要性を訴えていたが、それを体現するための具体的な施策として地震防災戦略は位置づけることができる。

表3は、東南海・南海地震を対象とした地震防災戦略において掲げられた被害軽減目標と、それを実現する戦略（施策）について総括したものである。

この表から、いかに住宅の耐震化が政府の地震防災戦略で重要な対策となっているかがわかる。まず、「1. 揺れによって発生する死者数の軽減」において、現状9200人から4900人に死者の軽減を図るとする目標が掲げられている。その差4200人のうち、3700人を住宅等の耐震化によって軽減し、また耐震化によって火災も防止できるとして、さらに300人の死者軽減が図れ

表3　東南海・南海地震の地震防災戦略総括表(出所:内閣府)

	現状	対策後	減少分
1. 揺れによって発生する死者数の軽減	約9,200人	約4,900人	約4,200人　46%減
・住宅等の耐震化			約3,700人減
・家具の固定			（うち約100人減）
・急傾斜地の危険箇所の解消			約300人減
・住宅の耐震化に伴う出火の減少			約300人減
（参考）マイコンメーターの普及【完了】			約20人減
2. 津波によって発生する死者数の軽減	約8,600人	約4,200人	約4,400人減　51%減
・津波避難意識の向上			約3,600人減
・海岸保全施設整備の推進			約100人減
死者数の軽減(合計)	約17,800人	約9,100人	約8,600人　49%減

	現状	対策後	減少分
3. 経済被害の軽減	約57兆円	約31兆円	約27兆円減　47%減
(1)資産喪失による被害額の軽減・住宅等の耐震化			約19兆円減
(2)生産停止活動による被害額の軽減			約3兆円減
(3)東西幹線交通寸断による被害額の軽減			約1兆円減
(4)波及額の軽減			約4兆円減

るとする。すなわち、人的被害軽減目標4200人のうち実に4000人を住宅の耐震化によって実現しようとしているのである。また、経済的な被害の軽減についても、実は軽減目標27兆円のうち、19兆円が住宅の耐震化によって実現できるとされている。

これはなにも東南海・南海地震に限った話ではない。東海地震や首都直下地震についても住宅耐震化に期待する被害軽減効果は大きい[8]。すなわち、住宅耐震化は我が国の地震防災対策において、人的被害の軽減と経済的被害の軽減の両方を達成するための最重要課題と捉えられているのである。

2……背景——阪神・淡路大震災と住宅被害

我が国で新規に建設される建築物は建築基準法による規制が行われており、耐震性能もその規制対象の一つである。現行の耐震基準は昭和56年（1981年）の建築基準法の改正に遡る。1978年に発生した宮城県沖地震では最大震度5を仙台市で記録し、死者16人、重軽傷者1万119人に及び、住家の全半壊が4385戸となった。この地震をきっかけに、我が国で発生する最大震度7程度でも一定の強度を保つ水準の耐震性能を義務づけることとなった。

この基準改正によって、昭和56年（1981年）以降に建築された建物については地震に対しても一定の強度があるとみなされる一方で、それ以前に建築された建物については、必ずしも十分な耐震性を有していないまま残存することとなった。いわゆる既存不適格建築物である。耐震基準が強化されたとはいえ、その適用を受けていない既存の建築物については、将来の地震に対して大きな被害が生じる可能性は高い。そしてそのような認識は行政当局や専門家の間では当時から存在した。

この不安が現実のものとなったのが、阪神・淡路大震災であった。すでに述べたように、この震災による直接死のほとんどが家屋の倒壊によって亡くなったと言われているが、その具体的な数字は表4に示される。なお、「焼死体（火傷死体）及びその疑いがあるもの」という項目について、「疑いがあるもの」という表現になっているのは、遺体の状況が一見焼死のようにみえても、火に焼かれる以前に圧迫死やショック死など別の死因で亡くなっているケースも多数想定されたからである。一般的に「死者の9割」が住宅の

---

[8] 首都直下地震の地震防災戦略では、風速3メートルのケースで、7300人の想定死者数から42％にあたる3000人分の減少を目指している。うち、耐震化による貢献分が1300人（家具固定による100人減を含む）、また密集市街地の整備も含めた火災軽減効果によって約1000人の被害が軽減されるとしている。

倒壊によって亡くなったと言われるのは、こうした数字が背景にある。

表4 阪神・淡路大震災による死者の死因

死因	死者数	構成比
家屋、家具類の倒壊による圧迫死と思われるもの	4,831	88%
焼死体(火傷死体)及びその疑いがあるもの	550	10%
その他	121	2%
合計	5,502	100%

(出典)警察白書(平成7年度版)平成7年4月24日時点での値

これら多数の死者を出すに至った理由は、多くの住宅が倒壊したからである。全壊した住宅の総数は、消防庁によれば10万4906棟（18万6175世帯）にも及ぶ。特に木造住宅については、家屋の重さに耐えかねて1階部分がぺしゃんこになる層破壊といわれる現象が多数見られた（図5）。

図5　1階部分が層破壊を起こした木造家屋(提供:兵庫県)

日本建築学会などの調査によれば、こうした被害が発生した木造住宅の多くが、1981年以前に建築された住宅であったことが明らかになっている。図6は、その調査からの引用であるが、これによると、旧建築基準が適用されている1981年以前に建築された建物については、37.3%が中・小破、28.5%が大破の被害を出しているのに対して、新しい建築基準によって建築された1981年以降の住宅については、それぞれわずか16.7%、8.6%の被害率であった。すなわち、この地震による住宅の被害は既存不適格建築物に集中していたのである。

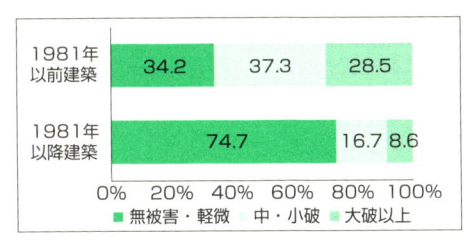

図6　阪神・淡路大震災における建築年代別にみた住宅の被害率
(注)　神戸市の特定地域(中央区の一部)の悉皆調査結果。
(出所)　阪神・淡路大震災調査報告編集委員会(2000)図3.5.3.2より筆者作成

ところで、住宅の耐震化の重要性がクローズアップされたのは、住宅の倒壊が人的被害を拡大させた要因であるという理由だけではない。倒壊した住宅は隣接する道路を閉塞させ、それによって災害救援活動に多大な支障を及ぼしたこと、また倒壊した住宅ほ

ど出火率が高いことなど、住宅が倒壊することが、その後の被害をさらに拡大する要因となっていることが指摘された。

　もう一つ重要なのは、住宅を失った被災者が多数発生したことによって、その後の行政による災害対応業務が膨大になったことである。31万6000人を超える被災者が避難所に押し寄せたが、その中でも家を失った被災者については、避難生活が長期化した。避難所の多くは公立の小中学校であったため、中断していた学校教育を早期に再開するためには、いち早く仮設住宅を建設する必要があった。その数は4万8300戸という膨大な規模に及んだ。これだけの住宅を、大都市で供給するというのは、用地を確保するだけでも大変なことであった。もしも、土地が極端に不足している東京において、首都直下地震で想定されているような被害が起こったとすれば、極めて深刻な事態が想定される。

　しかも、仮設住宅はあくまで応急的な措置である。その後の住宅再建について、現行の制度的枠組みでは行政が公営住宅を建設し、収入に応じた家賃補助を受けながら、多くの被災者はそこに居住するということになる。これらの建設費用、家賃補助も莫大な金額に上り、仮設住宅の建設費用も含めると、被災者一世帯あたり平均で2000万円近い金額が投入されたという試算結果も出されている（高田 2005; p.371）。

　加えて、耐震化は倒壊した住宅の解体撤去に伴うがれきの排出量を大幅に軽減できることも期待される。大規模地震災害による廃棄物処理は、あまり注目されないもののきわめて深刻な問題である。想定されているがれきの量をそのまま阪神・淡路大震災で行われたのと同じ処理能力で処理したとすれば、すべてを処理するために東海地震で6.2年、東南海・南海地震では10.4年、首都直下地震では14.4年かかるというシミュレーション結果もある（平山・河田 2007）。廃棄物を出さないという観点からも耐震化の推進が強く求められているのである。

3……耐震改修促進施策の展開

　耐震性の問題は何も住宅だけではなかった。多くの人々の記憶に残った阪神高速道路の倒壊にはじまり、神戸市役所庁舎についても中層階が層破壊するなど、公共建築物についても多くの被害が出た。地震が早朝であったことからこれらの施設被害による人的被害はほとんど発生しなかったが、こうした事態を重く見た建設省は、平成7年（1995年）10月に「建築物の耐震改

修の促進に関する法律案」(耐震改修促進法案)を134回国会に提出し、可決された。この法律では、国や地方自治体に耐震改修のための資金の融通やあっせんをするよう努力義務が課され、さらに耐震改修にあたって住宅金融公庫による低利融資制度などの助成制度の利用を可能とした。また耐震改修によって現行の建築基準法に適合しなくなる場合の例外措置も認められた。

ただし、耐震改修の努力義務が課されたのは多数の人々が利用する建築のうち政令で定められたものであり、例えば病院・劇場・百貨店・事務所などに限られていた。大規模な人的被害をもたらした要因となった個人所有の住宅については法律の対象外であった。

その理由は、住宅は私的財産であり、その取り扱いについて政策の介入はできる限り避けなければならないという考えが当時支配的であったからである。賃貸住宅はともかくとして、一般の持ち家については、各世帯が自らの居住の目的で、自らの責任において建築あるいは購入しているわけであり、それらの住宅が、建築時点において法で定めた建築基準を満たして建築されている以上、その耐震性について政府が介入するべきではないという考え方が当時の建設省には根強かったのである。

しかし、実際に被害が発生したときに現場での対応が求められる地方自治体の中には、住宅の耐震性向上を政策課題として捉え、具体的な施策展開を行うところも出てきた。もっとも素早い反応をみせたのは横浜市である。横浜市は、阪神・淡路大震災が起こった平成7年から、一般の持ち家も対象とした無償耐震診断制度を開始した。横浜市では、平成11年度(1999年度)から改修そのものに対しても最大で540万円の補助を行う制度が実施され、その補助額の大きさから関係者の間では非常に注目を浴びる制度となった[9]。また、阪神・淡路大震災以前から、東海地震対策を推進してきた静岡県は、平成11年度(1999年度)から耐震改修工事に対して、最大で30万円の補助金を県が支給する制度が導入されている。平成15年度(2003年度)には兵庫県や愛知県でも助成制度が導入されるなど、全国に波及しはじめた。

こうした動きを背景として、国土交通省は、平成14年度(2002年度)から「密集市街地整備促進事業」の一環として、個人住宅の耐震化に対して国費による補助ができる制度を設けた。しかし、これはあくまで密集市街地に限られており、しかも補助の対象は、倒壊により道路閉塞を起こす可能性の

---

[9] なお、補助額の上限は、平成20年度(2008年度)において非課税世帯で225万円、一般世帯で150万円まで引き下げられている。

ある住宅に限定されていた。すなわち、あくまで個人所有の住宅の耐震性については自己責任であるという原則は守りつつも、その倒壊によって、住宅密集地の道路が閉塞するなど、第三者への悪影響が明らかな場合に限って補助金を導入するというものであった。経済学で言うところの「外部不経済」が存在する場合に限って、政府による政策介入を認めたのである（コラム「外部不経済」参照）。

平成17年（2005年）には、冒頭で述べたように、地震防災戦略が発表され、その中で耐震改修については、耐震性が不足する住宅の割合を、10年で現状の25％から10％まで引き下げるという数値目標が示された。前述のような人的・経済的被害軽減目標は、耐震改修についてはこれが達成されたとした前提で計算されたものである。

しかし、これを達成するというのは決して容易なことではない。国土交通省によれば、耐震性が不十分である住宅は、平成15年（2005年）時点で全国で1150万戸存在する。平成10年（2000年）時点では1400万戸あったとされ、5年間で250万戸減少している。これらはほとんどが建て替えによるもので、耐震改修によるものはわずか32万戸に過ぎない。地震防災戦略の目標を達成するためには、建て替えについて、年間あたり5万戸〜10万戸増加させると同時に、耐震改修については現状の2〜3倍の規模に拡大させる必要があるのである[10]。

これを受けて、国土交通省は平成18年（2006年）1月に耐震改修促進法を改正し、①自治体に耐震改修促進計画の作成を義務づけ、②建築物所有者に対する指導を強化するとともに、③支援制度の拡充などを改正の柱として盛り込んだ。特に三番目の点については、耐震診断について国が3分の1の助成を行うことや、耐震改修については工事費の7.6％までの助成を行うこととなった。道路閉塞の可能性がある住宅という条件は残っているが、密集市街地のみを対象とはしていないことによって、国費による助成を受けられる範囲は拡大することとなった。

また、地域住宅交付金やまちづくり交付金を用いて地方自治体が改修費を助成することも認められるようになった。さらに、耐震改修促進税制として、一定の区域内において、耐震改修に要した費用の10％相当額を20万円を上限として所得税額から控除したり、固定資産税を一定期間、2分の1に減額

---

10 国土交通省住宅・建築物の地震防災推進会議（委員長・岡田恒男）「住宅・建築物の地震防災対策の推進のために」平成17年6月。

する制度を導入するなど、耐震改修を促進するために所有者に対して様々なインセンティブが導入されている。地方自治体についても、耐震改修にインセンティブをあたえる制度は普及し、平成19年（2007年）4月1日時点で、戸建て住宅に関して助成が得られる市区町村数の割合は、耐震診断で54.9％、耐震改修で29.2％となっている[11]。

4 耐震改修促進施策の問題点

さて、このような様々なインセンティブの導入によって、我が国の住宅の耐震性能は本当に向上しているのであろうか。

残念ながらこれまでのところ、耐震改修の促進効果は極めて限定的であるようにみえる。例えば、もっとも先駆的な自治体の一つである静岡県下の耐震改修の状況をみてみよう。静岡県では、県内にある昭和56年（1981年）5月31日以前に建築された木造住宅を対象とした、専門家による無料耐震診断事業（「我が家の専門家耐震診断事業」）が平成13年度（2001年度）から実施されている。また、平成14年度（2002年度）からは耐震診断の結果が「倒壊又は大破壊の危険がある」又は「やや危険がある」と判定された木造住宅の耐震補強工事について最大30万円の助成を行う「木造住宅耐震補強助成事業」が実施されている[12]。それぞれの利用実績が表5に示されている。

診断事業については5万強の実績があるが、補強実績となるとわずか7058件に過ぎない。16年度（2004年度）と17年度（2005年度）に実績が急増しているのは、2004年10月23日に発生した新潟県中越地震の影響が大きいと推測される。ところが、平成18年度（2006年度）には再び減速し、県は2600件の目標を掲げていたが、およそ1000件も下回る結果となってい

表5　静岡県における耐震改修促進制度利用実績

事業名	14年度(2002年度)	15年度(2003年度)	16年度(2004年度)	17年度(2005年度)	18年度(2006年度)	19年度*(2007年度)	制度開始からの合計
わが家の専門家診断事業	10,622	8,652	7,853	6,242	2,398	3,166	50,518
木造住宅耐震補強助成事業	254	807	1,595	2,022	1,615	765	7,058

*9月までの実績

11　国土交通省調べ。
12　静岡県では、これ以外にも補強計画の策定に対する補助制度が平成14年度（2002年度）から実施されている。

る。平成18年度（2006年度）から改正耐震改修促進法が施行され、前述のような国による様々な施策展開がみられたにも関わらず、いまのところ目立った効果は現れていない。

　果たしてそれはどうしてなのだろうか。耐震改修の促進を阻害する要因については、これまで様々な場面で議論がなされてきた[13]。それらを参考にしながら、特に減災政策の立場から重要だと思われる点について、以下論じてみたい。

❶未成熟な耐震改修の市場

　第一に、耐震改修の市場が未成熟であるという点である。耐震改修については個々の住宅所有者が事業者と契約し、改修を実施することが前提となっている。しかしながら、耐震改修工事は需要側と供給側とで情報の非対称性が大きく、健全な市場が機能する条件を欠いているのである。

　そもそも、耐震改修とは地震が発生したときになって初めてその効用を実感できるものである。通常のリフォームなどのように、改修をしたことで、すぐにその便益が実感できるものではない。このため、耐震改修は悪徳リフォーム業者の主要な手口として横行してきた経緯がある[14]。

　このような悪徳業者は例外としても、現実問題として、耐震改修の価格は素人にはとうてい理解し難いものである。木造住宅の耐震性能は、一般的に評定値が0.7を下回ると「倒壊の危険性がある」と判断され、1.0を上回れば一応安全だとされている。現行の建築基準は概ね評点1.0に相当するが、この数字が大きければ大きいほど、強い揺れに対して耐えうると一般的には言えよう。したがって、改修前の評点と改修後の評点の差が、耐震改修の「質」であると考えることができる。これによって耐震改修の価格が決まると考えるのはそれほど間違った推論ではあるまい。ところが、実際の耐震改修の価格は、こうしたものとはほとんど無関係に決まっているように見えるのである。それを示したのが図7である。

　このグラフには、静岡県で助成制度を利用して実施された耐震改修工事について、横軸に評点の増加値を取り、縦軸に床面積あたりの工事費を取って

13　例えば静岡県「静岡県住宅耐震改修等促進方策検討委員会報告書」（平成13年1月）内閣府「住宅における地震被害軽減方策に関する指針」（平成16年8月）国土交通省「住宅・建築物の地震防災推進会議提言」（平成17年6月）などを挙げることができる。
14　国民生活センターによる2002年の特別調査「訪問販売によるリフォーム工事」に係る消費者トラブルの現状と被害防止のための方策」では、「最近の特徴的な苦情」としてトップに「地震対策をうたって勧誘する訪販リフォーム」を挙げている。

プロットしたものである。床面積あたりで基準化するのは、大きな住宅であればあるほど、同じ質の工事でも価格が上昇すると考えられるからである。しかし、この図は、改修工事の質と価格との間にはそれほど明らかな関係がみられないことを示している。

この要因は、耐震改修工事というものが必ずしも標準化された技術ではないということにある。そもそも対象建築物の工法や間取りによっても適当な補強工事の技術は異なるし、古い住宅になると設計図が存在せず、それにより割高な工事費を請求されることもあるという。改修の工法にも様々なものが存在するし、技術者にも得手不得手がある。すべての技術者がすべての工法を熟知した上で、対象建築物にとって最適な工法を選択しているとは言えないという問題点も現場では多く指摘されることである。このため、多くの自治体では補助制度だけではなく、耐震改修を検討する技術的な相談を受けるための窓口を設置するなどの施策も平行して実施しているところが多い。

しかし、問題はそれだけではない。耐震改修の市場が整備されないことの理由の二点目として、工事そのものが少額なため、事業者にとって営業努力を行うインセンティブに欠けるという点も指摘される。再び静岡県のデータによれば、平成18年度（2006年度）における補助対象となった耐震改修の工事費は平均167万円であり、150万円以下の工事が全体の55％を占めている。耐震改修を普及させようという観点からはできる限り工事費は安くなった方が良い。しかし耐震改修の工事費が安いことは、事業者にとって魅力の薄い市場となり結果として市場の成熟を阻害してしまうというジレンマがみられるのである。

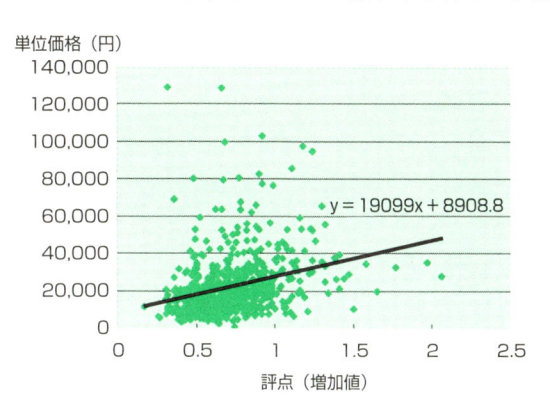

図7　耐震改修による強度の増加と床面積（m²）あたりの価格の関係
(出所) 静岡県データを用いて筆者作成

回帰式: $y = 19099x + 8908.8$

❷耐震改修とは合理的な選択か？

　耐震化が進まない第二の理由は、より根本的である。実は、住宅の耐震化とはほとんどの人々にとって魅力のない支出であり、結局のところ耐震改修の需要そのものがほとんど存在しないということである。さもなければ、無料の耐震診断制度ですら必ずしも十分に利用されないという事実を説明することはできない。

　耐震改修を巡るほとんどの議論では、この点を「意識の低さ」という言葉で説明してきた。すなわち、人々の多くは地震により住宅が倒壊する、あるいはそれによって自らが死に至るリスクを過小に評価しているから、耐震化が進まないのだという考え方である。

　ならば、地震リスクを正しく伝えることによって耐震化はより進展するはずである。そのような考え方から耐震診断のローラー作戦を展開する自治体も現れた[15]。ローラー作戦とは、耐震性が不足するとみられる住宅を直接訪問し、簡易な耐震診断を実施することで住宅所有者に地震のリスクを伝えようとするものである。

　しかし、耐震改修に魅力がないのは本当にリスクを過小評価しているからなのであろうか。実は必ずしもそうとは言い切れない。先に述べたように、まず地震が起こらなければ耐震性はそもそも問題にならない。そして地震が発生したとしても、旧耐震基準の住宅のすべてに被害が及ぶわけではない。図6にも示されているように、阪神・淡路大震災では旧耐震基準で建てられた建築物に被害が集中したとはいえ、それでも無被害のものが34％も存在するのである。これは、地震による住宅被害が、単に建物の構造の問題だけではなく、地盤の状態や地下構造であったり、地震の揺れの方向や周期であったりなど、様々な要素に支配されるためである。

　加えて、旧耐震基準の住宅の所有者の多くは高齢者であり、低所得者が多いという傾向がある。例えば大阪府では、所有者の年収についてみると、昭和55年以前に建築された戸建て木造持家住宅の所有者36％が年収300万円以下であり、64％が500万円以下である。所有者の年齢も、65％が60歳以上である（大阪府2006）。つまり、旧耐震基準の住宅は、主に高齢者によって所有されており、それゆえに年金生活者など、フローの収入も低いという傾向がある。所有者がまだ若い頃、耐震基準の改正以前に購入した住宅が建

15　例えば静岡県焼津市、東京都中野区などがある。

て替えられることなく残存し、そこにそのまま住み続けているという実態がある。

　こうした高齢者にとって、耐震改修とは本当に魅力のある選択といえるだろうか。30年で87％の確率で東海地震が起こると言われても、30年先を見据えた投資を行える高齢者がどれほどいるのか。60歳を高齢者と呼ぶのはもはや憚られるが、それでも30年後には90歳である。一般的には高齢になれば病気にかかるリスクも増大し、介護を必要とするケースもある。特に最近の傾向として、若年層が流出して人口が減少している地域では、公共交通や医療サービスなどが提供できなくなっているところも少なくない。多くの場合は、自分がこのままその住宅で住み続けられるかどうか、10年先を見通すことすらも難しいのが実態である。そうだとすると、これから何年住めるかわからない住宅に、100万円を超える耐震改修工事を行うというのは、本当に合理的な選択といえるだろうか。耐震改修は結局のところ、居住者のライフサイクルの問題とも密接に関わるため、耐震化が進まないことを単に地震に関する意識が低いということで済ますわけにはいかないのである。

❸「耐震改修」とは何か──定義を巡る問題

　こうした現状を踏まえ、耐震改修の定義を見直す自治体も現れた。その一つの例が大阪府である。大阪府が平成18年（2006年）12月に作成した、府の耐震改修促進計画「住宅・建築物耐震10ヵ年戦略プラン」では、現行の耐震基準以上に耐震性を向上させる工事を「生命・財産を守る」耐震化としているが、それに満たなくても現状より少しでも耐震性を向上させる工事を「生命を守る」耐震化と定義し、前者が困難な場合はこれによって対応するという方針を明記している。

　もう一つの例は神戸市である。神戸市では、改修後の評点が現行の耐震基準である1.0に満たないような小規模改修工事についても、計画策定費用も含め50万円を上限とする補助制度を実施している。大阪府も神戸市も、耐震1.0以上の耐震性能を確保することに拘泥するよりは、少しでも耐震性能を上げることで、耐震改修の取り組みの裾野を拡げ、少しでも被害の発生する可能性を押さえようという発想に基づいている。他方で、そうでもしなければ、地震防災戦略で掲げられた「耐震化率90％」という目標を達成することは困難であるという認識もあったに違いない。

　国土交通省は、「地震防災戦略」において耐震化目標を提示した際には、

耐震化の具体的定義を明らかにしていなかった。地方自治体で、独自に耐震化を定義する動きがみられたのは、これらが背景にあったと考えられる。しかしながら、平成18年（2006年）9月19日に閣議決定された「住生活基本計画」では、耐震改修目標について「新耐震基準（昭和56年基準）が求める耐震性を有する住宅ストックの比率」を90％とすると明記されることとなった。

もともと、住宅の耐震改修の促進を国土交通省が政策課題として掲げるようになったのは、我が国の住宅政策が「市場重視・ストック重視」を掲げるようになったことと深い関係がある。我が国の住宅政策は、量的な充足を目指していた時期から、質的な向上を目指した時期を経て、今日では住宅数が世帯数を大きく上回るようになり、かつ社会情勢や居住ニーズが多様化したことで、求められる住宅の質も多様化している。これらに対応して、平成17年（2005年）9月の社会資本審議会の答申「新たな住宅政策に対応した制度的枠組みについて」では、既存のストックを活用するとともに、それらの供給・流通において市場メカニズムを活用すべきという方針が明確に示されたのである。

すなわち、住宅行政の立場からすれば、耐震改修とは、市場に流通する価値のある安全な住宅ストックを増やす手段にほかならない。だからそこで求められる耐震性能とは、少なくとも現行の基準を下回ることがあってはならないのである。しかし、災害の被害を軽減するという防災行政の立場からすれば、現行基準に満たなくても少しでも耐震性能が上がれば良いということになる。「耐震改修」という手段が複数の政策目的に適用されたことによって、「耐震改修」の定義に微妙なずれが生じているのである。

❹どのような住宅を改修するか──対象を巡る問題

我が国の住宅政策と防災行政とのギャップは、耐震改修の対象を考える際により鮮明となる。地震被害軽減を目標にすれば、人が居住し、かつ耐震性の不足する住宅すべてを対象とすべきである。しかし、優良なストックを次世代に残すことが目的であれば、耐震改修が行われるべき住宅はより限定的に捉えられなければならない。

例えば木造住宅密集地域において、区画整理もされずに建物だけが耐震化されていくということは、建物の耐震性が向上しても住宅ストックの質の向上には必ずしも直結しない。また、土砂災害危険区域にある住宅、津波浸水

想定地域にある住宅についても同様である。

　また、持続可能な都市づくりという観点からは、都市のスプロール化を抑制し、中心市街地を活性化し、職住近接のまちづくりを目指す、いわゆるコンパクトシティの実現を目指す政策も一方で推進されている。このような立場からすれば、郊外に拡大した戸建住宅を耐震化するよりは、むしろ中心市街地への住み替えを促進する方が合理的とは言えないだろうか。ここでは、耐震改修という施策がむしろ他の政策目標の達成を阻害するという副作用すら予想されるのである。

❺そもそも耐震改修が万能な対策なのか

　さらに、そもそも耐震化だけでは問題の解決にならないという立場もある。そのような立場の一つとして室崎（1998）がある。室崎は1981年以前に建築された建物の中にも、ほとんど無傷のものがあることに注目し、「古い建物の多くが倒壊したのは、この既存不適格ということに加えて、老朽による性能劣化の問題が大きい。適正に維持管理されていないために、白蟻などの害を受け壊れやすくなっていたのである」と指摘している。

　この見方が正しければ、10年で9割の耐震化目標を達成したとしても、それだけでは地震被害の半減という政策目標を達成するには不十分だということになる。かりに目標とする地震が30年先に発生すれば、その20年間の間に脆弱な建物は再び増加する恐れがあるからである。その意味では、耐震化よりも住宅の適切な維持管理を行う制度の構築がむしろ重要課題となるのである。

　別の視点から、耐震改修の限界を示す主張もある。阪神・淡路大震災の住宅被害を示した図6に戻って考えてみると、実は新耐震基準の住宅であっても、全く無被害ではないということに気づく。つまり、耐震化は地震による被害が発生する可能性を小さくすることは確かであるが、被害をゼロにするわけではないのである。

　もちろん、政府もこのことは熟知しており、中央防災会議が発表している被害想定や地震防災戦略における数値目標についても織り込み済みである。例えば、首都直下地震の被害想定では、過去の地震災害から震度と全壊率の関係を導き、それを用いて倒壊家屋数を推計している。それによると木造住宅の倒壊率は、例えば被害震度6.4（震度6強）の揺れが発生した場合、（昭和37年（1962年）から昭和56年（1981年）に建築された、旧耐震基準の

住宅について50％の倒壊率、昭和57年（1982年）以降に建築された新耐震基準の住宅については11％の倒壊率として計算されることとなっている[16]。耐震化率を9割にすれば死者が半減するというのは、これを前提とした推計であるから、耐震化によって被害がゼロになるわけではないとしても、トータルとしての被害軽減には極めて有効であるというのが政府の立場である。

　人的被害や経済的被害の多くが住宅倒壊によって発生するような被害想定をしていれば、耐震化で被害が軽減されるというのは極めて当然のことなのだが、ここではあえてその点は否定しないことにしよう。むしろここで強調したいのは、耐震化推進によっても軽減できない被害をどうするのかという点である。救助活動や消火活動などを迅速かつ効率的・効果的に実施するための対策が重要なことは言うまでもないが、住宅を失った人々はどうやって生活を再建すればよいのか。これは、阪神・淡路大震災が投げかけたもう一つの重い課題であった。実際に、首都直下地震が発生した場合、耐震化率が90％に達していたとしてもなお、阪神・淡路大震災を上回る住宅被害が想定されるのである。次節では、阪神・淡路大震災以降の生活再建支援施策の展開について取り上げ、減災政策が持つ政策的構造をより掘り下げてみたい。

---

[16] 中央防災会議首都直下地震対策専門調査会（座長：伊藤滋）第15回（平成17年2月）資料3「首都直下地震に係る被害想定手法について」。

COLUMN

外部不経済

　経済学では、ある主体の経済活動や取引が、第三者に対して影響を及ぼす場合、外部性が存在するという。特に問題となるのが、それが市場を経由しない場合であって、負の影響を与えている「外部不経済」のケースである。典型的な事例は企業の経済活動による騒音や大気汚染、水質汚染などの公害問題である。今日では、二酸化炭素（CO_2）の排出による世界規模の気候変動というグローバルな影響もあり、これも外部不経済の典型である。

　このような外部不経済を発生させている経済主体は、その活動の社会的な費用の一部を社会に転嫁しているために、社会的に見て過剰な活動水準になることが知られている。例えば、生産活動に伴って排出する化学物質が近隣に健康被害を及ぼす場合、それによって被害者は医療費が必要となるし、また被害者が健康を害したことによって仕事ができなくなるとすれば、失った所得も社会的費用に含められる。精神的な負担も社会的費用に含める必要があるだろう。実際にそれを金銭換算できるか否かは別としても、大気汚染によるこれらもろもろの費用を考慮した場合、ひょっとしたら汚染源である企業の生産活動は、それによって得られる便益をはるかに上回る社会的費用を発生させているかもしれない。そうだとすれば、そもそもこの企業は社会的に見て生産を継続するべきではないし、あるいはその活動水準はかなりの程度抑制されなければならない。このため、政府による規制を行ったり、その活動を抑制するための課税や、外部不経済を抑止するための対策に補助金を出すといった政策介入が正当化される。

　ただし、何を外部不経済と考えるのかは経済理論から導かれるものではない。この世の様々な経済活動は外部性に満ちあふれている。そのなかからどのような外部不経済を問題ととらえ、政策的介入の対象とするのかが、公共政策において特に難しい問題なのである。例えば、個人の敷地内部であればいかなる住宅を建築しても自由と考えるのか、本文で述べたように、耐震性が劣る住宅は災害時に道路閉塞を起こすといった外部不経済が存在すると考えるのか、あるいはその外見ですら、景観を損ねるという意味で外部不経済の対象として捉えられるのか、これらはいずれも価値判断を含む問題であるが、本文でも示したように、これらは様々なステークホルダーの議論を通じて、政策過程において形成される。そしてその過程においては、科学技術やNPO・NGOなどの政策提言活動は無視できない役割を果たしているといえよう。

第4節 住宅再建支援制度にみる防災対策の特徴

1……阪神・淡路大震災までの制度
❶災害救助法による支援

　災害で住宅を失った被災者に対する公的な支援制度は、耐震化支援よりもはるかに古い歴史を持っている。

　住宅に関する最も明確な形での被災者支援は、昭和28年（1953年）の災害救助法改正の際に法律に盛り込まれた応急仮設住宅の供与にさかのぼることができる。しかし、それ以前についても台風災害後に被災者に対して暫定的な収容施設の供与が行われており、災害救助法の改正はこれらを恒常化したものという指摘がある（地引2008）。少なくとも、住居を失った被災者に対して応急的な生活の場を提供することは、古くから国家の役割の一つと考えられてきたことは間違いない。

　しかし、仮設住宅はあくまで仮設のものであって、恒久的に被災者が生活するための住宅ではない。災害救助法は、あくまで被災者の基本的生活権の保護と社会秩序の保全が目的であり、その後の長期的な生活再建についてはあくまで自助努力によるものとされていたのである。

❷地震保険制度の創設

　ところが、1964年に発生した新潟地震では大きな問題が発生した。この地震では3557戸の住宅が全壊し、27名の死者を出す大災害となったが、全壊住宅のうち、160戸についてはコンビナートの石油タンクから出火し、これにより類焼したものであった。ところが、住宅再建の貴重な原資と思われた火災保険は、地震に起因する火災については免責とされていたのである。地震災害においては関東大震災のように極めて大規模な火災に発展する恐れがあり、そのような場合は保険会社の支払い能力をはるかに上回ることが予想されるからである。

このため、地震に起因する火災や、あるいは地震そのものの住宅の被害を補償するための保険制度を検討するべきとする決議が昭和39年（1964年）衆議院大蔵委員会にて採択され、その後保険審議会への諮問を経て、地震保険に関する法律案が、昭和41年（1966年）第51回国会に提出され、可決された。

地震保険制度は、低頻度高被害型の災害を引き起こしやすい地震を対象としたものであり、民間による引き受けは検討当初から難しいという認識で一致していた（コラム「大数の法則と地震保険」参照）。そこで、我が国の地震保険制度は、制度創設にあたって、実現可能性を担保するためのいくつかの重要な仕組みが導入され、今日までその基本的な骨格は変わっていない。

第一に、巨大災害時に発生する巨額の保険金支払いに対応するために、我が国の地震保険は、国による再保険を前提とした仕組みとなっている。一般の加入者は民間の保険会社と地震保険契約を締結するが、保険会社はこの契約に対し政府による再保険をかけることができるのである。この再保険契約によって、一定限度額を超える保険金の支払いについては、国が負担することとなっている。また、国の負担限度額についても定められており、これを上回る支払い義務が生じた場合は、加入者への保険金の支払額が減額される仕組みになっている。なお、平成20年（2008年）4月時点における地震保険の支払い能力は、総額5兆円となっている。このうち、民間の責任割合は750億円までが100％、1兆3118億円までが50％、5兆円までが5％となっており、全体では民間の責任負担額は8778.1億円、政府が4兆1221.9億円となっている。

第二に、地震保険の加入対象は一般住宅のみに限定されるとともに、火災保険の付帯契約とし、契約金額は主契約の3分の1から2分の1となっている。政府による再保険能力にも限界があるために、それぞれの契約について、時価評価を上限とする火災保険と同等の金額による契約は困難であると判断されたためである。

これらの特徴を踏まえて、地震保険法第1条ではその目的について、地震等による一般被害者の生活の安定に寄与することと定められた。すなわち、地震保険とは、通常の保険とは異なり、損害をカバーするための保険ではなく、あくまで被災者の生活の安定という公共目的に資するための保険なのである。だからこそ政府による再保険が正当化されたし、保険金に厳しい上限を設けることも正当化されたのである。この点は、地震保険制度が持つきわ

めて重要な特徴である。

しかし、現実には地震保険の加入者はそれほど多くなく、阪神・淡路大震災が発生した直後の1995年3月末時点で、全国の世帯加入率はわずか9.0%しかなかった。特に、阪神・淡路大震災では、主たる被災地となった兵庫県の世帯加入率はわずか3.2%しかなかったのである。このため、制度は存在したものの「被災者の生活の安定」という公共目的を十分に果たすことはできなかったといえよう。前述のとおり、この震災では10万棟を超える住宅が全壊した。これらのすまいをどのように再建していくかが、震災からの復興過程における最重要課題の一つとなった。

2……阪神・淡路大震災以降の施策展開

❶仮設住宅の建設

阪神・淡路大震災で自宅を失った人々は、その後の住宅再建に向けて様々な足取りを辿っている。しかし、もっとも手厚い政策的な支援が得られたルートは、応急避難所から一定期間経過後に応急仮設住宅に入居し、その後復興公営住宅に入居するというパターンであり、実際に復興公営住宅に入居した被災者の中でも最も多い（福留ほか2003）。

兵庫県は、応急仮設住宅の建設にあたって、原則として家を失い、入居を希望する世帯全員に提供するという方針で挑んだ。その主たる理由は、避難所の早期解消である。避難所での生活はプライバシーもなく、被災者に多大な負担を強いているという状況に加え、避難所として利用された施設の再開を急ぐ必要があったからである。特に多くが避難所として利用された公立小中学校における教育の再開は急務であった。

当所兵庫県は当面3万戸の応急仮設住宅を提供すると決定した。平行して、全国の公営住宅等の空家への一時入居についても検討され、およそ3万戸が入居可能であるととりまとめられていた。しかし、公営住宅への一時入居は、ほとんどが遠隔地への転居を余儀なくされることから、1万戸程度の利用しかなく、応急仮設住宅建設のニーズは高かった。最終的な建築戸数は4万8300戸に及び、1995年8月11日に完成した。

❷住宅復興と公営住宅の建設

そして、この頃に発表された「ひょうご住宅復興三ヶ年計画」では、供給が必要な住宅戸数を12.5万戸とし、震災以前に着工されていた1.5万戸に加

え11万戸の住宅を、1997年度までの3か年で新規に供給する必要があるとした。そしてそのうち7万7000戸を公的に供給しようとするものであった。1996年8月に計画は改定されたが、その改訂版における公的住宅の供給主体別内訳は表6に示される通りである。最終的に災害復興公営住宅は、震災以前の着工分1万8000戸と合わせて、4万2137戸が供給された。すなわち、震災復興に必要な住宅戸数の3分の1以上を公営住宅の供給によって実現したという、まさに「社会主義国のよう」な政策[17]であった。

表6 公的事業主体別の住宅新規着工計画戸数

	新規の着工計画戸数
災害復興公営住宅等	38,600
再開発系住宅(低所得者以外)	5,100
災害復興準公営住宅	16,800
公団・公社住宅	20,000
合計	80,500

出所:兵庫県

こうした政策が採用された理由は、戦後の我が国の住宅政策に起因する。すなわち、戦後の高度成長期に量的充足を最優先課題とした我が国の住宅政策において、公営住宅の供給は「大黒柱であり、マニュアル化されたところが多くわかりやすい上、制度運用上の工夫も蓄積されている。民間賃貸住宅市場が十分成熟し、良質のストックがあるという状況にない以上、当面、最も多くの国費を引き出すことができ、計画戸数を消化できる確実性が高い方法として公営住宅の直接建設が真っ先に選択されたのはむしろ当然であった[18]」ともいえるのである。加えて、当時の大蔵省は「住宅はあくまで個人資産」との姿勢を崩さず、被災者による住宅再建を金銭的に支援するような施策はできないという立場であったことも、公営住宅を用いた住宅再建支援策に被災自治体が傾斜せざるを得ない大きな理由であった。

❸復興公営住宅供給の問題点

しかし、公営住宅の大量供給による住宅復興は、一定の役割を果たしつつも、同時に多くの問題をもたらした。

第一は需要と供給のミスマッチである[19]。一般的には、都心に近い復興公営住宅の応募倍率は高いが、郊外の住宅については倍率が1を下回る、あるいは全く応募者がいないという事態まで生じた。被害の大きな都心部では、

---

17 畑・坂井(2005)に、当時の兵庫県住宅建設課長の言葉として紹介されている(p.316)。
18 髙田(2005)による(p.330)。
19 越山(2006)による。

一定規模の用地確保が難しく、費用もかかったため、量的確保を急いだことにより郊外にも多数の住宅を確保せざるを得なかったのであるが、特に高齢者を中心に交通の便の良い都心部の需要が大きかったことで、このようなミスマッチが生じた。

　第二は住宅市場における供給過多である。前述の「ひょうご住宅復興三ヶ年計画」では、民間による住宅供給は3万3000戸程度しか見積もっていなかったが、実際には21万戸を超える供給があった。このため、阪神間では賃貸住宅の賃料が低下し、再建した賃貸住宅の経営に悪影響をあたえた[20]。

　第三はコミュニティの問題である。公営住宅への入居には所得制限などがあるために、相対的に高齢者や低所得者層が多く入居することになった。もともと公営住宅は福祉の一環として供給されるから、年齢や収入などによって被災者の分類を厳格に行い、特に支援の必要な高齢者や低所得者などを「選別的に抜き出し空間的な再配置を進める」ことにその特色がある[21]。したがって、公営住宅団地が相対的に社会的弱者ばかりを集めたコミュニティになってしまうことは政策実施上、必然的な帰結であった。

　2004年10月時点のデータでは、兵庫県の一般県営住宅の高齢化率が、2002年11月時点で16％であるのに対して、同時期に行われた調査によれば災害復興県営住宅のそれは38.1％となっており、特に高齢化が著しい。加えて世帯平均人数は1.9人であり、単身または夫婦世帯の割合が高いことが示唆されている[22]。このため、復興公営住宅では孤独死や、引きこもりなどが深刻な問題となり、兵庫県や被災市町村では高齢者の見守り活動や、生き甲斐作りのための施策を行う必要に迫られたのである[23]。

　第四は莫大な公的費用負担である。すでに述べたように、高田（2005）によれば仮設住宅に入居し、復興公営住宅で家賃補助を受けたケースでは、1世帯あたり2000万円近い公的負担が発生しており、さらに復興住宅の用地取得代を含めると3000万円を超えるという。もちろん、これらは兵庫県の試算として将来世代によっても引き継がれ、利用されていくものと考えると、すべてが震災の被災者のためだけに用いられた資金とは言えない。このため、

---

[20] 永松（2000）ではこの点について、兵庫県の市場メカニズムに対する過小評価があったと指摘している。また松原（2000）は、被災地における住宅供給過多について、公営住宅供給に偏りすぎたのではないかと疑問を投げかけている。
[21] 平山（1999）は、こうした点を指摘しながら、復興公営住宅について、「被災者を都市に統合する手段なのか、あるいはターゲットを絞り込んで分割するための装置なのか」という問をなげかけている。
[22] 兵庫県（2003）による。
[23] 具体的には、兵庫県は「いきいき県住推進員」を設置し、自治会などと連携した問題解決に当たったり、「介護予防・地域支え合い事業」としてLSA（生活援助員）を派遣するなどの対応を行っている。

建設に当たって自治体が発行した公債負担その後の維持経費の負担等が将来世代に先送りされていることも正当化されている。だが、人口減少が現実のものとなり、住宅が過剰となるこれからの時代において、多量な公営住宅を政府が保有し続けることそのものの正当性は厳しく問われることとなろう。

　第五は中間所得層への支援の不足である。中間所得層の中でも特に問題としてクローズアップされたのは、住宅ローンを終えないまま、その住宅が地震により倒壊した、あるいは隣家の火災延焼により住宅を失ったケースである[24]。自力再建を遂げようと思えば、多くは新しくローンを組み、壊れた家のローンと平行して二重の支払いを行わなければならなかった。二重ローンについては、ローンが組めるだけの資力があるわけだから公的支援を行う必要性は薄いという見方もあるが、住宅を失った低所得者層が相対的に手厚い支援を受けていたこともあって、中間所得者層に対して強い不公平感をもたらしたのである[25]。

3……住宅再建支援の政策過程
❶住宅再建共済制度の提案

　公営住宅直接供給方式が中心だったとはいえ、様々な被災者のニーズに対応するために、兵庫県や被災市町村は民間賃貸住宅に入居する被災者の家賃負担軽減のための制度（民間賃貸住宅家賃負担軽減制度）の創設や、復興基金を用いた自力再建世帯に対する住宅ローンの利子補給などをはじめとする諸事業を実施した。これらはいずれも当時としては画期的な制度であったが、つぎはぎ的に制度を拡充したことにより、様々な受給要件の存在によって支援から漏れ落ちた人々が存在したり、再建された住宅であっても資金的問題から低質にならざるを得なかったり、また集合住宅については再建か立て替えかを巡った合意形成が難航するなど、住宅再建を巡って生じた問題は数え切れないほどであった。

　こうした住宅復興施策の展開と平行しながら、兵庫県は、震災後比較的早い段階から、住宅再建のための資金を被災者に直接支給できる制度を検討していた[26]。その検討の結果として、兵庫県は平成7年（1995年）10月17日

24　被災者の二重ローンの問題が大きくクローズアップされたのは、島本（1999）によるものが大きい。
25　例えば、関西学院大学COE災害復興制度研究会編（2005）p.72を参照。また当時兵庫県知事であった貝原俊民もその著書の中で、中堅所得者層の声に耳を傾けなかったと政府の対応を批判している。（貝原2005）
26　生活再建支援法の成立に至る経緯を兵庫県職員の立場からまとめたものとして和久（2004）がある。本書の記述もこれに依拠している。

に「住宅地震共済保険制度の創設」を発表した。この制度は、現行の地震保険の加入率の低さをクリアするために、国民総加入による共済制度を構築し、国民の互助によって住宅喪失リスクに備えようとするものであった。

国会でも、超党派の議員からなる「日本を地震から守る国会議員の会（地震議連）」によって検討が進められ、さらに2500万人を超える署名活動なども展開された。しかし全員加入の制度を創設するとなると、国民的なコンセンサスを得る必要があり、そのような高いハードルから具体的な検討は滞っていた。

❷生活再建支援法の成立

折しも仮設住宅から恒久住宅への引っ越しをする被災者が出始めた頃、そこでは家財道具の購入や引っ越し費用など生活再建に必要な資金が不足するとの声が多く聞かれることとなった。これに対応して、阪神・淡路大震災復興基金の事業で個人給付金がメニュー化されることとなったが、これを恒久的な制度とするために、兵庫県は平成9年（1997年）1月に「被災者生活緊急支援基金制度」を全国知事会に提案した。この案は都道府県と国の拠出により基金を創設し、災害が発生した地域において生活再建のために必要な経費の一部を支給するというものであった。この案は、いくつかの修正を経て全国知事会の特別決議「災害相互支援基金」として採択され、国会への要望活動が展開されることとなった。

住宅地震共済保険制度が国民加入の制度であるのに対し、生活再建のための制度は都道府県と国の拠出による基金創設を柱とするものであったから、両者さえ合意すれば実現可能性が高いものであった。このため、生活再建支援制度をまず実現させるという方針のもと、地震議連を中心として検討がなされることとなった。

その後、様々な議論や修正を経て平成10年（1998年）5月に被災者生活再建支援法案が国会で可決、成立することになった。これは、住宅が全半壊した世帯を対象として、生活再建に必要な資金を最大で100万円支給するというものである。従来の「個人資産の補償は行わない」とする政府の方針を大きく転換させるものとして画期的なものであったといえよう。しかし、この制度は次の二つの点で、兵庫県が当初求めたものとは大きく乖離していた。

第一に、支援対象者が大きく絞り込まれていたことである。世帯収入が800万円を超える世帯はこの制度による支援金の支給対象外となっていた。

この要件によって、懸案となっていた中間所得層への支援は不十分なものとなったが、支給対象者をできるだけ限定したい大蔵省とのぎりぎりの調整の結果で決定されたものであるだけに、地震議連はまず制度創設を優先させ、制度対象者に制限を設けることを受け入れたのである。

第二に、住宅再建のための制度についてはこの法律では盛り込まれなかったという点である。ただし、附則第2条で「自然災害により住宅が全半壊した世帯に対する住宅再建支援のあり方については、総合的な見地から検討を行うものとし、そのために必要な措置が講ぜられるものとする」という文言が盛り込まれ、将来の制度創設の可能性を残した。また付帯決議として、法律施行後5年を目処として見直しを行うことが義務づけられた。

❸支援法の第1次見直し──耐震化 vs. 住宅再建支援

国土庁は、生活再建支援法の附則を受けて、制度創設から4年目にあたる平成11年（1999年）1月に「被災者の住宅再建支援のあり方に関する検討会」（座長：廣井脩東京大学教授）を設置し、住宅再建支援制度のあり方について検討を行った。この検討会は大激論の末に、平成12年（2000年）12月に最終報告書をまとめ、明確な結論は得られなかったものの、住宅再建支援については次のように述べた。

> 「大規模災害時における住宅再建支援は、対象となる行為そのものに公共の利益が認められること、あるいはその状況を放置することにより社会の安定に著しい支障を生じるなどの公益が認められる（p.12）」

このように、本報告書では、被災者の住宅再建支援の公益性に踏み込んだ判断を示した。そして、その再建支援のために「全住宅所有者が加入を義務づける新たな住宅再建支援制度」について今後検討する必要があると述べている。

しかし、平成17年（2005年）7月に発表された中央防災会議「防災基本計画専門調査会」（座長：伊藤滋（財）都市防災研究所理事長）による提言においては、公費による住宅再建支援制度に対して否定的な見解を示した。

> 「私有財産である個人の住宅が全半壊した場合に、その財産の損失補てんを公費で行うことは、持家世帯と借家世帯との公平性が確保されるか、

自助努力で財産の保全を図る意欲を阻害しないかなどの問題がある。これに対する備えとしては、地震保険や共済制度への加入により対処することが基本である。(p.17)」

すでにみたように、この頃には地方自治体や国土交通省などでは耐震化の促進が重要な政策課題として認識され、先進的な自治体ではすでにその促進に向けて動き出していた。そこで事前対策の重要性を主張する人々は、再建支援制度の導入を厳しく批判した[27]。事後的な再建支援が充実することによって、住宅所有者が耐震化等の自助努力を行うことを阻害する恐れがあるというのがその理由である。支援制度の拡大を懸念する財務省にとって、この主張は制度の創設を拒む理由としてしばしば利用されたのである。

❹「居住安定支援制度」の創設──住宅本体の支援は実現せず

これらの検討を経て、平成15年(2003年)に被災者生活再建支援法が改正された。ここでは、「居住安定支援制度」として、建替、補修にかかる解体撤去費用、整地費用、仮住まいの家賃などの経費として最高200万円の支給が行われることとなった。しかし、特に焦点となっていた住宅本体の再建費用については支援金の支給対象に盛り込まれなかった。加えて、所得制限についても見直されることなく、従前のまま年収800万円以上の世帯は対象外となった。

しかし、実は被災住宅の再建支援は、地方のレベルではすでに先行して行われていた。この先駆的事例は鳥取県であった。平成12年(2000年)に発生した鳥取県西部地震の際、中山間地域における人口流出を食い止め、被災した元の地域での住宅再建を促すことを目的として、全壊1世帯あたり最高300万円を支給し、注目を浴びた。

生活再建支援法が改正された翌年の平成16年(2004年)は災害の多い年であった。台風の上陸回数は10を数え、新潟・福島豪雨災害、福井豪雨災害、台風23号による災害など風水害が相次いだ上、10月23日には阪神・淡路大震災以降最悪の被害をもたらした新潟県中越地震が発生した。地方自治体はこうした災害による被災者の生活再建を支援する必要が生じ、国の制度により支援が行き届かない被災者や、金額的に不十分な被災者に対して独

---

27 このような立場から、目黒・高橋(2001)では、耐震改修を行った世帯のみに全額公費による支援を行うことを提唱し、生活再建支援法で住宅本体の再建支援を行うことには強く反対している(AERA 2003)。

自の生活再建・住宅再建支援を行うところが相次いだのである。(関西学院大学復興制度研究所 2007)。

❺被災者生活再建支援法第 2 次改正——所得要件の撤廃と住宅本体への支給

　平成 19 年（2007 年）には、3 月には能登半島沖地震、7 月には新潟県中越沖地震と、連続して地震災害が地方都市を襲った。これらによって、生活再建支援法の制度としての「未熟さ」についての問題意識は高まっていた。折しも、この年は改正生活再建支援法施行後 3 年目に当たり、再度の見直しのために内閣府に「被災者生活再建支援制度に関する検討会」が設置され、議論が進められていた。主要な論点は、支給要件の存在による制度の使いにくさと、住宅本体への支援金支給の是非などであった。7 月 30 日に出された中間報告では、支援金支給により個人の住宅再建意欲が高まれば、全体として災害復興にかかる政府支出が減少する可能性について触れるなど、住宅本体への支援金支給の合理性が条件付きながら明記されるようになっていたが、委員会としての合意には至っていなかった。

❻政治決着

　この報告の前日の 7 月 29 日に、第 21 回参議院議員選挙が実施され、安倍総裁率いる自民党が大敗し、野党は参議院で安定多数を獲得する事態となった。国会運営で主導権を取りたい民主党は、その後招集された臨時国会において、野党と共同で住宅本体への支援金支給を含む改正案を参議院に提出し可決した。これに対抗し自民党も改正案を衆議院に提出し可決したが、最終的には与野党による協議を経て、両党ともに提出案を引き下げ、与野党による共同提案により改正案を提出し、衆議院で可決、成立した。委員会の議論をよそに、生活再建支援法の最大の論点は政治決着をみたのである。

　ここでの主要な制度改正は次の点である。第一に、それまでの支援法が、支援金の使途を限定した上で、必要額を積み上げて計算して支給する方式だったのに対して、改正後の支援法には使途の制限がなく、自宅の被害程度とその後の再建計画、すなわち住宅の再建か、補修か、賃貸住宅への居住かによってそれぞれ定額が支給される。第二に、使途の制限がないため、支援金による住宅本体の再建も可能になった。第三に、年齢・年収要件が無くなり、すべての被災世帯が対象となった。支給のルールが極めて単純化されたことにより、被災者や被災自治体にとっても理解しやすく、また支給のための手

続きについても簡略化されることが大いに期待されている。

4……生活再建支援制度の問題点

　生活再建支援制度は、被災者にとっての使い勝手の良さという点では大幅な改善がみられたと言えよう。しかし、この法改正によっても解決されない、あるいは深刻化した問題も存在する。

❶大災害時のフィージビリティー

　一つは、大規模災害時の取り扱いである。現行の生活再建支援制度の運用のために、国と都道府県が毎年600億円ずつ拠出している。大規模災害には、この拠出金を遙かに上回る支出が想定されるが、本当に不足分の追加出資が可能なのかという指摘がなされている。例えば、首都直下地震が発生した場合、内閣府の試算によれば最悪で2.8兆円の支払い責任が生じるとされているが、果たして現行制度でそれは可能なのだろうか。

　すでに見たように、阪神・淡路大震災においては仮設住宅から復興公営住宅の供給という、現物支給を中心とした住宅再建支援を行った。そして仮設住宅を経て公営住宅に居住した世帯には一世帯あたり1500万円の公的資金が投じられていた。生活再建支援制度によりこうした公営住宅の整備が不要となれば、確かにこの制度によって追加的な財源が必要となることはないかもしれない。

　しかし、阪神・淡路大震災で18万世帯を超える住宅が全壊している。それに対して、建設された公営住宅は4万2137戸であった。つまり、一世帯あたり1500万円の公的資金が投じられたとしても、すべての世帯がその恩恵を受けたわけではなく、自力で生活再建が困難な（実際に困難だったのかどうかは判らないが、少なくとも相対的には困難であったと思われる）世帯に限定されている。これに対して、支援金の場合は、自力再建が可能な世帯であっても確実に支給される。それと同時に、所得水準が極めて低く、生活再建支援金によっても生活再建が困難な世帯も恐らく少なくないと思われる。そうだとすれば、やはり公営住宅の提供や家賃補助など、従来型の生活再建支援制度が不要になるとは言えないであろう。

　佐藤（2005）は、現金はすべての被災者が欲するのに対して、現物支給による支援は真にそれを必要とする被災者しか欲しないという意味で自己選択が働くという点に着目し、限られた資源を真に支援が必要な被災者に届ける

ためには、現物支給の方が効率的であると指摘している。生活再建支援制度は、「真に支援が必要な被災者を支援する」制度としては非効率な仕組みであり、それゆえに膨大な資金需要が発生するという点ははっきりと自覚しなければならない。

❷制度間の整合性

　第二の問題点は、制度間の整合性である。そもそも、本当に住宅再建支援を公費によって行う必要があるのか。これまでみてきたように、阪神・淡路大震災で被災した兵庫県が提案したのは、全世帯加入の基金制度であり、財政とは一線を画したものであった。だが、その後の立法過程において、地震議連は全員加入の国民的コンセンサスを得ることが困難であるという理由から生活再建支援制度をまず公費により実現しようとし、兵庫県もそれに追随した。そして、住宅再建支援については、本来別途議論されるべきはずが、生活再建支援制度の枠の中でいつしか議論されることとなっていった。

　被災時の生活再建のために現金を直接被災者に支給する制度が必要だということはその通りだったとしても、それをどのような仕組みによって実現するかという点は、これまでの検討の経緯からも十分に議論されたとは言えない。制度的な合理性よりもむしろ政治的実現可能性によって強く規定されてきた。それはやむを得ないことであったにせよ、その結果、既存の制度との整合性について問題が生じているように思われる。

　第一は、災害弔慰金制度である。主たる生計者が災害により死亡した場合、市町村はその世帯に500万円、その他の家族が死亡した場合には250万円支給することとなっている。そしてこの支給に対して、都道府県が4分の3を市町村に補助し、国は都道府県負担分の3分の2を負担することとなっている。

　弔慰金の支給に対して生活再建支援法は、弔慰金制度における人的被害という基準が住宅被害という基準に置き換わっただけの制度であるという見方もできる。昭和48年（1973年）に議員立法により制定された「災害弔慰金の支給等に関する法律」を見ても、その趣旨には弔慰金支給の目的は一切書かれていないが、被災世帯への経済的援助を目的としていることは明らかであり、その意味では生活再建支援法と政策目的が重複している。

　第二は地震保険制度である。地震保険はすでに見たとおり、損害をカバーするための保険ではなく、あくまで被災者の生活の安定という公共目的に資するための保険であった。この「公益性」のために、地震保険には政府によ

る再保険が行われ、それゆえに保険会社には加入者を選別したり、保険料を自由に設定したり、保障内容を差別化するということはこれまで認められてこなかった。

ところが、被災者の生活の安定に資するというのは、生活再建支援制度が目指すものとほぼ同一と言ってもよい。その意味では屋上屋を架したという側面があることも否定できない。もちろん、地震保険制度が任意加入の制度であるのに対して、生活再建支援は自動的にすべての国民をカバーしているという意味で強制保険としての性格を有しているという違いがあるから、これは全く別の制度だといえばそうともいえる。しかし、そうであれば任意加入の地震保険制度と強制保険としての生活再建支援制度との役割分担をより明確にするべきであろう。

自動車保険を例に取れば、任意保険は強制加入の自賠責保険の補償範囲を上回る部分においてのみ責任を持つ。地震保険についても同様に、生活再建支援金の支給分については免責にすることで保険会社の責任負担を軽減し、それによって保険料の低下や保障内容の拡大を図ることが可能となるはずである。また、生活再建支援制度においてすべての世帯に最大300万円の保障ができたのであるから、地震保険の引き受けを世帯保有リスクによって厳しく選別することを拒む理由ももはやないであろう。例えば地震保険の加入条件として、住宅の耐震化を義務づけるということも認められるべきである。それは地震保険の支払い負担の軽減につながり、より消費者にとって魅力的な保険商品の開発が期待されるとともに、消費者が耐震化等の事前対策を行うインセンティブにも繋がるからである。

「国民の生活の安定」という目標のかなりの部分が生活再建支援法によって達成されるのだとすれば、地震保険についてはもはや社会保障的な役割を期待するべきではなく、金融商品として保険会社間の競争原理が働くような制度設計に転換すべきであろう。

第三は義援金である。義援金の中には、受取人を指定して贈られる義援金や、NGOやNPOなどが特定のプロジェクトを遂行するために募集した資金なども広く含まれるが、生活再建支援金との関係で問題となるのは、被災自治体や赤十字社、マスコミなどが、特に使途を明示しない形で不特定多数から集めた義援金である。こうした義援金は大規模災害時にはほぼ毎回募集が行われ、災害によってその規模は異なるものの、被災者の生活再建にとってはいずれも重要な役割を果たしてきた。雲仙普賢岳噴火災害では233億円の

義援金が集められ、住宅全壊世帯に対しては最大1000万円が支給された。北海道南西沖地震の際には259億円が集められ、最大1350万円の支給が行われ、多くの世帯はこれを原資として住宅再建を行うことができたのである。ところが、阪神・淡路大震災では1774億円という、空前の規模の義援金が集まりながらも、被災世帯数の多さによって、わずか40万円〜50万円の支給にとどまったという背景がある。生活再建支援制度の創設の背景には、こうした義援金の多寡によって被災者の支援レベルが左右されることは不公平だという主張もあった。

　義援金は決して公式（formal）な制度ではない。その受け入れや配分を行う法的根拠もないし、当然のことながらその手続きについても定められていない。そうした自由さがかえって被災自治体にとっての配分方針決定を硬直的なものにしている。すなわち、全壊・半壊などの被害に応じて一律の金額を支給するという、生活再建支援制度と全く同じ機能をこれまで担ってきたし、恐らく今後も継続されると思われる。

　しかし、被災者の現金支給が公式な制度で実施できるようになった今日、義援金に込められた人々の善意を最大限活かす方法はもっと別のところに求められるのではないだろうか。すなわち、義援金は非公式な制度としての強みを活かし、行政などによる支援が困難な分野や用途に充当できるようなしくみの構築が望ましい。例えばボランティアなど被災者を支援する立場の人々の支援に用いたり、公的制度では支援の対象にはならないが、個別の状況を勘案すれば支援すべきであるといった特殊な事例を救済する原資とするなどである。

大数の法則と地震保険

コインを投げて表が出る確率は2分の1である。コインや投げ方に歪みがないことを前提とすれば、理論的にはどちらの出る可能性も等しくなるはずだからである。

しかし、実際にコインを投げてみると、裏や表が数回連続して出るということはしばしばだ。確率が2分の1だからといって、表の後は裏が出るとは限らない。10回連続して投げたところで、表と裏が5回ずつ出るというわけでは必ずしもない。

しかし、そうであっても、コインを投げる回数を増やしていくことによって、実際に出た表の回数の割合は徐々に2分の1に近づいていく。このように、確率的な事象であっても、試行回数やサンプルを増やすことによって、実際の値は理論的な値に近づいていくという経験則を大数の法則と呼ぶ。

保険という商品は、本質的にこの大数の法則を利用したものである。例えば自動車保険を考えてみよう。保険に加入しているあるドライバーがいつどのような事故を起こすのかは極めて不確実である。明日大事故を起こすかもしれないし、それとも一生無事故無違反で過ごすかもしれない。このドライバーひとりだけと保険契約を結ぶとすれば、保険会社にとっては賭けに等しい。そこで保険会社は、できる限り多数のドライバーと保険契約を結ぼうとする。そうすれば、大数の法則により、契約者全体のうち事故を起こすドライバーは一定の割合に収束するから、保険会社にとっては不確実性が消滅するからである。保険料率は、過去の統計などを用いて求められた事故率などを参考として、採算の合うレベルに決定されるが、これには十分な数の契約があることが前提である。

しかし、地震保険についてはこのような理屈が当てはまらない。そもそも大数の法則が成り立つ前提には、それぞれの確率的事象が独立である、つまり相互に関係がないという前提が必要である。自動車保険の例でいえば、例えばあるドライバーが事故を起こしたからといって、それによって他のドライバーが事故を起こしやすくなるということは考えられない。ところが地震保険については、ある契約者に地震による被害が生じるときには、同時にその地域に居住する他の多くの契約者にも被害が生じる可能性が高い。しかもその規模が巨大なだけに、地震保険はいったん地震災害が発生すると、とたんに巨額の支払い義務が保険会社に発生してしまい、支払い不能になる可能性が高いのである。これは、地震に限らず、火山噴火、大型台風やハリケーンなど、巨大災害すべてに当てはまる問題である。

このような巨大災害リスクに対応して、いくつかの金融技術が発達してきた。まず一つは再保険である。再保険とは、簡単に言えば保険会社の保険である。元請保険会社が契約者から引き受けたリスクの一部

について再保険会社と保険契約を締結することで、巨大な支払いリスクに対処しようとするものである。しかし、米国で大規模災害が集中した1990年代において、再保険会社が自己資本不足に陥った際には再保険料が高騰し、再保険の引き受けに慎重になるなどの問題も指摘され、再保険会社のリスク引き受け能力にも疑問が持たれることとなった。

そこで登場したのが、保険契約を証券化して、資本市場による資金調達を行うCATボンド（Catastrophe bond）と呼ばれる金融商品である。CATボンドとは、発行者が資本家に対して平常時には一般の債券よりも高い利息を支払う代わりに、災害が発生した場合には元本の一部またはすべてを没収することができるというものである。投資家の立場からは、CATボンドは他の金融商品とは異なり、景気や経済動向に左右されないという特徴があるため、投資家にとっては投資リスクの分散を図る上で大変魅力的な商品になると思われていた。このため、CATボンドの発行によって、保険会社は再保険に変わる安価な資金調達手段として普及することが期待されたが、投資家にとってCATボンドの商品特性を理解するのには経験や学習が必要であるとされており、今のところ再保険市場を代替するほどの市場規模には発達していない。

このような民間資本による巨大災害保険システムには、未だ完全とはいえない。そこで注目されているのが政府の関与である。基本的に民間の保険システムは、被害のない地域で得た保険料を被害を受けた地域に支払うという、地域分散のシステムである。これに対して、政府の場合は、過去の保険料収入や将来の保険料収入を現在の被害に対して支払うという時間分散の機能において、特に民間に比べて秀でている。例えば、十分な保険料の積み立てがない段階で巨大災害が発生し、保険加入者に対して巨額の支払いを行う必要が生じた際、資金を借り入れて将来の保険料収入で返済することとなるが、民間保険会社では、超長期にわたる借入には限界があることや、あるいは貸し倒れリスクを含んだ割高な金利を支払う必要があるからである。逆に政府の場合は、その高い信用力により比較的安価に資金調達できると考えられる。日本の地震保険については政府が再保険していることは、すでに本論で述べた通りであるが、これは政府の再保険によりリスクの時間分散を行っているものという見方もあり、そのような観点から海外でも高い評価を得ているとの指摘もある[28]。

28　斉藤（2005）による。なお、本コラムにおける巨大災害リスクに対応する金融技術についての解説はほぼ斉藤（2005）に依拠している。地震保険の制度については損害保険料率算出機構（2007）を参考のこと。保険学の観点から地震保険の基本的な性質や仕組み、政策的課題については堀田（2008）にわかりやすくまとめられてある。また我が国の地震保険のあり方についての考察には平泉ほか（2006）がある。

第 **5** 節

減災政策の基本的特性

　さて、これまで住宅耐震化推進施策と、住宅再建支援施策のそれぞれについて、政策展開とその背景にある議論を追いかけてきた。どちらも今日の防災対策においては主要なテーマであり、これまで膨大な議論の蓄積がなされている。ここですべての論点を紹介できたとは思わないし、またそれが本章の目的であるわけではない。だが、減災政策分野における議論の大まかな特色や雰囲気、そして固有の難しさといったものはある程度伝わってくるのではなかろうか。

　ここでは、より減災政策の本質を検討するにあたって、これまでの議論を(1)科学技術、(2)政治過程、(3)市場メカニズムの三つの観点から再整理を試みたい。それによって減災政策の、他の政策分野とは異なる固有の特性のいくつかを明らかにしてみたい。

1────不確実性と科学技術

　高度な科学技術の知見は政策決定を容易にする。科学技術の発達による不確実性の減少は、対策による被害軽減効果の予見可能性を増大させるからである。

　不確実性下での政策的意思決定の困難さについてもう少し検討してみよう。例えば公立小中学校の耐震化はその一つである。公立の小中学校のほとんどは、子ども達が多くの時間を過ごす場所というだけでなく、災害時には避難所して用いられることが地域防災計画で定められ、それゆえに防災資機材の備蓄場所となるなど、地域防災の拠点として重要な機能を担っている。しかし、そのような重要な場所についてすら現段階で十分な耐震性が確認されているのは全国で58.6％に過ぎない。木造住宅については構造が違うため必ずしも同じ基準ではないものの、耐震性を有するものは全体の75％と推計されているから、数の上では学校の耐震化の方がずっと遅れているのである。

この理由について文部科学省は、市町村の財政状況の悪化による学校整備計画の繰り延べや、少子化による将来の統廃合を見据えて、市町村が耐震化を実施する学校の選定において慎重になっていることなどを挙げている。個人の住宅と異なり、公立小中学校の耐震化については行政が直接実施できる事業である。本当に災害が切迫していると首長や議会が判断しさえすれば、住宅の耐震化よりも容易に推進できるはずである。ところが、そうはなっていない。財政難の中では、めったに来ない災害は他の政策課題の脇に追いやられてしまうのである[29]。

　しかし、現状が本当に地震リスクを過小評価しているのかというのは、実のところよくわからない。もちろん、大地震により学校が倒壊し、多くの児童生徒の命が失われ、避難施設としても使えないという状況が生じるというリスクはある。しかしだからといって、現在我が国が抱えている様々な政策課題に優先して学校の耐震化を強力に推進すべきだということにはならないだろう。

　このような問いに回答するための一つの鍵は、災害リスクの頻度と規模をどう捉えるかである。本章の冒頭で、災害リスクが近年、低頻度高被害型に変容したことを論じたが、そのことは、決して巨大災害が立て続けに起こるという可能性を否定するものではない。実際に地震学では、東南海・南海地震などの海溝型地震の発生前後には、周辺の地震活動が活発化し、内陸直下型の地震が起こりやすくなるという考え方が支配的である[30]。しかしそれがどの地域でどの程度起こりやすくなるのかについて信頼できる情報はない。巨大災害リスクとは、そのような可能性も含めた不確実性なのである。

　このような高度な不確実性の下では、一般に公共事業の評価に用いられる費用便益分析はほとんど意味をなさない。ひきつづき公立学校の耐震化を例にとって考えよう。公立学校の耐震化による便益とは、耐震化しなかった場合に生じる被害と考えることができる。ではその被害とは何か。それは単に物理的な損傷だけではなく、それによって生徒・児童・教職員らの生命への脅威、地域における避難場所の喪失、教育の再開の遅れなど様々な要素が含まれることになる。どのような要素を被害に含めるのかも悩ましい議論であ

---

[29] 折しも本書執筆中の2008年5月12日に中国四川省を震源とする大地震が発生し、多くの学校児童・生徒・教職員が倒壊した学校校舎の下敷きになって亡くなった。これを受け、日本の文部科学省は小中学校の耐震化の補助率を引き上げ、5年の計画だった公立学校の耐震改修を3年に前倒しするなどの対応を行った。
[30] そのような考え方に基づき、中央防災会議の東南海・南海地震専門調査会では、中部地域・関西地域における直下型地震の被害想定も同時に実施している。そこで発表された大阪平野の上町断層帯の活動による地震では、最大4万2千人の死者が発生するという、ショッキングな数字がはじき出されている。

るが、より問題なのはそれがどの程度の蓋然性を持つかである。

　こうした公共的な意思決定に役立てることを目的として、文部科学省では海溝型地震と主要な 98 の活断層による地震の発生確率の長期評価が行われてきた。さらにこれらの評価結果に加え、未知の活断層による地震の発生も考慮した「確率論的地震動予測マップ」が開発され、2005 年から一般に公開されている[31]。

　しかしながら、このようなハザードの総合的評価の試みはまだ発展途上であり、これをそのまま事前対策の優先順位などの政策決定に活用することについては課題も多い。例えば、公立小中学校や個人住宅への耐震改修に対する国の助成制度を、この地図を参考として静岡県や愛知県など、発生確率が 50％を上回るような地域に重点配分するといった政策は果たして正当なものだろうか。

　この地震動予測地図が発表されてから、2007 年 3 月には能登半島沖を震源とするマグニチュード 6.9 の地震が発生し、石川県七尾市・輪島市・穴水町で震度 6 強を観測した。また 7 月には新潟県中越沖を震源とするマグニチュード 6.8 の地震が発生し、新潟県柏崎市で震度 6 強を観測した。確率論的地震動予測地図によれば、震度 6 弱以上の地震発生確率は 2007 年 1 月 1 日から 30 年間でそれぞれ 0.3％と 2.5％と評価されていた地震である。しかも後者の新潟県中越沖地震では、9 人が建物の下敷きになって亡くなっているのである。

　このように、確率評価である以上、低確率の地震が高確率な地震に先行して発生することは十分あり得るし、また地震の規模に対して想定した以上に大きな地震動が発生するといった工学的な誤差も発生しうる。したがって、地震災害への事前対策の便益測定を単純にここで評価された発生確率を根拠として行うことは難しく[32]、現にこれまでのところそのような分析に基づく政策は採用されていない。

31　独立行政法人防災科学技術研究所の「地震ハザードステーション（J-SHIS）」では、WEB 上で様々な設定を変更して、地震動予測地図を作成することができる。http://www.j-shis.bosai.go.jp/
32　文部科学省によれば、このような地図が国民の啓発に用いられる際に「相対的に強い揺れの発生する確率が低い、あるいは揺れが弱いと表示されることが安全・安心情報とならないことについて、十分周知する必要があると考えられます」と警鐘を鳴らしている（文部科学省 2005）。

2……… 不安定な世論と政策過程

このような不確実性の下での意思決定が迫られると、果たして政治はどのように反応するのであろうか。そして、具体的な政策はどのように決定されていくのだろうか。以下ではこの問題について考えてみたい。

間接民主制の建前としては、選挙によって選ばれた議員らが有権者を代表し、議会において議論を行う。そして、議会による議決を通じて、公共的問題解決のための政策決定を行うことになっている。

しかしながら、実際の政策決定過程は、そのような単純なものではない。防災に限らず、様々な政策課題は高度化・複雑化し、それらの解決のためには科学技術やその分野における専門家の意見が無視できなくなっている。多くの場合、専門家は広く社会的な観点からではなく、彼や彼女が専門とする領域における学問的・技術的真実を政策に反映させたいと行動する。それらの政策決定によって直接間接に利害を受ける特定の団体があれば、それらは中央省庁、マスコミ、あるいは議員に直接間接の手段を用いて、自らが望む政策実現に向けた働きかけを行う。

また、政策の具体的内容については、我が国では多くの場合官僚によって作成されるため、この過程で所管省庁の省益や過去の政策との整合性などの影響を受けることは常である。議会もまた、マスコミの論調や選挙などの政治日程、世論の動向などを考慮しながら、国民の支持を最大化しようとする。前節で見たように、生活再建支援法の第二次改正が、内閣府で検討中にも関わらず国会で可決されたのは、それまでに連続して発生した能登半島沖地震や新潟県中越沖地震の影響と、直前の平成 19 年（2007 年）7 月に実施された参議院選挙で野党が過半数を獲得したことが大きな要因として挙げられる。民主党が生活再建支援法の改正案を参議院に提出したのは、「国民が求める内容の法案を参院で可決すれば、衆院でも簡単に否決できない」ことを見越して、政府・与党を揺さぶるという政治的戦略がその背景にあったことは否定できない[33]。

❶減災政策における政治過程の特色

減災政策も、他の政策と同様に、こうした政治過程の産物であるという認識は重要である。特に、減災政策については、以下の 2 点について政策担当

---

33 読売新聞朝刊（2007 年 8 月 8 日）。

者は認識をしておく必要があろう。

　第一に、減災政策においては、特に事前対策について、その推進を強く求める利益集団が乏しい（Birkland 1997; p.50）。それは、減災政策においては、ちょうど産業政策における経済団体や消費者団体などのように、直接的に大きな利害関係を有した団体が存在するわけではない。それどころか、耐震化の推進と、事後的な再建支援制度のどちらも、災害リスクの不確実性ゆえに「自分には関係ない施策」と捉える国民が大多数である。それゆえに、減災政策については、その必要性を代弁してくれる専門家、市民団体、マスコミなどステークホルダーの役割は、政策を推進したい行政の立場からは極めて重要である。

　これらのステークホルダーの中でも特に主要な人々は、様々な委員会や検討会の場で繰り返し顔を合わせることとなる。さらに災害が発生すれば、調査や支援などそれぞれの目的で現地入りした人々が、非日常の現場で再び顔を合わせることとなる。こうしたことによって、防災・減災分野は他の分野と比較して極めて濃厚な政策コミュニティを形成している。また、そうした政策コミュニティにどれだけ幅広い人々を巻き込み、減災政策の推進に国民的な理解を得ていくかが政策担当者にとっての重要な課題となるのである。

　第二に重要な点は、それでもなお、圧倒的な世論は直前の大災害によって減災政策に注目するという事実である。したがって、大規模な災害の直後は減災に関する課題が政策争点（アジェンダ）化されやすい。現実に我が国の防災対策や制度の多くは、大規模な災害が発生してから、そこで顕在化した課題を解決するために後追い的に整備されてきた（永松 2003; 中川 2003）。言い換えれば、大きな災害が発生しない限り、制度や政策を動かすほどの政治的なうねりが生じないことの証左でもある。

　世の中には当然のことながら減災以外にも様々な課題がある。しかし、それらのすべてが政策課題として政府にとって平等に扱われるわけではない。あまたある課題には優先順位がつけられ、優先順位の高いものからアジェンダに設定され、具体的な政策として動き出すのである。

　減災政策は、こうした不安定な世間の関心の中で決定されていく。このような中では、災害発生直後にはより強力な規制を求める世論が増大し、減災対策への政策資源の集中を求める声が増大する。しかし、しばらく災害が発生しなければ、減災に投じられた予算を削減し、他の政策分野に回そうとする政治的圧力が発生する[34]。

このように、不確実なリスクへの社会的意思決定システムとして、民主主義のプロセスは非常に不安定なものである。主権者たる国民の民意自体が大きな災害やマスコミの報道などに大きく左右されるからである。もちろん、今日の我が国が民主主義の過程を経ずして公共的な政策決定を行うことはできない。減災政策においては、こうした政治過程の不安定性を念頭に置きつつ、政治的実現可能性への特段の配慮が求められることになるのである。

❷政治的実現可能性への配慮

　例えば、被災者への公的支援について、事後的な制度変更は被災者の自助努力を阻害する要因となることを指摘し、政府が事前に定めた支援制度にコミットし、事後的にそれを変更するべきではないという主張がある（佐藤 2005; 田近 2000）。その具体的な一つの方法として位置づけられるのは、耐震化のインセンティブを高めるために、耐震性能を備える住宅を保有する世帯に限って公費で再建費用を支給し、現行耐震基準に満たない住宅については一切の公的支援を否定する意見もある（目黒・高橋 2001）。これらの主張は、いずれも自助努力を行えば被害を受けずに済んだと思われる被災者には支援しないということに政府がコミットする必要性を主張するものである。

　しかし、制度が想定しないような事態が発生した場合、それに対応するための被災者支援制度の構築に向けた政治の動きが生まれるのは民主主義では極めて自然なことである。耐震化していないということを理由に一切の支援を行わないということが、政治的に許容されるはずもなかろう。

　事後的な制度変更は確かに好ましくないとしても、政府がある政策にコミットするためには、その政策がいかなる事態においても制度変更の政治圧力に耐えられるものでなくてはならない。だが、再三述べているように、我々が立ち向かわなければならない災害リスクとは、極めて高度な不確実性を含んだものであり、人間理性の限界を超えたものである。いかなる事態においても対応可能な支援制度など望むべくもない。

　そうだとすると、災害時に多くの政治的関心を集め、その問題の解決のための政治の流れが生じるということは、限定的な知識のもとプログラム化された政策を現実に合わせて修正する機会を提供してくれることになり、その

34　ドナルド・ケトルは、このような減災・危機管理政策の特質を見抜き、米国の国家安全保障政策は「テロとの戦い」ではなく「他の国家的目標と競合する、安全のための莫大かつ不明確なコストとの戦い（Kettl 2007; p.141）」であると述べた。

意味ではむしろ積極的に評価されるべき側面もある。政策における不確実性があるからこそ、公共政策に対する民主的・政治的統制が求められるという指摘（足立 1994）はそのような考え方の一つであろう。

3……市場メカニズム

今度は減災政策の特色を、市場メカニズムの観点から整理してみたい。

減災政策における市場メカニズムの活用は、古くは地震保険などにも見られるが、最近ではこれを積極的に活用しようという動きが見られる[35]。市場メカニズムとは、端的に言えば、防災対策の水準などを個々の主体の自発的な意思決定に委ねるということに他ならない。このため、社会全体としての防災対策の水準は、市場による自由な取引や意思決定の結果としてもたらされる。政策的に目標値を定めることはあっても、その実現はやはり個々の経済主体の意思決定に委ねられている。

これに対し、古典的な経済理論では、市場がそもそも成立せず、個々の自由な経済取引に委ねることができない場合や、あるいは市場による取引の結果が必ずしも望ましい状態を生まない場合（いわゆる「市場の失敗」）、それを是正する限りにおいて政府による介入は正当化されてきた。

前節で紹介した個人住宅の耐震化推進施策は、最終的には個々の住宅所有者の意思決定に委ねられているという点で、市場メカニズムによる防災対策の典型である。ただし、個人の耐震化へのインセンティブが乏しく、耐震改修のマーケットが成立しないことや、耐震改修が持つ正の外部性に対応して、耐震改修への公的助成などの政策介入が行われてきたと考えることができる。

❶市場メカニズムの利点

市場メカニズムが優れている点の第一は、それが社会厚生（Social Welfare）を最大化すると考えられるからである。ここで社会厚生とは、社会にとっての満足度や望ましさを表す指標と考えて欲しい。市場メカニズムを正当化する立場によれば、社会の厚生とは社会構成員それぞれの厚生の合計として捉えられる。

市場メカニズムにおいては、社会の構成員は、防災対策による自らの便益が、その対策のコストすなわち支払うべき対価を上回った場合に対策を実施

---

[35] 例えば中央防災会議では平成15年（2003年）に「民間と市場の力を活かした防災力向上に関する専門調査会」を設置している。

することになる。例えば100万円でできる耐震補強工事は、施主がその工事によって軽減できるリスクが100万円以上だと判断する人々のみが実施するのである。すなわち、耐震化を行った人々はすべて耐震化により厚生が上昇し、かつそのような人々はすべて耐震化を行っていることになる。これ以上に人々の厚生を上昇させる状態は存在しない。

　市場メカニズム以外の方法でこのような状態を達成することは困難である。例えば政府が特定の要件を満たす住宅について100万円の費用のかかる耐震化工事の義務を課したとしよう。この場合、耐震化が義務づけられた住宅所有者が必ずしもその耐震化に100万円以上の価値を見出しているという保障はなく、厚生水準が減少する可能性もある。またどの住宅所有者の厚生水準が減少するかを第三者が観察することもほとんどの場合不可能である。しかし、市場メカニズムによらずに厚生水準を最大化させようとすれば、個々人の厚生の変化について何らかの形で第三者が把握しなければならない。そのための政策コストは甚大なものである。

　市場メカニズムを減災政策に導入するもう一つの利点は、対策のインセンティブが市場参加者に付与されることにある。例えば、耐震化した住宅を販売する、あるいは他者に貸与する場合において、耐震化された住宅がそうでない住宅に比べて高い価値を持つとすれば、住宅所有者にとっては耐震化を行うことが経済的に収益を生む可能性があり、防災対策を実施する経済的な動機付けとなり得る。例えば山鹿ら（2003）は、東京都の土地取引や賃貸住宅の家賃には地震危険度が反映されていることを実証的に明らかにしており、その結果、もっとも地震危険度が高いとされる地域においては、木造賃貸住宅の耐震化は収益的であることを示しており、市場メカニズムを通じた防災対策の実現可能性を示している。

　住宅耐震化の他にも、例えば企業の事業継続計画（BCP）の策定についても我が国の防災対策における重要課題の一つであるが、これについても法律等で義務づけるのではなく、市場における取引関係を通じて普及していくことを原則としている。海外にはBCPを作成していない企業とは取引を行わない方針の企業も少なくない。我が国でも、取引要件としてBCPの作成状況を考慮する可能性を示唆する企業がかなりの程度存在することが明らかになっている（永松ら2006）。またBCPの普及のために内閣府は平成17年（2005年）に「事業継続ガイドライン」を作成・公表し、経済産業省も平成18年（2006年）に「中小企業BCP作成運用指針」を作成・公表している。

加えて政策投資銀行は、「防災格付け融資」制度として、防災に関する優れた取り組みを行っている企業に対して有利な条件の政策融資を実施している。

❷市場メカニズムの限界

市場メカニズムは、他の様々な政策分野と同様に、減災政策の手法としても望ましい性質をもっているが、同時にいくつか留意しておかなければならないことがある。

第一に、巨大地震対策については、その不確実性の大きさや、需要の小ささ故に、市場そのものが成立しない、あるいはその機能を十分に発揮できないケースが多いということである。耐震改修がなかなか進まない理由に、悪徳リフォームの横行など、耐震改修の技術的不確実性に起因する問題や、マーケットの規模に対して、耐震改修の単価が小さく、施工業者にとって魅力の乏しい市場であることなどもすでに見たとおりである。

これについてはハザードマップの公開など、リスク情報の一層の開示や技術の標準化など、市場環境を整備することによって一定程度克服される可能性はある。だが、第二の問題として、そもそも人々のリスク認知にはバイアスがあるという事実がある（Slovic 1987）。このため、市場メカニズムによっても個人のリスク軽減のためのインセンティブには必ずしも結びつかないという指摘もある。例えば地震保険の加入についても経済合理性よりはむしろ災害に対する心理面や経験則などによって支配される側面が大きいという主張もある（堀田 2000）。実際、耐震改修への取り組みや地震保険の加入率の変化は、大規模災害発生の前後で大きく変化することが常態である。

例えば、生活再建支援法の改正過程において、住宅本体への再建資金を公費で支給することは、耐震改修へのインセンティブを阻害するために行うべきではないという反論が強い影響力を持ったことはすでに論じた通りである。市場原理からすればこれは正しい。しかし、実際にそのようなモラルハザードが起きたという実証的裏付けはどこにもない。それどころか、むしろ地震保険に加入している世帯ほど耐震化への意欲が高いとする複数の研究結果が存在するほどである[36]。このことは、必ずしも減災政策におけるモラルハザ

---

[36] 廣井・小出・加藤（2006）では、福岡県にて実施した耐震改修行動に関するアンケート調査を用いて、耐震改修行動に関するロジット分析を行っている。これによれば、地震保険加入が耐震改修行動に対して正で有意な値を指名している。また吉井（2004）では、焼津市・掛川市民へのアンケート調査により耐震化行動を分析し、耐震改修計画を作成した、あるいは工事を実施した世帯の地震保険加入率（33.9％）は、静岡県平均（21.0％）を大きく上回っていることが示されている。

ードの存在を否定する根拠にはならないけれども[37]、人々の耐震化行動は事後的な補償の有無よりも、災害に対する知識や経験、リスク選好など他の要因によってより大きく支配されているということは間違いないだろう。

　第三の問題として、市場による解決は、実質的な意味で個人に選択の自由を保障していない（Sen 1999）。例えば低所得者はたとえリスクを回避したくとも、予算制約によって、やむなく高リスクで低家賃の住宅に居住せざるを得ない。教育水準の低い人々は、そもそも地震のリスクを正しく理解するのに、高学歴の人々よりもより多くの時間と労力を必要とし、結果誤った理解のまま判断を迫られる可能性もある。市場経済が自己責任と引き替えに自由を保障しているというのは、実質的には必ずしも正しい見方ではないのである。

　したがって、市場原理に依拠した政策提言は、非常に魅力的ではあっても、減災政策における有効性は慎重に考えられるべきであろう。

---

[37] モラルハザードの有無を厳密に定義すれば、同一の個人について、地震保険や再建支援など事後の補償の有無による行動比較が必要である。廣井・小出・加藤（2006）や吉井（2004）は耐震化行動の有無で分けられた異なるグループ間の比較であり、両者の間で元々のリスクに対する選好が異なる可能性があるから、これをもってモラルハザードの存在を否定することはできない。

〈政策プロセス理論と減災政策への含意〉

公共政策学では、比較的早くから政策の内容そのものだけでなく、政策が決定される過程を分析の対象にするべきだという主張がラスウェルなどによって行われ、現在では「政策過程（プロセス）論」と呼ばれる主要な研究分野となっている。

特に有名なのが、キングダンによる政策プロセス理論である。キングダンは、政策プロセスを「問題の流れ」「政策の流れ」「政治の流れ」という三つに分類し、それぞれについて次のように定義している[38]。

まず「問題の流れ」とは、政策担当者が特定の問題を認識し、政策争点化（アジェンダ設定）するプロセスのことを指す。それは様々な調査指標の結果であったり、政策担当者の個人的な関心であったり、既存の政策の失敗、あるいは災害や事件の発生など、様々な要因がある。いずれにせよ、特に政策形成に関わる主要な人々にとって「問題だ」という意識が生まれなければ、そもそも政策は動きださない。

次に「政策案の流れ」とは、問題と認識された課題の解決のための実現可能な対策案が用意されていることを指す。いくら問題だという意識があっても、技術的・政治的・予算的に実現可能性の低い対策案しかなければ、政策争点化はなされない。これには、研究者や実務家、担当省庁など特定の領域の専門家などの政策コミュニティの果たす役割が大きい。

最後に、「政治の流れ」は、例えば政権交代、議会の多数派交代などによって、政策課題の優先順位が大きく変更されるようなケースを指す。それ以外にも、全国的なムードや特定の利益グループのキャンペーンなどを背景として、政権与党が支持拡大をねらって特定の課題の優先順位を上げるケースもある。

キングダンは、これら三つの流れがある決定的な時期に合流することによって、ある課題の解決に向けた政策がはじめて大きく動き出すとし、これを「政策の窓（policy window）の開放」と呼んだ。すなわち、問題が関係者に認識され、その対策も十分に検討され、かつその解決に向けた政治的合意が得られて初めて政策が動き出すのである。

減災政策の決定過程をこのように眺めることはいくつかの重要な示唆を我々に与えてくれる。第一は、結果として採択される政策が必ずしも合理的なものである保証はないという点である。宮川（1995）が指摘するように、問題の流れと政策案の流れは、いずれも関係者による議論や説得によって形成され、その過程において問題設定や解決策の合理性について慎重な検討がなされる可能性は高い。しかし、

---

[38] 以下の記述は、宮川（1995）を参照した。

COLUMN

政治の流れはむしろ政治的取引によって方向付けられるために、政策としての合理性が犠牲になることは珍しくない。すでにみた生活再建支援法の例では、検討委員会が重要な問題として指摘した大規模災害時の財政的な実現可能性について、改正支援法では全く考慮していないのも、こうした指摘があながち誇張ではないことを示している。

　第二に、それでもなお強調したいのは、政治の流れ単独で政策は決定されないという点である。政策プロセス論は、同時に政策の前決定段階の重要性をも示している。問題設定と代替案の検討においては、官僚など一部の「政策エリート」と呼ばれる、より強い影響力を持った人々は確かに存在する。しかし、生活再建支援法の制定・改正の歴史の中では、公式・非公式なものとを問わず、様々なNPO、ボランティア、マスコミ、研究者らによる議論の積み重ねが無視できない役割を果たしている。否、それどころか、こうした多様なアクターらがそれぞれに現場からの提言を重ねていくことなしには、現在の生活再建支援法はなかったといっても過言ではない。政策の質の向上のためには、政治家や一部の政策エリートの能力の向上だけではなく、前決定段階における多様な利害関係者の議論そのものの成熟も不可欠であることがわかる。

〈市場メカニズムと規制〉

　政府による規制については経済学者らを中心に膨大な研究の蓄積があるが、それらの体系的整理を試みた英国の政策学者アンソニー・オーガスは市場への介入の度合いによって規制の分類を表7のように試みている。なお、具体的な事例として、それぞれの分類に該当する住宅の耐震性能確保のための規制内容を記した。

表7　規制の種類と介入の程度

低い	政府の介入の程度			高い
情報開示	水準設定による規制			許認可
	目標設定	活動水準	技術・手段の指定	
例	耐震性能を表示すること	「生命・財産が守られること」	「耐震性能評点が1.0以上であること」	「○○工法により耐震性能を確保すること」	建設業の許可制度・建築士免許制度

【出典】Ogus(1994; p.151) より作成。事例は筆者による。

　もっとも政府の介入の程度が高いものは政府による許認可である。例えば免許を受けた事業者のみしか市場に参加できない、製造された財について政府の許可がなければ販売できないといった規制が該当する。我が国では建設を業として営むためには国土交通大臣あるいは都道府県知事の許可が必要であるが、これは、技術的に不適格な業者を事前に排除し、質の低い建築物が流通することを未然に排除するためである。ただしこのような規制は他方で新規事業者の参入機会を奪い、市場での競争を阻害する傾向がある。また許認可を行うための審査手続き、免許の更新などの手続きによる政策費用もかさむため、経済効率性の観点からは望ましくないとされる。
　それでも消費者と生産者がそれぞれ有している情報に著しい格差があり、それを是正するための費用が大きくなるときは、このような規制も正当化される。例えば、一般の消費者と建設業者とでは、建築構造に関する知識差は非常に大きく、消費者の知識を建設業者のそれに近づけることは、事実上不可能であると言ってもよい。また弁護士や医者などの専門職は、そもそも一般の消費者との知識差があることによってビジネスになっており、消費者にその質を判断させることは不可能であるからである。
　次に政府の介入度合いが高いのは、水準（Standard）による規制である。これは一定の基準を定めて、その基準を満たす限りにおいて自由な経済活動を認めるというものである。ただし、その基準の定め方において次の三つのパターンがあり、それぞれ市場介入の度合いが異なる。

COLUMN

　もっとも介入の度合いの高いのは、「技術・手段の指定」である。これは、具体的な技術や手段を定めて、それに従うように求める規制である。規制の効果は保証されるものの、その達成手段が限定されることによって、技術革新が起きにくいという欠点がある。例えば、住宅の耐震性能を確保するために、特定の工法を指定するという規制がこれに該当するであろう。

　「活動水準による規制」は、一定の技術的水準が達成されることを求めるもので、その具体的手段については自由とする。例えば、「耐震性能評点が 1.0 以上」という規制は、その達成のための工法についての定めはない。このため、事業者にとっては、より低コストでその水準を達成するための技術開発の余地が生じる。

　「目標設定」は、技術水準ではなく、社会的な目標を設定し、それが達成されるための方法は一切自由であるとする。例えば、「地震により生命・財産が守られる」ことを規制水準とした場合、非常に地盤が良く地震の揺れがほとんど生じないことが立証できれば、耐震性能評点が 0.8 だとしても認めるタイプの規制である。「活動水準による規制」に比べて、事業者の自由度が高く、技術開発の余地も大きいため、社会的費用の軽減が期待できるものの、規制の水準そのものが抽象的になるため、消費者が負担するリスクは増大する。

　最後の、「情報開示」は、公的規制としてはもっとも市場への介入度合いが小さい手段である。これは完全に自由な経済活動を許可する代わりに、商品に関する情報やリスクについての情報を開示することを求めるものである。例えば、住宅の建設・販売に際して、耐震性能についての規制は一切定めない代わりに、どれだけの耐震性があるかということについて消費者に開示することを求めるものである。非常に脆弱な住宅であっても、その流通は規制されない。そのような住宅を購入するかどうかの判断は最終的に消費者に委ねられることになる。

　以上みてきたように、一般的には、政府の市場への介入の度合いが弱まるほど、生産者間での競争が促進され、技術開発に向けたインセンティブが働く。またその規制を実際に執行（enforce）するためのコストも、市場への介入度合いが低いほど安くつく。このため、経済的な効率性は増大するといえる。

　また現実の政策過程では、規制が必ずしも公益の実現ではなく、特定の人々の私的利益の実現の為に利用されるケースも少なくない。例えば、許認可制度は、新規事業者の参入を困難にするため、市場の競争圧力を弱める。「技術・手段の指定」による規制も、すでにその技術を採用している企業にとっては、これから採用する企業よりも費用面で有意なことが多いだろう。したがって、規制はしばしば、規

COLUMN

制される側からむしろ歓迎され、社会的な利益動機よりはむしろ私的な利益動機によって存続されることが少なくないのである（いわゆる「政府の失敗」）。

規制に対するこのような見方は、できる限り規制を排除して、市場メカニズムによる公正な競争の導入を重要視する。そのため、規制の対象となるリスクについても、その情報を正確に開示して、個々人の責任による判断に委ねるべきだと考えるのである。

このような見方はもっともである。例えば1980年代後半から電気通信事業の市場開放が進み、NTTの独占市場だったこの業界も、現代では多くの事業者が熾烈な競争を繰り広げている。その結果、通信コストは劇的に低下し、提供されるサービスも多様化した。そして、だからといって災害時における通信の安全性が低下したということは必ずしもなく、むしろ各社が災害時の通信サービスの充実を競いながら、安全性の向上にも貢献している。

ただし、直接人命に関わるような、社会的にみて重大なリスクに関して、政府の関与を低めることには問題もある。市場メカニズムにおいては、リスクを受容するか回避するかの判断を、個々の消費者に委ねることになる。そのため、例えば耐震性のある高価な住宅よりも、耐震性に劣る安価な住宅を「好んで」購入した消費者が、結果的に地震の犠牲になるという可能性を排除できない。望ましくない結果が社会的にみて重大である場合には、そのようなリスクは未然に回避されるべきである。我が国で、住宅については、建設業の許可制度や建築士の資格制度、建築基準の存在など、比較的高い水準の政府の介入が社会的に正当化されているのは、そういった理由による。

第6節

減災政策の課題

　本書では、これまで災害リスクの低頻度高被害化と多様化・複雑化という現象を受けつつも、それに対処するための減災政策においては、科学的不確実性の存在、不安定な世間の関心、そして市場メカニズムの適用限界という、固有の困難が存在するということを明らかにした。これらを克服するために、新しい政策目標を掲げた「減災政策」の構想を提案したい。その要点をまとめたものが表8である。

表8　防災対策と減災政策の違い

	防災対策	減災政策
政策目標	災害被害の抑止・軽減	尊厳ある生の保障
災害リスクの内容	人的被害・経済的被害（絶対的）	日常の生活の崩壊（相対的）
災害リスクのとらえ方	定量化が一定程度可能 技術的な対策が可能	定量化や評価が困難 技術的な対策には限界
事前対策と事後対策の関係	代替的（事前対策の優位性）	補完的
事前対策の発想	ハザードの抑止・調整	社会の持続可能性を向上させ、災害リスク軽減策を社会に内生化
被災者支援の発想	弱者救済	安全保障

1 ……… 政策目標の転換──「被害軽減」から「尊厳ある生の保障」へ

　冒頭に述べたように、これまでの防災対策の目標とは、災害から国民の生命財産を守るということであり、その達成手段として、ハードによる災害被害の抑止が重視されてきた。しかし、1980年代以降、ハードによる被害抑止対策には限界があるため、被害の抑止ではなく軽減をめざし、一定の被害発生を受容した上での対応を検討する考え方が生まれてきた（第3章「地域防災」参照）。最近ではこのような考え方を「防災」に対して「減災」と呼ぶことが徐々に浸透している。しかしながら、被害を減らすということは、やはりここでも「生命と財産を守る」すなわち被害最小化という上位目標の

手段に他ならない。

　しかし、これからの災害に対して、本当に我々は生命と財産が守られればそれでよいのかという根本的な疑問が生じる。すでに見たように、最近の災害では、災害直後を生き延びたとしても、その後の被災生活の中で死に至る間接死の問題がクローズアップされた。死に至らなくとも、多額の負債を抱えた人々や、大幅な人生設計の変更を余儀なくされた人々は多い。また阪神・淡路大震災を経験した人々や子ども達は、いまだに10年以上前のあの地震で受けた心の傷を抱えながら生活している人々も少なくない。これらは、これまでの「生命と財産を守る」ことを目標とした防災対策で解決可能なのだろうか。

　もちろん、いかなる災害からもすべてのいのちと財産を守れる対策があるならば、それに超したことはない。しかし、「防災」から「減災」への発想の転換があった時点で、そのような対策はもはや非現実的であるという認識に至ったはずであろう。

　「生命と財産を守る」防災対策の限界は事前対策についても当てはまる。脆弱な住宅の多くは高齢世帯によって所有されており、経済的な問題やライフサイクルの問題によって、耐震化が阻害されていることもすでに見たとおりである。このため、一部の自治体では、高齢者に対して耐震化助成を上乗せするなどの措置を講じている[39]。だがそもそも根本的な問題は、多くの高齢者が夫婦または単身で脆弱な住宅で多数暮らしているという事実そのものにあるのではないだろうか。

　75歳以上で一人暮らしをしている世帯数は、2005年には197万世帯であったが、2030年には429万世帯まで倍増すると予測されている。すでに見たように、現在耐震性を満たす住宅であっても、十分な維持管理が行われなければ老朽化する危険性は否定できない。したがって、30年後にも、耐震化の問題は解決していない可能性は十分にある。

　だが、429万世帯の独居高齢者の住宅がすべて耐震化されたらすべての課題は解決されるのか。身近な援護者のいないこれら高齢者はその後の被災生活をどのようにして乗り切るべきというのだろうか。これら圧倒的な数の支援ニーズに対して、民間の介護サービスや地域における相互扶助だけで本当に十分に対応できるのだろうか。

39　例えば静岡県などがある。

また、平時に立ち返って考えてみたとき、30年後の429万世帯に及ぶ独居高齢者はどのような暮らしをしているのだろうか。地方都市では人口が減少し、日常の買い物や通院のための交通手段にすら苦労するという事態がすでに進行している。そのような問題を脇において耐震化のみを促す政策が社会的に望ましいものとは思えない。

　筆者は、これからの減災政策の目標は「災害に対して一人ひとりの尊厳ある生を保障すること」に置くべきだと考える。生命と財産を守るための対策は、減災政策において最も重要な柱の一つであることはこれからも間違いない。しかし、それは手段であって目的ではない。

　「尊厳ある生の保障」という政策目標は、次のような考え方を要請する。まず災害被害軽減のための対策は、日常の生活の質を犠牲にするのではなく、むしろ高める方向の対策が検討されなければならない。また被害が発生しても、その後の人々の生活が保障され、より充実した生活に向けた復興が達成されるための仕組みを構築しなければならない。このような政策価値の転換を実現するためには、少なくとも次の三つのアプローチが重要である。

2………事前対策と事後対策の総合的検討

　第一に、減災サイクルにおける事前対策と事後対策を総合的に捉えなければならない。これまでの防災対策をめぐる議論では、事前対策と事後対策を比較して、事前対策の優位性が強調されすぎてきた感が否めない。国連防災の10年（IDNDR）でも「災害の防止、軽減及び災害に対する備えは、災害発生後の対応に勝るものである」と事前対策の優位性を主張してきた（IDNDR 1994）。

　事前対策の重要性を否定するつもりはない。しかしながら、これまで見てきたように、災害リスクの質が低頻度高被害型に転換を遂げるにつれ、事前にそれらを予見し対策を打つことが困難になってきていると同時に、対策のためのコストも膨大になっているという現状があった。被害の発生を一定程度受容する「減災」の考え方に立てば、相対的に、事後的な対応や復旧・復興対策の重要性は増大していることは間違いない。

　重要なことは、事前対策と事後対策はどちらが大事というものではない。両者は相互補完的な関係にあるということである。冒頭で論じたように、事前対策が進めば進むほど、我々の社会はそれを前提として活動を始める。したがって一端想定外の事態が発生した場合の被害は従前にもまして非常に大

きくなるのである。つまり、事前対策の水準が上がれば上がるほど、事後的なセーフティーネットの必要性は減ぜられるどころか、むしろ増大するのである。

3………「弱者救済」から「安全保障」への転換

　第二の点として、その事後的なセーフティーネットとは、災害が発生し、どうしても困っている者のみを選別して救うという「弱者救済」の発想ではなく、すべての人々に対し、日常の平穏な生活が侵されないことを重視する「安全保障」の観点から構築されるべきである。

　具体的に、「弱者救済」の観点と「安全保障」の観点にはどのような違いがあるのか、やや詳しく説明したい。

　災害リスク軽減のための対策において、自助努力を強調する立場においては、事後的な救済をできる限り限定的にしたいと考える。それはすでに述べたように、過剰な事後対策は事前対策のインセンティブを阻害すると考えるからである。また同時に、政府による安全性規制よりは、むしろリスクを明示して個人の判断に委ねる対策を推奨する。例えば公費による住宅再建支援や強制的な保険制度よりも、地震のリスクを明示し、任意加入の保険への加入を促す制度をより望ましいとする。このような考え方は、基本的に個人の経済活動の自由を上位に置き、リスクの軽減はその与えられた自由の中で、個々の判断と責任において達成すべきという価値観に基づいている。

　そうとはいっても、経済的な状況からどうしても自助努力が困難であるような社会階層の人々は存在する。その結果被害を受け、どうしても生活の再建が困難であるような人々については、政府が手を差し伸べる必要がある。このような立場から事後的なセーフティーネットを捉える立場を、筆者は「弱者救済」の発想であると捉えている。

　しかし、このような発想が成り立つためには、災害リスクが特定され、その程度について人々が正しく理解していること、またそのための対策が十分確立され、市場で調達可能であることなどの条件が必要である。災害リスクについて我々がこれまで見てきたことは、(1)程度の差はあっても、誰もが巨大災害のリスクにさらされており、(2)その程度を定量的に評価することが必ずしも容易ではなく、(3)しかもそれを完全に取り除くことが著しく困難またはコストがかかる、というものであった。このように災害リスクを捉えると、個人の自己責任に帰することができる部分というのは極めて限定的

である。ここでは、個人の経済的自由を上位に置く発想ではなく、むしろ災害により生活の安全が脅かされるリスクを社会的に積極的に除去していくことを同時に追求していかなければならない。これが「安全保障」の発想である。

「安全保障」の発想では、そもそも何を災害リスクと捉えるかが「弱者救済」の発想と異なっている。例えば、「弱者救済」の発想では、自宅を失っても、新たにローンを組んで自宅を再建できる被災者は救済の対象とはならない。それは人々の生活の絶対的水準に焦点を当てているからである。これに対して安全保障の発想では、人生設計の大きな変更を余儀なくされるという意味で、これらも対象にすべきだと考える。それは、安全保障の考え方が、絶対的生活水準ではなく、日常生活の崩壊そのものをリスクと捉えているからである。

「安全保障」の発想は、もちろん繰り返し述べるように、事前対策の重要性を減ずるものではない。住宅の耐震化は、それだけでは不十分であることは再三述べてきたが、突然住宅を失って生活基盤を喪失するリスクを軽減することができるという意味で、むしろ奨励されるべきである。

また、災害リスクの軽減のために自由な経済活動を制約しろと主張しているわけでもない。むしろ安全保障の発想は、自由な経済活動を下支えし、効果的に補う意味を持っている。筆者はすでに、地震保険に被災者の生活保障の機能を負わせる必要はなく、加入者を耐震化の有無で選別するなど、より市場原理に従って運営すべきだと論じた。それは生活再建支援法により最大300万円の支給がすべての国民に保障されたからこそ可能になる主張なのである。

筆者が「減災政策」として主張している発想は、決して特別なものではない。むしろ、現実の政策はすでにこのような方向に向けて動き出しているという事実を、改めて強調しておきたい。

住宅の耐震化に公費で補助を行うという施策は、阪神・淡路大震災以前にはほとんど存在しなかった。1981年に耐震基準が改められてからも、住宅はあくまで個人の財産であり、地震リスクに対しては自己責任で対処すべきという考え方が長らく支配的であった。阪神・淡路大震災で、ようやく住宅の耐震性向上が外部性を持つという発想が生まれ、今では住宅の耐震性向上こそが最大の地震対策と言われるまでになった。そして多くの自治体が、個人資産であったはずの住宅の耐震化に対して、積極的に補助を行うようにな

ってきた。こうした政策の効果には疑問があるということは再三論じたとおりだが、ここで重要なのは次の点である。すなわち、災害リスクの軽減を目的として、従来は不可侵だとされてきた個人資産の領域まで、政策的な介入が必要だという社会的なコンセンサスがここ10年で形成されてきたということなのである。

　これは、事後的な住宅再建支援についても同じことがいえる。阪神・淡路大震災直後は、住宅は個人資産だということで、その再建に資する形で公的資金を支給することは認められない、という考え方が支配的であった。しかし今日では、生活再建支援制度が整備され、公費による住宅再建支援が行われるようになった。

　これらの施策展開は、政治家によるバラマキの結果であるという見方もできるかもしれない。現実に、特に生活再建支援制度を巡っては、それが政治的駆け引きの道具として使われた側面があることも否定しようのない事実である。しかしながら、同時にこれは国民がそのような政策を求めているということの裏返しでもあるのだ。中央防災会議による巨大災害の想定や、現実の災害が報道される度に、人々は将来我が身を襲うかもしれない災害に漠然とした不安を抱えることになる。その不安の解消のために安全保障の発想からの積極的な政策的介入が求められていると見るべきではないだろうか。

4………社会の持続可能性の向上

　もちろん、あらかじめ予見できたリスクを軽減するための事前対策の重要性は言うまでもない。しかし、公共土木施設の整備などの事前対策については、低頻度高被害型の巨大災害リスクに対しては経済的な合理性を持たないケースも多いというジレンマがあることはすでに論じた通りである。

　いのちを守るための対策なのだから、経済合理性で判断すべきではないという主張もある。しかし、この世の資源は有限であり、いのちを守るための対策だからといって無限にコストをかけられるわけではない（中西 1995）。

　この問題には逆転の発想が必要である。防災のための投資が経済的合理性を持たないのであれば、それが採算に見合うように社会の構造を変えるべきなのである。我々のライフスタイルや経済の持続可能性を高めることによって、防災のための投資が経済的に合理的なものとなる可能性は十分に存在する。

　一つの例としては、住宅の長寿命化がある。日本の住宅の平均耐用年数は

およそ30年と言われてきた。30年の間に地震に見舞われる可能性は、一部の地域を除けば極めて小さいが、仮にそれが200年利用され続けるとすれば、地震に見舞われる可能性はより現実味を帯びてくる[40]。高齢世帯にとっても、自分の代で滅失するものではなく、子世代に引き継がれる前提であったり、あるいは中古住宅としてマーケットで取引されることを前提とすれば、耐震性能を高めるための投資が経済合理的なものになる可能性は大きく高まるであろう。

地方の中山間地においても、限界集落が散在するような地域では、それぞれの集落に通ずる道路を耐震化するなどの対策は非現実的であるが、持続可能な規模の集落一つに再編されれば、そこでの対策は十分現実味を帯びてくる。また矢守（2005）が主張するように、平時から廃棄物を少なくし、環境負荷の低い生活を実践すれば、災害時の廃棄物処理の負担も軽減される。職住が近接したコンパクトシティの建設は、多くの人々の通勤距離を短くし、結果災害時の帰宅困難者の問題もかなりの程度軽減することが期待される。

同時に重要なことは、これらの対策の多くは、災害被害を軽減することだけではなく、我々の平時の生活の改善にもつながるという点である。このような対策こそ、「人間の尊厳ある生を保障」すること目的とする減災政策が目指すべきものである。

もちろん、上記のいずれも耐震改修の促進以上に大きな課題であり、その実現に向けては多くの時間が必要とされるものばかりであろう。しかし、低頻度高被害型の災害リスクに備えるためには、地球の活動のスケールで長期的に物事を捉える必要がある。明日起こるかもしれないが、30年以上先に起きるかもしれない巨大災害に対しては、短期的に対症療法的な解決のみを模索するべきではない。

減災政策が長期的に目指すべきことは、人間の生活サイクルを自然に合わせることなのだ。人類が持続可能な暮らしを営み、200年、300年と安定的な文明が営めるようになったとき、自然の脅威はもはや不確実性としてではなく、必然として捉えられる。それによって災害軽減のための対策が当然のことのように社会に内在化されるはずである。だからこそ、社会の持続可能性を向上させていくアプローチこそが、より積極的に推進されるべきなのである。

---

[40] すでに国土交通省は、超長期住宅の普及を目指し、いわゆる「200年住宅」の促進税制の創設を明らかにしている。

〈経済的豊かさは安全を生むか――ホービッチの主張を巡って〉

　経済的な豊かさと災害リスクの関係性を特に強調するのは、米国の経済学者ジョージ・ホービッチである。彼は「阪神・淡路大震災の経済的教訓」と題した論文（Horwich 2000）の中で、経済発展こそが社会の安全性向上のために最重要であるという見方を強調している。経済的に豊かになることは、安全性への需要を高め、その結果社会の安全性水準が高まるだけでなく、特定の災害に対しても、保険の購入や貯蓄などの自己防衛が可能になるというのがその理由である。ホービッチによれば、日本はより一層の規制緩和によって市場経済を活発化させ、さらなる経済成長を遂げることによって、さらに安全な社会を構築できる余地があるという。

　ホービッチのこのような市場原理主義ともいえる見方については、生理的嫌悪を感じる人も少なくないだろう。しかしホービッチの主張を完全に否定することは恐らく困難だと思われる。冒頭で触れた1980年代までの我が国の防災対策の成功は、高度経済成長と高い貯蓄率により防災投資に多額の財政資金を投入できたことが最大の要因であった。そして、個人がより豊かになったことによって、例えば1981年以降には、我々はより高い耐震基準を備えた住宅を手にすることができるようになったのである。経済的な豊かさが我々の社会の安全性を高めている事実はおそらく誰にも否定できないだろう。

　しかし、経済成長こそが社会の安全性を達成する最大の手段だと考えるホービッチの立場は、以下の点で問題があると言わざるを得ない。

　第一に、すでに論じたように、巨大災害リスクに関する市場はそれほど有効に機能していない。したがって、仮に個人が経済的に豊かになったからといって、災害リスクに対して十分な自己防衛ができるとは限らないのである。

　第二に、より重要な点として、経済成長の果実は、社会のすべての人々に均等に行き渡るわけではない。規制緩和によって仮にマクロ的な経済成長に成功したとしても、一部の人々にはその恩恵は及ばない。もし経済的な格差が拡大したとすれば、それぞれの主体が災害リスクを軽減するための行動に格差が生じることは容易に想像される。例えば可処分所得の大きな世帯は、低い世帯に比べて保険の購入や耐震改修投資などの行動を起こしやすいだろう。また、BCPの作成が遅れているのも中小・零細事業者に多く、日々の資金繰りに追われるような事業者が災害リスクを考慮して投資するということは困難である。そのことが長期的にみて災害リスクの階層化をもたらす可能性も否定できない。

　第三に、筆者がもっとも問題だと感じる点は、ホービッチの主張は経済成長を重視するあまりに、短期的には社会の安全性を犠牲にする

COLUMN

ことも許容しかねないという点である。ホービッチは、規制緩和と市場経済の発展こそが社会の安全性を高めると主張するが、より経済効率を高めるために行われる規制緩和が、他方で災害リスクを増大させるということは、しばしば観察されることである。

　例えば、平成 14 年（2002 年）の建築基準法改正によって、容積率の大幅な緩和が行われ、超高層マンションの建設が可能になった。これは、都心の狭い土地の高度利用という観点から導入された規制緩和であるが、同時に高層階の住民は、これまで以上に大きな災害リスクにさらされているということにも注意しなければならない。もし、ライフラインが途絶したら、高層階は階段でのアクセスしかできず、事実上孤立するも同然だからである。また、超高層建築物は耐震性能についてかなりの配慮をしているとはいえ、これまでに地震で被災した経験が薄く、木造住宅や中低層ビルと比較して、どのような揺れとなるかについての不確実性は高い。規制緩和により経済がより豊かになれば安全になるというのは、十分に予期されるリスクについてはある程度真実かもしれないが、巨大災害リスクについてはやや純朴すぎる見方であろう。

COLUMN

人間の安全保障

　ここで論じた「安全保障」の考え方は、「人間の安全保障」の発想に多くを依拠している。「人間の安全保障」は、国家間の安全保障、すなわち武力紛争のない状態の確保を目指す従来の考え方に対して、貧困や飢餓など個々の人間の生活を脅かす危機に対しての安全保障概念である（UN Commission of Human Security 2003）。

　人間の安全保障の基礎には、ノーベル経済学者であるアマルティア・センの思想がある（セン 2006; Sen 1999）。それまでは、貧困や飢餓などの問題解決のためには、一国の経済発展の探求と、その成長の果実を人々に公正に分配することに重点が置かれていた。しかし、センはこのような発展中心の見方だけでは、人間の安全保障には不十分だとする。それは、数年に渡り年率5％以上の経済成長を遂げた国々で国民の全体的な生活が向上したとしても、ある年に10％のマイナス成長となったとたんに、解雇された労働者や万年失業者などの生活状況は一気に悪化するという、経験的な事実に裏付けられている。このため、センは人間の安全保障にとって重要な考え方は、「公正な成長」と同時に「安全な下降」にも目を向けること、すなわち、人間の生活が「不利益をこうむるリスク」により大きな配慮を与えることを主張するのである。

　センの議論は、途上国の経済発展に関しての議論と受け取られがちであるが、その思想の本質は先進国にでも当てはまる普遍的な要素を含んでいる。その証拠に、世界でもっとも豊かな国の一つと言われるまでに成長を遂げた我が国においてすら、たった一つの災害で多くの人々の人生を狂わせてしまうという現状は、センが見つめた途上国の姿と重なって見えはしないだろうか。「安全な下降」に目を向けよというセンのメッセージは、決して他人ごとではない。

第2章

災害と経済システム

- ▶第1節　　　はじめに
- ▶第2節　　　経済的被害とは何か
- ▶第3節　　　災害が経済に及ぼす影響
- ▶第4節　　　贈与経済
- ▶第5節　　　巨大災害からの経済復興とその課題
- ▶第6節　　　将来の巨大災害における経済リスク
- ▶第7節　　　災害復興財政制度

第1節 はじめに

　巨大災害が発生すると、経済システムはどのように反応し、その結果どのような問題が生じ、どのような政策課題が生じるのか。本章ではこのような問題意識に沿って議論を進める。

　減災政策を論じる上で、災害と経済システムについて考察を加える意味は以下の三つの理由からである。

　第一に、経済システムとは、巨大災害リスクの不確実性を構成する最も主要な要素の一つである。経済システムは複雑な相互依存関係の上に成り立っている。巨大災害によりこのシステムの一部が機能不全を起こした場合、それがどのように全体に波及していくか、必ずしも我々は十分な予測ができていない。

　第二に、我々の日常生活そのものが、この経済システムの上に成り立っているという事実である。災害による経済システムの崩壊は、様々な災害リスクの中でも最も深刻なものの一つである。前章でみたように、災害による失業は、労働者にとって最も深刻で悲劇的な結末の一つであった。その後の復興を容易にするのも困難にするのも、経済の機能回復に依存する部分が極めて大きい。

　そして第三の理由としては、単純に災害による経済被害が世界的にみて増大傾向にあるということである（Benson and Clay 2000）。特に近年における特徴としては、わずか一つの巨大災害で莫大な被害の増加をもたらしているということである。1995年の阪神・淡路大震災や2005年ハリケーン・カトリーナなどがそれにあたる。経済的な側面からも、災害の低頻度高被害化という質的変化が見て取れる。

第2節 経済的被害とは何か

1……直接被害と間接被害の概念

若干理論的な議論になるが、災害による経済的被害の考え方についてここで整理しておきたい。

人的被害と比べると、経済被害はその定義や推計手法について様々な議論がある。しかし、少なくとも経済被害を直接被害（direct loss）と間接被害（indirect loss）とに分け、前者をストックの被害、後者をフローの被害として考えることについては、多くの議論が一致するところである。

❶マクロ的生産関数

経済被害を考える前に、「マクロ的生産関数」という概念を紹介しておきたい。マクロ経済学では、一国内での経済活動を一つの「企業」に模して考える。この企業は、一定期間に様々な財やサービスを生産し、それによって得られた付加価値を労働者に対する賃金や、資本家に対する利潤として配分している。この「企業」が生産した付加価値額の合計のことを「国内総生産（GDP）」と呼ぶが、これは国内に居住するすべての人々の所得の合計（＝国内所得）に必ず等しくなるという性格がある（コラム「GDPと経済成長率」参照）。

ところで、様々な財やサービスは無からは生まれない。必ず何かを生産のために投入することが必要である。これを経済学では「生産要素」という。個々の企業の生産活動にはそれぞれ様々な生産要素が必要であるが、一国全体の経済活動を眺めたときには、最も重要かつ共通の生産要素として、「労働」と「資本」という二つの生産要素が存在する。労働とは、一般的に労働力人口として捉えられる。また資本というのは、その国に存在する資本量、例えば交通通信網・ライフラインなどの社会資本をはじめ、企業の生産設備などの私的資本などの価値額を示している。

ここでは、原材料など他の生産要素は無視するものとすれば、労働力の投入量と資本の投入量が決定することによって、この「企業」の生産額が決定されるはずである。災害による被害には、人命の損失と物的な損失とがあるが、前者は労働力の損失であり、後者は資本の損失であると定義することができる。これらはいずれも災害によって直接的に受ける被害であり、これを金額換算したものが「直接被害」である（図8）。

　そして、この労働力の減少と資本量の減少によって、一国全体の生産量も低下することが予想される。これは、災害による直接的な被害というよりは、生産関数を通じて波及した被害であるという意味で「間接被害」と呼ばれるのである。

　ただし、ここでの議論は、災害以外の他の事情が一定であるという前提である。実際のGDPの変動は、災害だけでなく様々な他の影響を含んだものとなるため、間接被害が必ずしも現実のGDPの減少に等しくなるわけではない。ECLAC（2003）は、間接被害をより限定的に、「災害に起因する生産額の減少」と定義し、様々な復興対策などの影響も含めたGDPの変化については「マクロ経済的影響」（macroeconomic effects）と呼び区別している。

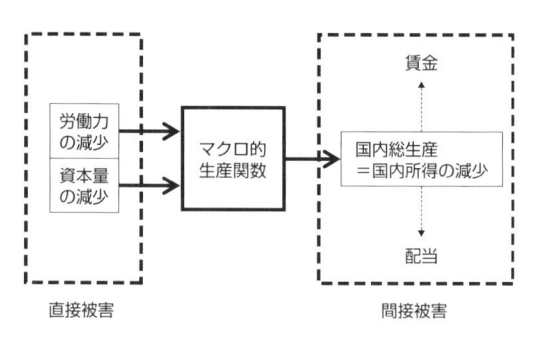

図8　直接被害と間接被害

　また実際の被害推計に当たっては、一国の経済活動を一つの生産関数で表現することはまれで、産業部門別に生産関数を推計する方法や、あるいはもっと直接的に、生産設備への被害額や生産額の減少を個々の事業者に対して直接的に質問するといったミクロ的なアプローチもある。

❷ストック被害とフロー被害

　ところで、世の中で一般的に使用される統計的数値を理解するためには、その数字がストックを表しているのか、フローを表しているのかの区別は極めて重要である。前述の「直接被害」とは一般にストックの概念であり、「間接被害」とはフローの概念であることは注意しなければならない。

ストックとは、有斐閣経済辞典（第4版）によれば「ある一時点における貯蔵量を表す概念」であるとされる。例えば、あるダムの「貯水量」という概念はストックである。ただし、貯蔵量といっても、具体的な物質の量のみを言うわけではなく、ある瞬間において把握できる数字であれば、いずれもストックの値と考えるべきである。したがって、直接被害を表す労働力人口や資本量は、日時を特定すればその数字が把握できるため、これもストックの値である。

　これに対し、フローとは「ある期間において定義できる量」である。前述のダムの例で言えば、ダムへの「流入水量」あるいは下流への「流出水量」がこれにあたる。これらはいずれも一時間や一日といった、一定の期間において初めて定義できる数字であるからである。間接被害を意味する国内総生産の減少とは、これも一定期間の幅をもって初めて観測されるものである。すなわち、間接被害とはフローの概念である。

❸間接被害概念の特徴

　ストック概念である直接被害は、倒壊した建物や損傷したライフライン等を貨幣価値で表現するものであるから、直感的にもわかりやすい概念である。これに対してフロー概念である間接被害は、そのとらえ方における多様性や、推計に当たって必要な仮定などがあるため、直接被害に比べると理解や解釈を困難にしている[41]。

　第一に、間接被害とは空間幅に依存した概念である。すなわち市町村域を対象としているのか、府県レベルなのか、圏域レベルなのか、あるいは国レベルなのかなどが定義されなければならない。例えば直接被害は特定の都道府県内にとどまっていたとしても、その地域における生産水準の低下が、他地域における投入財の減少などによって、他地域の企業に被害を波及させるために、集計の空間的範囲によって被害額は変動するからである。

　第二に、間接被害とは時間幅に依存した概念である。これは、間接被害がフロー概念であることに起因する。すなわち、いつからいつまでを対象とするかによって値が異なる。一般的には災害直後を起点とするが、そこから3か月間を対象とするのか、1年を対象とするのか、3年を対象とするのかによって値は大きく異なる。

41　以下の記述は永松・林（2003）に負っている。

第三に、間接被害の推計には、事前の推計と事後の推計があるという点である。ここでいう事前と事後とは、災害の前と後という意味ではなく、設定した時間幅の前と後という意味である。すなわち、災害発生直後から1年間の間接被害の推計には、災害発生直後の推計（事前推計）と、災害から1年経過した後の推計（事後推計）とがあり得る。この両者の違いは、復旧・復興の活動をどのように評価するかという点に現れる。すなわち、前者は、復旧・復興の活動について全く考慮しないか一定の仮定を置いて推計することが求められる。後者は、実際に行われた復旧・復興のための事業を所与として推計されることとなる。

　第四に、間接被害は、災害が発生しなかった場合の仮定がなくては推計できない。言い換えれば、将来の予測によって、その値は大きく変化するといえよう。経済活動のトレンドを様々な経済モデルを駆使して予測することは可能であっても、災害がなければどのようになったかはあくまで想定であり、真のトレンドは誰も知ることはできないからである。

2………被害額推計の実際

　このように、被害の概念、特に間接被害は極めて多義的な概念である。このため、どのような定義を用いるのかは、推計主体がそれをどのように用いたいのかという推計意図に大きく依存することになる。加えて、実際の推計あたっては、利用できるデータに制約がある。このため実際の被害額推計は極めて多様なものとなる[42]。

　この多様性を明らかにしたのが、上野山・荒井（2007）である。彼らは阪神・淡路大震災、9.11テロ、ハリケーン・カトリーナおよびリタによる災害のそれぞれについて実施された被害額推計を概観し、実際の被害額推計の多様性やその特色について明らかにしている。彼らも、推計主体によって被害額の利用目的が異なることに着目し、例えば地方自治体が実施する直接被害の推計は、その後の復旧費用の見積もりなどに興味があるために、時価ではなく再取得価格を用いて評価する傾向があるなどを指摘している。

　また特に興味深いのは、直接被害における人的被害の取り扱いである。阪神・淡路大震災やハリケーン・カトリーナ災害については、人的被害を直接

---

[42] なお、注目すべき提案として中野ら（2007）による経済理論として整合的な経済被害推計手法の提案がある。それは、経済被害を単純に被害の復旧費用と利益の減少額の合計で捉えるべきだとし、前者を直接被害、後者を間接被害と捉えるのである。この考え方は、経済被害を被災事業者のキャッシュフローの変化として一元的に表現できるという利点がある。

被害に含めた推計は見あたらない。しかし9.11テロについてはニューヨーク市、ニューヨーク連邦銀行、APECのいずれが実施した推計も、人的被害を明示的に直接被害に含めている。著者らはこの点について「多くの人が働くWTC（ワールド・トレード・センター）を中心に起こったために、人的損失という側面が他の災害に比して注目されたことも一因」と指摘する。

阪神・淡路大震災やハリケーン・カトリーナによる犠牲者が比較的高齢者が中心であったのに対して、9.11テロにおいてWTCで犠牲となった人々2819人のうち、60歳以上はわずか3％に過ぎず、30歳代をピークとして現役世代に集中している（Thompson 2002）。そのことの経済的影響の大きさは、9.11テロという一つの災害を理解する上で、決して無視できない要素であったといえよう。

9.11テロにおける被害額推計の特殊性は、間接被害の推計にも表れる。例えばAPECによる推計は、間接被害において、国家のセキュリティコストの増分が含まれている。また国民に広がる不安感などによる経済活動の低下についても推計の対象に加えている。しかし、阪神・淡路大震災後に多くの主体が追加的に投じた防災対策の費用や、国民の不安感による経済活動の停滞を間接被害に含めた事例はない。

また、2007年7月16日に発生した新潟県中越沖地震については、新潟県庁が7月23日に被害額を約1兆5000億円と推計した。この地震では柏崎・刈羽原子力発電所が設計時想定を遙かに上回る揺れに見舞われ、柏崎市長が消防法に基づく使用停止命令を出したことにより、2008年3月まで運転が停止した場合の東京電力の売り上げ低下7000億円が含められている。特徴的なのは、原子力発電所の被害に伴う風評被害も想定に加えられたことである。

このように、被害額推計の本質的な難しさは、そもそも何を「被害」と考えるかということによって、被害額そのものの定義が変化することにある。そして被害の定義は、推計主体がその災害をどのように捉えているのかという「災害観」を色濃く反映したものとなる。

3……経済被害推計の持つ政策的含意

被害額推計の重要さを訴える意見は、例外なく、推計結果がその後の災害対応や復旧・復興政策に対して及ぼす影響の大きさを強調する。（豊田・河内1997）（林敏彦 2006）（関谷 2008）。特に日本の場合は、大規模災害時に

は行政が被害推計を行うケースがほとんどである。公共土木施設などを除けば、災害の被害額推計については制度的な枠組みはなく、必ず発表しなければならないという性格のものではないし、発表したからといって、その後の政策がそれを基準にして行われなければならないという制約があるわけでもない。しかし、行政が行う被害額推計は、その後の復旧・復興を検討するための材料として行うことがほとんどであるから、そこでの推計結果はその後の対策の財政規模に少なからぬ影響を及ぼすことはある意味必然であろう[43]。

このようなことから、被害額の推計については、すべての災害に共通の推計手法を確立すべきであるとする意見もある（林敏彦 2005）。また、災害直後に行われる推計は、時間や利用可能なデータの制約から、非常に大雑把な推計となり精度は低い。したがって一定期間後により正確な推計を行い、その後の政策に反映させるべきだとする主張もある（豊田・河内 1997）。

ただ、災害そのものが極めて複雑化している昨今では、統一的な被災推計手法によって、すべての災害の実情を正しく把握するということは恐らく困難である。そして政策当局が実施する被害額推計は多分に政治的な意図を含んでいる。すなわち科学的・客観的な被害額推計がその後の政策過程に影響を及ぼすというよりは、被害額推計そのものが政策過程の一部を構成しているというべきであろう。

したがって、特に直後の被害額推計においては、政府は根拠となったデータと推計方法を具体的に公開し、様々な研究機関や研究者が独自の仮定や集計により被害額を発表できるようにすること、また他の推計を自由に検証できるようにすることが、復旧・復興政策決定の透明性を確保し、政策の質的向上を目指す上で重要であると思われる。

43　阪神・淡路大震災当時の兵庫県知事であった貝原俊民は、その著書の中で、当初震災による被害は地震発生から三日目（1月19日）の時点で 4.7 兆円と見込んでいたが、その日に現地入りした村山総理大臣（当時）に、おそらく 10 兆円を超えると当時の県企画部長が口頭で伝えていたことを紹介し、「その後、これを基準に災害対策の基本線が引かれた」と述懐している（貝原 1995）。

COLUMN

GDPと経済成長率

GDP（Gross Domestic Product）とは、国内総生産と訳され、一般にその国の経済活動の水準を表す指標としてしばしば用いられている。また経済成長率とは、一般的にこのGDPの増加率を指して使われる用語である。

GDPとは、一定期間内にその国内で生産された財やサービス（以下単に「財」と呼ぶ）の総付加価値額の合計を指している。ここで重要なのは、「総付加価値額の合計」という概念である。

まず、「付加価値額」というのは、生産額からその財の生産に必要とした原材料などの中間投入額を控除した値を指している。例えばあるパン屋が年間に1000万円の売り上げがあったとした場合、原材料費や家賃・光熱費等に400万円かかったとすれば、このパン屋における総付加価値額は600万円と計算される。これを国内の経済主体すべてについて合計したものがGDPである。なお、集計期間の単位として最も多く用いられるのは、四半期（3か月）間と1年間である。

GDPという概念は、しばしば経済的豊かさを表す指標として用いられる。その理由は、経済活動で生じた付加価値額とは、減価償却分を除けばそれは必ず誰かの所得として配分されるからである。例えば労働者に対する賃金や、株主に対する配当金はこの付加価値から支払われている。したがってGDPとは、それが誰に分配されるかという視点で見れば、国内に居住するすべての人々の所得の合計に等しくなるはずである[44]。GDPがしばしば人々の暮らし向きを表す指標として用いられるのは、このような理由による。

ところで、生産された財は誰かによって購入されているはずである。そのうち、主に家計部門が消費目的で購入するために支出した金額を「民間最終消費支出」と呼ぶ。政府部門については「政府最終消費支出」と呼ばれる。また長期に渡って利用する目的で支出するものは「固定資本形成」と呼ばれ、一般には「投資」と呼ばれる。このうち企業が設備投資を行ったり、家計部門が住宅を購入する目的で支出するものを「民間固定資本形成」、政府が道路などの社会資本を建設する目的で支出するものを「公的資本形成」と呼ぶ。これに加え、海外部門も輸出という形で日本国内の生産物を購入している。同時に日本も海外のものを購入している（輸入）から、これを控除した「純輸出（輸出－輸入）」は海外部門が支出した金額となる。実際には、生産されても購入されず在庫となるものも存在するはずであるが、これは「在庫投資」と呼ばれ、固定資本形成の一部として、生産した企業自らが買い戻したとみなすことになっている。このため、帳簿上は、

---

[44] 厳密には、総付加価値額には、生産設備等への資本減耗分や、租税・補助金も含むため、狭義の「国民所得（NI: National Income）」とは一致しない。

COLUMN

生産された財は家計・企業・政府・海外部門のいずれかによって支出されていることになる。

このように、GDP を支出面から見たものは、国内総支出（GDE: Gross Domestic Expenditure）と言われ、次のように定義される。

GDE≡民間最終消費支出＋政府最終消費支出＋固定資本形成＋（輸出－輸入）

以上で、GDP は生産・分配・支出の三つのいずれの面からも会計上等しくなることが示されたわけだが、GDP のこのような性質のことを「三面等価の原則」という。

ところで、GDP については、あくまで市場において取引される財やサービスの生産しか考慮されていないという点に注意しなければならない。例えば主婦の家事労働は、家庭内サービスとして多額の付加価値を生み出していることは明らかであるが、家庭内における無償労働として実施されている以上、その価値を補足できないからである。ただし、業者等に家事代行サービスを委託しているようなケースでは、市場を介在しているので、GDP には含まれることになる。

同じように、GDP では労働対価を伴わないボランティア活動などは計算の対象外である。したがって、例えば町内会の熱心な防犯活動によって犯罪の抑止を行っている地域と、すべての世帯が警備会社の防犯サービスを契約している地域とでは、他の事情が全く同じだとすれば後者の方が GDP は高く評価される。しかし、後者の地域が前者に比べて本当の意味で「豊か」な社会と呼ぶことができるかどうかは全く別問題である。GDP はあくまで金銭的尺度を用いた豊かさの一つの見方に過ぎないからである。

第3節

災害が経済に及ぼす影響

　さて、災害が発生すると、それはその地域や国の経済システムに対してどのような影響を及ぼすのだろうか。このような関心に基づく研究は、世界的に見ても必ずしも十分な研究成果が蓄積されているとは言い難い状況にあるが、いくつかの先行研究をもとに整理してみよう。

1………災害と経済成長

　経済成長とは、一国または一地域における域内総生産（GDP）の増加のことを指す（コラム「GDPと経済成長率」参照）。経済成長は、その地域において人々が受け取る所得の増加を意味しており、経済政策の重要な目標の一つとして位置づけられてきた。このような中で、大規模な災害による被害を受けた経済がその成長過程においてどのように影響を受けるのかは、少なからず関心を集めてきた研究テーマである。

　もちろん、もはや地球上のいかなる国も経済成長だけを唯一絶対の経済政策の目標とはしていない。その背景には、経済成長の果実が必ずしも適正に分配されず、したがって必ずしも貧困問題の解消につながらないといった認識や、経済成長と引き替えに様々な環境破壊や資源乱獲を許容すれば、経済そのものが持続可能でなくなるなどの認識も高まってきたからである。しかし、それでもなお、災害が我々の生活に与えるリスクを考える上で、経済成長に与える影響を考えることは有益な作業であろう。

　さて、一般的に大災害が発生することは経済成長にとってマイナスだと考えられている。災害による「被害額」を推計するという発想にも、根底には災害をネガティブに捉える発想があるといえよう。

　だが災害は経済にとってプラスの側面も多数存在する。それどころか、災害が発生すれば、その地域あるいは国における経済成長率は上昇するというのがむしろ一般的な傾向であるとすら言われている[45]。我が国においても、

例えば伊勢湾台風の被害を受けた地域の製造業について、1959年9月に高潮による生産設備の被害を受けるも、10月〜11月には元の生産高に回復したと言われており（愛知県1960; p.180）、災害による被害がマイナスに働いたという記述は当時の資料からもほとんど見られない。それどころか、1959年における名古屋市の市民総生産の成長率は18.8％にも達し、その翌年には30.1％の成長を遂げるなど、むしろ災害により成長が加速しているのである。

なぜ、このような逆説的な現象が起こるのか。先行研究を参考にしながら、災害が経済成長に与える影響をまとめたものが表9である。

表9　災害が経済に及ぼす影響

	効果	メカニズム	期間 短期	期間 長期	備考
供給側	−	資本ストックの破壊による生産力の低下	○		Horwich(2000)ただし代替効果により全国的には影響小
供給側	＋	技術進歩による生産力向上		○	Tol and Leek(1999) Skidmore and Toya(2003)
需要側	−	所得減による効果	○		
需要側	−	負の資産効果		○	
需要側	−	人口減少の効果	○	○	阪神・淡路大震災・ハリケーンカトリーナ災害など
需要側	＋	緊急・復旧・復興需要と乗数効果	○		Albara-Betrand(1993)

❶供給側への影響

はじめに生産面（供給側）の影響から考えよう。まず負の影響として道路や鉄道、ライフラインなどのインフラストラクチャーや、企業の生産設備など、資本ストックが破壊されることによる生産力（コラム「生産力とは」参照）の低下が指摘できる。前述の間接被害の概念にほぼ相当するものである。これは、資本ストックの被害が回復するまでの効果であるから、その意味では比較的短期的に現れる効果であるといえる。

ところで、資本ストックの破壊が生産力の低下をもたらすとしても、マクロ的な生産量の減少（GDPの減少）が起こるとは必ずしも言えない。例えば、災害による被害を受けた都市の生産の減少分を、被災していない他地域で代替するということがあり得る。ただし、このような地域間の代替性が発揮さ

45　途上国における災害と経済成長の関係を分析したベルトラン（Albara-Betrand 1993）によれば、災害によるGDPの増加はむしろ一般的に見られる現象だという。

れるためには、他地域に余剰な生産能力が存在することが前提であり、景気過熱期で多くの企業が生産ラインをフル稼働させているような状態では、こうした地域間代替の効果は期待できない。

次に、正の影響として挙げられるのが、資本ストックの置き換えによる生産力向上の効果である（Tol and Leek 1999）。老朽化・陳腐化した施設が被害を受けた場合、それらを置き換える際には技術進歩による生産性の向上が期待される。例えば手動ミシンを使っていた内職工が、被災を機に電動ミシンに置き換えることによって、一日に可能な仕事量が増大するなどである。こうした効果は、資本ストックが置き換えられてからの効果であるから、長期的に現れる影響であるといえよう。

しかしこのような効果も絶対的なものではない。中には生産設備の技術進歩がそれほど大きくなく、それらを置き換えたところで生産力の向上が期待できないといった場合もあるだろう。例えば小売事業者の店舗が全壊し、その店舗を再建した場合についてみると、店舗が新しくなったことにより集客面で有利になる可能性はあったとしても、直ちにそれが売上の増加につながるとは言えない。かつては一車線で常に渋滞していた道路を二車線にして復旧させることは、輸送コストを引き下げ生産力の向上に寄与すると期待できるが、もともとそれほど交通量の大きくなかった道路であれば、それを置き換えることによる生産力向上の効果はほとんどないと考えられる。

❷需要側への影響

災害が経済に与える影響のうち、次に需要面について考えてみる。

まず負の影響として、被災家計の所得減少による消費水準の低下がある。被災家計は、前述のような生産活動の停止にともない、受け取る所得が減少する可能性がある。また雇用機会が減少することも現実に生じうる。こうしたことによって所得水準が低下し、それゆえの消費水準の下落が生じるのである。これは比較的短期的な影響として表われる。

次に考慮しなければならないのは、負の資産効果である。被災家計が住宅の再建や耐久消費財の買い換えなどにより借入を行ったり貯蓄を切り崩したりする可能性がある。それにより家計保有資産が減少した場合、フローの所得が回復したとしても消費に対して負の影響を与える可能性が指摘される。これはやや長期的な影響として現れる可能性がある。

もう一つ、需要側に負の影響を与えるものとして、域内の人口減少がある。

それは、災害により多くの人々が犠牲になるという意味だけではない。被災地域での生活が困難となり、他地域に人口が移動するということは、特に大規模災害時には多くみられる現象である。例えば阪神・淡路大震災で被災した神戸市では、震災から2年6か月後の時点で9万4000人（震災前の人口の約6％）が失われたとも言われている[46]。ハリケーン・カトリーナの被災地であるニューオリーンズ市については、2008年2月の時点でカトリーナ上陸前の人口（2005年7月）の71.5％までしか回復していない。

　なお、需要側についてもプラスの効果は発生する。それが復興需要効果である。災害直後から、被災地においては様々な物資が必要となるが、特に経済効果が大きいと考えられているのは、公共土木施設の復旧や、住宅の補修・再建などの復旧・復興投資である。一般的に、1億円の投資増は、それが所得に反映され、さらに消費需要の増加へと波及することが期待されるため、1億円以上の経済効果が期待できる。これは乗数効果として知られるが、復興需要による経済の押し上げ効果は、阪神・淡路大震災のマクロ経済的影響を分析した平成7年経済白書においても言及され、名目GDPの2％に相当するといわれる直接被害額以上の押し上げ効果が見られると指摘された。

❸総合的な影響

　以上みたように、災害が経済成長に与える影響は、需要と供給それぞれにプラスとマイナスの効果を持つ。したがって、総合的な結果として、災害がGDPを増大させるか否かは、それぞれの相対的な影響の大きさによって決まるために一般的には結論づけることはできないということになる。

　ただし、それでも次のような傾向は一般的なものとしていえるであろう。第一に、資本ストックの被害による生産能力の低下よりも、その被害を回復する過程で発生する復興需要による押し上げ効果の方が大きい。なぜならば、資本ストック一単位に対する年間算出量の比率は、通常1よりも小さい[47]。したがって、例えば1兆円の資本ストックの被害（直接被害）に対して、被災後1年間の間接被害は、通常1兆円に満たないことになる。

---

[46] 震災半年後（1995年7月）に実施された国勢調査を基に、住民票の増減を加えた値。ただし、被災地を離れた被災者の中には住民票の移動を行わなかった人々も多数いると考えられ、水道契約世帯数を基に推計した結果によれば、4万2000人の人口減という結果になっている。ただし、この調査も誤差を含むと考えられており、正確な人口の動態は把握されていない。

[47] 例えば日本の場合、国民経済計算のストック編によれば、金融資産も含めた我が国の総資産（国富）は2716兆円（2006年3月末）と推計されている。日本の2006年のGDP512兆円であるから、1兆円のストックが生み出すGDPは0.18兆円という計算になる。

これに対して、災害復旧のために1兆円の新規投資が発生すると、それは前述の通り、乗数効果により1兆円以上の効果を生み出す。したがって、短期的な影響としてはプラスの効果が大きく、結果多くの災害においてGDPの増大が観測されることになるのである（Albara-Bertrand 1993）。

　だが、問題はそのような成長が持続可能なものかどうかであろう。災害による直接被害とは、見方を変えれば資本の償却が加速された現象であるともいえる（Tol and Leek 1999）。したがって、短期的なGDPの増加は、単に将来発生する資本の置き換え需要を先取りしただけだという側面もある。一般的に復興需要が一巡した後は需要の落ち込みが予測されるから、復興需要のみでは必ずしも災害が経済成長を加速するとは言えないことになる。

　また、資本ストックの置き換えによる生産性の向上も、一概にどの程度であるかを断言することはできない。ただし、一般的には成熟した経済よりも、発展途上の経済の方が、その効果は大きいと推測される。なぜなら、社会の資本ストックがまだ十分に蓄積されていない経済の方が、技術革新の幅が大きいと考えられるからである。そして、実はこのことが、後述されるように我が国の災害リスクを考える上で極めて重要な鍵なのである。

2……災害と市場メカニズム

　次に、ミクロな視点から災害と経済システムの関係についてみてみよう。古典的な経済理論においては、災害の発生は、特定の物資のニーズを増大させ、結果、不足している財やサービスの価格が上昇すると考えられてきた。これにより他地域との間に価格差が生じ、生産者はより高い価格を求めて被災地への財の供給を増加させることにつながる。そして被災地での供給の増加は価格水準を低下させ、最終的には他地域とほぼ同じ価格水準に落ち着くことになる。このような現象は「裁定（arbitrage）」と呼ばれ、市場メカニズムの重要な機能の一つである。ここから、災害対応や復旧復興過程における様々な資源の調達は、市場メカニズムをうまく活用することによって解消されるとする考え方もある（Horwich 1990）。

　しかしながら、現実の災害においては、被災地で物価水準が上昇するということは短期的にはほとんどなく、特に災害直後においては下落する傾向すらあることが、現場を観察した様々な研究によって明らかになっている（Dacy and Kunreuther 1969; Albara-Bertrand 1993; Horwich 2000）。兵庫県が阪神・淡路大震災直後に数回行った生活関連物価調査によっても「いずれも被

災地とその他の地域の価格差はみられず、安定していた」(兵庫県 1995)と報告している。

　では、なぜ災害は物価水準の上昇をもたらさないのか。これについては、先行的にいくつかの説明が試みられている。

　一つの説明は、地域間の代替である。災害が発生し、そこで必要となる物資については、価格上昇というシグナルを待つまでもない。自然災害はほとんどの場合地域的な現象であり、戦争、オイルショックなどのように一国全体が影響を受けるということはまず在り得ない。このため、被災地経済のある部門が壊滅的打撃を受けたとしても、他地域には全く無傷の同じ部門が存在するはずである。被災していない企業は遊休設備を貸し出したり、在庫ストックを供給したり、あるいはその地域に参入することとなる（Albara-Bertrand 1992; p.125）。また、1964 年にアラスカで発生したアンカレジ大地震の際に価格上昇が妨げられた要因として、値上げすることでより低価格な財を求める被災者が被災地外へと移住し、長期的に地域の需要が減ることを小売業主が恐れたことを指摘している（Dacy and Kunreuther 1969; p.114）。

　以上は通常の経済理論の想定内の現象だが、想定外の仮説もある。その一つが被災者への同情論あるいは共同体意識の発生である。1964 年アンカレジ大地震では、復興のためにすべての人々が何らかの自己犠牲を受け入れようとする雰囲気が高まり、そうした意識が個人の行動を支配したと説明されている（Dacy and Kunreuther 1969）。すなわち便乗値上げや買占めなどの独善的行動は慎むべきであり、すべての人々に物資が行き渡るよう自らの消費を我慢するなどといった義侠心溢れる行動により、被災地域の物価水準は安定的に推移できたと説明するのである。同様な現象は阪神・淡路大震災の被災現場でも観察されている。例えば工務店が家の修理代金について、賃金や物流コストの増大に関わらず価格に転嫁しなかったことや、水道やガスの敷地内配管工事など、本来は有償であるサービスを無料で行った業者が存在したことなどを例に挙げ、被災者への同情が被災地における物価上昇を防いだという主張もある（長岡 1998）。

　阪神・淡路大震災について、現実にはどうだったのであろうか。図 10 は、阪神・淡路大震災前後の神戸市の消費者物価指数の推移を示したものである。ここでは、市場の裁定機能に関心があるため、被災地内外の価格差を測るために、被災地に隣接し、かつほとんど被害が生じなかった大阪市の価格指数との相対値で示している。

これによると、まず総合指数でみると、震災後の方がわずかではあるが低下している。少なくとも、震災をきっかけとして物価が上昇したとはいえず、むしろ総合的には安定的に推移しているとすら言えよう。しかしながら、個別の財でみると、必ずしも一様な動きをしているわけではない。特徴的な変化をみせたものとして、ここでは食料品と家賃とを取り上げた。

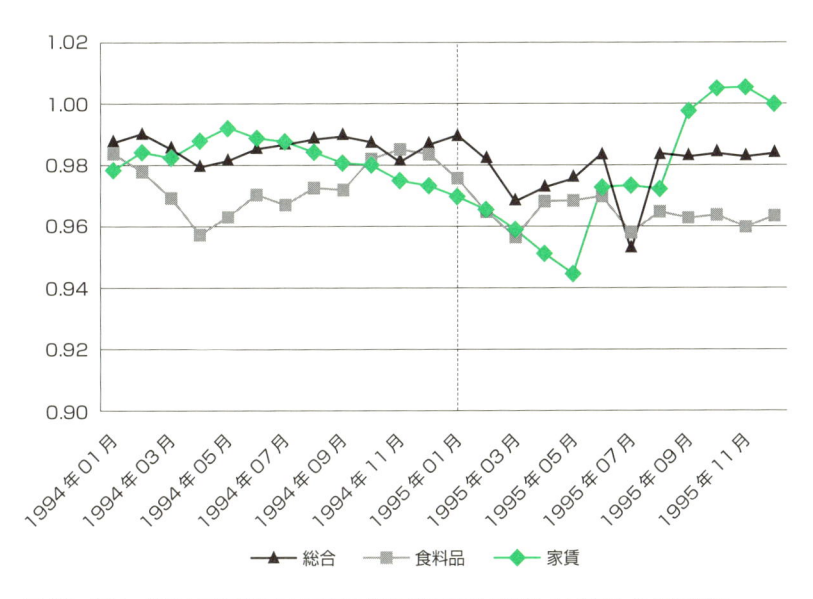

図10　阪神・淡路大震災前後の神戸市における消費者物価指数（大阪市との相対指数）
（出所）総務省統計局『消費者物価指数』より筆者作成

食料品は、震災直後に大きく落ち込むが、その後少し持ち直して安定的に推移している。これに対して、家賃は震災直後は同様に落ち込むものの、半年を経過した95年7月頃から上昇していることがわかる。この家賃上昇のカーブは、ちょうど避難所が解消されていく過程と重なり、生活再建のための賃貸住宅の需要の増大がその要因であることが推測される。他の財と異なり、住宅は需要の増加に対して即座に対応することができず、建築のための一定程度の時間が必要であるから、その過程における需給ギャップが価格に反映されていると言えよう。

2005年のハリケーン・カトリーナによる被害を受けたニューオリンズでも、水害から半年経過したあたりから一部の地域で家賃の上昇が観察され、

2008年度には、2005年度水準のおよそ140～150％前後で推移しており[48]。現在ではそれが人口回復を阻害する要因と考えられている。

このようにみると、災害による被害を受けた地域の市場メカニズムについては、災害直後の短期的な変動と、中長期的な復興過程とを分けて考える必要がある。中長期的には、ライフラインやインフラの復旧がある程度完了し、日常の経済機能がかなりの程度回復する。そのような時点においては、不足している財についての価格上昇や、市場メカニズムは一定程度機能すると考えることができよう。第1章で、阪神・淡路大震災からの復興過程では、公営住宅の大量供給が民間賃貸住宅市場における家賃の下落をもたらしたことを紹介したが、これは、被災地における住宅市場の機能を過小評価した結果であったといえる。

しかし、短期的な価格変動は、こうしたマーケットの論理とは全く別の要因によって規定されている可能性が高い。すでに紹介した、被災者の共同体意識の醸成といった心理的側面からの説明は、その典型である。次節では、災害時に見られる独特の経済システムとして、贈与経済の発生と、災害からの経済復興に与える影響について説明しよう。

---

[48] 米国ブルッキングス研究所によれば、寝室2つのタイプの平均家賃が、2005年の676ドルから2008年には990ドルへ、寝室4つのタイプについては897ドルから1314ドルへと上昇している（Brookings Institution 2008）。

COLUMN

生産力とは

生産額（あるいは生産量）の低下と生産力の低下は別の概念であり、厳に区別して考えられなければならない。簡単に言えば、生産額の低下とは生産関数に沿った変化であるのに対して、生産力の低下とは生産関数そのものの変化を意味する。図9は、仮想的な企業の生産関数を図示したものである。

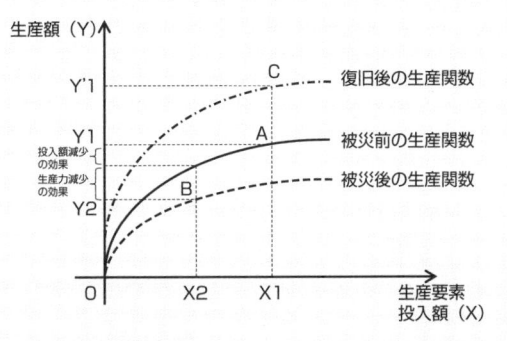

図9　災害と生産関数

例えば災害直前の1か月で、この企業はX1の生産要素を投入して、Y1の生産額を実現していたとしよう。ところが、災害直後の1か月では生産額がY2に低下したとする。このとき、この生産額の低下は(1)災害により原材料の調達が困難になるなどによって生じた生産額の低下の効果（投入額減少の効果）と、(2)生産設備の被害により、生産効率が著しく低下したことによって起こる生産額の低下（例えば機械の故障によって手作業を強いられるなど）の二つの効果に分解できる。「生産力の低下」と本書がいう場合、ここでは後者の生産効率に関わる効果のことを指している。

そして、長期的に災害が生産力を向上させるというのは、生産関数の上方シフトとして捉えられる。すなわち復旧・復興過程でより生産能力の高い設備に置き換えられた場合に、災害前の生産要素投入額（X1）であっても、より高い生産額（Y'1）を実現できるという意味なのである。

第4節 贈与経済

1 ……… 贈与経済とは何か

　災害直後には、大量の救援物資が被災地に送られてくることが常態である。そして、それらは親類や友人から特定の被災者に送られるものもあれば、被災自治体を宛先として、受取人を特定しない形で送られるものもある。個人から送られる物資もあれば、民間企業が社会貢献の一環として自社製品などを無償で提供する場合もある。また、行政が有償で調達して、被災者に無償で配布するケースもある。

　このような様々なチャンネルによる無償の物資の提供によって、被災地には災害直後の一時期、全く貨幣を持たなくとも必要な物資が手に入る状態が発生する。このような経済システムは、貨幣を媒介として財やサービスを交換する市場経済に対して「贈与経済」と呼ばれている（林敏彦 1996）。

　贈与経済が支配的になれば、そこには市場経済は成立しない。なぜなら、無償で物資が提供され、それによって被災者のニーズが満たされているのであれば、貨幣による取引を行う理由はないからである。これは災害直後において被災地で物価水準の下落が生じる主たる要因と考えられる。

　贈与経済における無償の義援物資は、震災で何もかも失った被災者にとっては、非常にありがたい存在であるに違いない。遠路はるばる駆けつけたボランティアの励ましも、多くの被災者にとって励みになることも事実であろう。その反面、被災から時間が経過するにつれて、こうした義援物資やボランティアの弊害が深刻化することも経験的に明らかになっている。例えば、懸命に店舗を再開した飲食店の真向かいの避難所で、無料で食事が振る舞われているという風景はあちらこちらで見受けられる。大量に食料を仕入れたスーパーが、結局大幅に価格を切り下げてでなければ販売できなかったというケースもある。

　ボランティアにも同じような問題がしばしばみられる。例えば被災者の髪

を無償で切ったり、洗髪したりするボランティアが活動した地域では、理髪店の売り上げが低下するなどである。ボランティアが被災者のために頑張れば頑張るほど、かえって被災地の仕事を奪うという問題が生じるのである。

　この贈与経済の規模は、阪神・淡路大震災においては、総務省家計調査を用いた推計によれば、震災が発生してから2か月間で、神戸市の総消費の7.5％に及ぶと言われる（Nagamatsu 2002）。しかし、災害による影響が甚大な世帯は家計調査の対象から外れているなどの制約があるため、必ずしも十分な信頼のおける推計にはなっていない。

2 贈与経済の実態── 2004年新潟県中越地震

　2004年10月に発生した新潟県中越地震において甚大な被害を受けた小千谷市を事例として、筆者らが実施した社会調査結果に基づき、贈与経済の実態についてやや詳しく紹介しよう[49]。

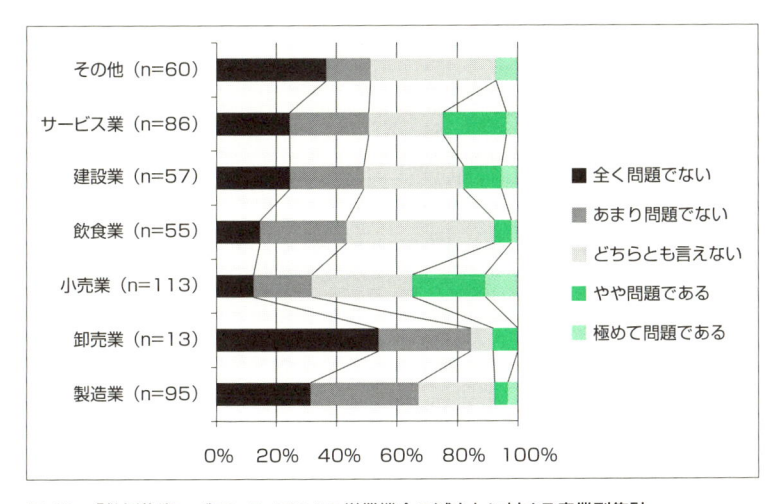

図11 「救援物資・ボランティアによる営業機会の減少」に対する産業別集計

---

[49] 以下の論考は、阪神・淡路大震災記念人と防災未来センターが実施した「新潟県中越大震災における初動・復旧対応が地域経済に与えた影響に関する実態調査」に基づいている。この調査は2004年10月23日に発生した新潟中越地震により、震度6強を記録しそのほぼ全域に大きな被害を受けた小千谷市商工業者に対して、震災後5か月間の売上回復過程などを問うた質問紙調査またその調査結果に基づき実施したヒアリング調査（2005年8月実施）（2005年4月実施）によって構成されている。質問紙の配布事業所数は「おぢや商工名鑑（2003年度版）」に記載されている全事業所2098件であり、郵送自記入・郵送回収方式で行った。回収数、回収率はそれぞれ582件、27.2％である。調査の詳細については人と防災未来センター（2007）を参照。http://www.dri.ne.jp/research/pdf/rep_14.pdf

小千谷市における被災事業所に対しての質問のうち「ボランティア・義援物資による営業機会の減少」という項目に対する産業別の回答を示したのが、図 11 である。

　質問項目「義援物資・ボランティアによる売上機会の減少」について「やや問題」「極めて問題」と回答した事業所数は、小売業とサービス業において際だっており、小売業についてそれぞれ 23.9％，10.6％（合計 34.5％）、サービス業についてそれぞれ 20.9％、3.5％（合計 24.4％）となっている。

　贈与経済の問題は具体的にどのように現れるのか。表 10 は、新潟県中越地震被災地である小千谷市において、義援物資・ボランティアによって事業所が受けた具体的な影響の一例をヒアリング調査の結果からまとめたものである。特に表中の靴、カバン小売業者については、長靴の販売が最も伸びる 12 月に備えて仕入れていたものがほとんど売れず、大量の在庫を抱えるようになったなどの深刻な事例も見られた。

表 10　贈与経済による悪影響の事例

業　　種	内　　容
衣料品小売	タオルや布団、衣料などが義援物資として送られてくるため、売り上げがひどく落ち込んだ。
家電販売、修理、電気工事	電気カーペットなどの暖房器具や除湿機などが義援物資として送られてきたため、売り上げに影響があった。
麺類、丼物、飲食業	カップラーメン、おにぎりなどたくさんの食料が義援物資で入ってきたので売り上げが落ちる。
理容業	ボランティアが無料でカットを行ったのが売り上げ機会減少につながった。ドライシャンプーの無料配布が店に影響を与えた。
美容一般	着物、七五三の着付けやカットをボランティアが無償で行うので、顧客が減少し、売り上げが下がった。
化粧品	化粧品（基礎化粧品）が大手メーカーから、義援物資として入ってきたので、売り上げが落ちた。
陶磁器、贈答品販売	義援物資で瀬戸物がきたので、店のものは売れなかった。
靴、カバン小売業	長靴、ズック靴が義援物資として無料で配られて、店の売り上げがほとんど無かった。
くすり、雑貨	薬剤師がボランティアで来て、風邪薬を配った事が売り上げに影響を与えた。

＊「義援物資・ボランティアによる売上機会の減少」を「やや問題」「極めて問題」と回答した企業から 16 事業所を抽出して具体的に質問した。重複した内容については記載を省略している。

　ところで、そもそも贈与に頼らねばならないほど、被災地の市場は逼迫していたのであろうか。被災地の供給能力が乏しく、圧倒的な超過需要が発生しているということを前提とすれば、贈与経済の発生はやむを得ないともいえる。しかし、現実には、災害直後の混乱の中で懸命に営業再開した事業所

も少なくなかった。表 11 は、震災発生から 3 日後、1 か月後、5 か月後のそれぞれの時点での営業再開率と、それぞれの時点で災害に関連した売り上げがあったと回答した事業所の割合を示している[50]。震災から 3 日後であっても、決して少なくない数の事業所がすでに営業を再開している。1 か月も経過すれば、最も割合の少ない飲食業でも 58％が営業を再開している。

他方で、災害に関連した売り上げを経験した事業所は、営業を再開した事業所よりも遙かに少ない割合でしかない。すべての事業所が災害に関連した財やサービスを扱っているわけではないといえ、建設業ですら半分の事業所は災害関連売上がないと回答していることは意外な結果である。被災地外部から多くの物資が無償で流入してくる一方で、営業を再開した事業者が、災害時に発生する需要にありつけないという、需給のミスマッチが生じているのである。

表 11 業種別営業再開率と災害関連売上率

	サンプル数	3 日後		1 か月後		5 か月後	
		営業再開率	災害関連売上	営業再開率	災害関連売上	営業再開率	災害関連売上
製造業	114	14%	1%	90%	6%	100%	8%
卸売業	13	8%	8%	100%	8%	100%	0%
小売業	127	32%	9%	81%	20%	100%	20%
建設業	74	35%	15%	91%	39%	100%	42%
飲食店	66	12%	0%	58%	11%	100%	6%
サービス業	96	10%	1%	85%	15%	100%	15%
その他産業	79	35%	8%	82%	13%	100%	9%
合計	569	24%	5%	83%	16%	100%	16%

＊業種が不明な 13 のサンプルは含まれていない。
＊営業再開率＝「営業を再開している」と回答した事業所数／サンプル数
＊災害関連売上＝「災害関連売上があった」と回答した事業所数／サンプル数

被災企業の売上回復と贈与経済の影響の分析

それでは、贈与経済や災害関連の売上が被災事業所の売上回復にどれほどの影響を与えているのか。アンケート調査によって得られたデータを元に、次のようなモデルを推計する。

$$S_i = \alpha + X_i \beta + u_i$$

---

[50] 災害関連売上の定義は調査では特に定めていない。

ただし、S は 5 か月後前後の売上（対震災前%）あるいは震災から 5 か月間の売上（対震災前%）[51] をしめす。X_i は説明変数ベクトルであり、u_i は誤差項をしめす。i は事業所を表すインデックスであり、推計するパラメーターは定数項 a および係数ベクトル β である。

説明変数としては次の変数を投入する。
(1) 被害規模………直接被害額（万円）
(2) 事業規模………従業員数（全社）
(3) 営業停止日数………10 月 23 日から営業再開日までの日数。
(4) 災害関連売上の有無………3 日後、2 週間後、1 か月後、3 か月後、5 か月後のいずれかで災害関連の売り上げがあった場合 1 を取るダミー変数。
(5) 義援物資………「義援物資・ボランティア活動による売上機会の減少」について「やや問題である」「問題である」と回答した事業所についてのダミー変数。

表12 回帰分析結果

被説明変数		式1		式2		式3		式4	
		震災から5か月後前後の売上高(対震災前比)		震災から5か月後前後の売上高(対震災前比)		震災から5か月間の売上高(対震災前比)		震災から5か月間の売上高(対震災前比)	
定数項		88.805**	13.19	95.561**	10.362	80.308**	14.644	83.285**	11.189
従業員数		0.002	0.387			0.005	1.005		
直接被害額		0.000	−0.659			0.000	−1.404		
log 従業員数				7.268**	2.059			8.276**	2.847
log 直接被害額				−5.966**	−2.046			−4.976**	−2.098
業務停止日数		−0.372**	−3.823	−0.306**	−2.999	−0.555**	−6.996	−0.489**	−5.86
義援物質		−12.169**	−2.218	−11.71**	−2.096	−14.857**	−3.214	−12.712**	−2.686
災害関連売上の有無		16.648**	3.849	17.403**	3.995	14.053**	3.866	15.421**	4.203
業種ダミー	製造業	12.606*	1.758	14.747**	2.094	11.485*	1.982	13.296**	2.336
	卸売業	16.044	1.529	17.728**	1.711	8.457	0.947	10.723	1.212
	小売業	−4.829	−0.704	−2.456	−0.359	−0.642	−0.116	1.289	0.233
	飲食業	1.354	0.174	1.984	0.258	2.109	0.335	3.14	0.505
	建設業	9.991	1.158	10.948	1.248	12.955*	1.875	13.186*	1.877
	サービス業	5.71	0.783	6.774	0.922	8.476	1.406	10.123*	1.662
サンプル数		238		229		221		212	
決定係数		0.234		0.254		0.39		0.411	
修整済み決定係数		0.196		0.216		0.358		0.379	
F値		6.26**		6.702**		12.173**		12.696**	

注）イタリックは t 統計値、**5%有意 *10%有意

---

[51]「震災から 5 か月間の売上」については、各時点における売上高の加重平均によって求めた。すなわち（震災から 5 か月間の売上）＝（3 ×（3 日後の売上）＋ 11 ×（2 週間後の売上）＋ 16 ×（1 か月後の売上）＋ 60 ×（3 か月後の売上）＋ 60 ×（5 か月後の売上））／150 である。

(6) 業種ダミー………製造業、卸売業、小売業、飲食業、建設業、サービス業についての定数ダミー。

　推計結果は表12に示される。「震災から5か月後前後の売上高」を説明変数とする推計（式1，2）についてみると、従業員数、直接被害額についてはいずれも対数変換したものについて当てはまりが良く、統計的にも有意な値を示している。このため、ここでは式2を採用するものとする。

　従業員数については正で有意な係数が示される。すなわち従業員規模が大きい事業所ほど売上高の回復率は有意に高い。また直接被害額については、負で有意な係数が示され、被害額が大きいほど売上高の回復率が低いということが示されている。いずれも直感に沿った結果である。

　また業務停止日数については、停止日数一日あたり0.3％の売上高低下があることが示されている。これは一日も早い業務再開が売上回復にとって重要であるということを意味している。その理由についてはこの分析からは必ずしも定かではないが、次のような推論は一定の説得力を持つであろう。すなわち、事業所が営業を再開しているということについて、顧客がそれを認知し取引を再開するか、あるいは震災を機に失った顧客がいる場合、新規の顧客を獲得しなければならない。営業停止期間が長ければ長いほど、失う顧客は多いと予想され、その結果売上の回復にも時間がかかるものと思われる。

　義援物資の係数については−11.7で5％有意である。すなわち義援物資・ボランティアによる売上機会の減少を問題だと考える事業所については、そうでない事業所に比べて売上回復率が11.7％低いことが示されている。一方で、「災害関連売上の有無」の係数が正で有意な値を示しており、災害関連売上が無かった企業に比べて17.4％ほど回復率が高いことが示されている。

　なお、業種ダミーからは、製造業と卸売業については、それぞれに固有の要因によって売上の回復率が高いということが明らかになった。一方で、回復の遅れが著しいように思われた飲食業についてはそれについて固有の要因は検出されず、小規模であることや業務停止日数が長かったことなど、ここで採用された説明変数によって十分説明されていることが明らかになった。

　ところで、「震災から5か月間の売上」を説明変数とする推計式（式3，4）についても、対数変換した従業員数および直接被害額が説明変数として当てはまりがよい。このため、式4を以下では採用するが、全体の傾向としては式2とほぼ同じである。これによれば、義援物資が「やや問題である」と答えた事業所について12.7％ほど、そうでない事業所に比して売上高が低

いということが示されている。式2の説明変数が、5か月後前後の売上高であるのに対して、他方、義援物資で示されている「義援物資・ボランティアによる売上機会の減少」は、それがいつあったのかは定かではない。このため、式2では義援物資の影響はそれほど強くは現れないことが予想された。これに対して、式4の説明変数は震災直後から5か月後時点までの累計であるために、義援物資の影響はより鮮明に出やすいことが予想されたが、推計結果はこの予想通りであった。

3……贈与経済発生の理論的考察
❶送り手からみた贈与の意義

ところで、そもそもなぜ贈与経済が発生するのか[52]。注意しなければならないのは、贈与経済とは自然発生的に生じるものであり、もちろん行政による被災者への贈与もあるが、基本的には何の強制力も働いていない中で、人々が分権的に意思決定をし、自発的に行っているものである。したがって、贈与経済の発生には、何かしらの合理性や必然性があるかもしれない。

なぜ人は贈与を行うのかについては、様々な理由があろう。全く知らない被災者に対しては純粋なる利他的な動機で見返りを期待せず行われることもあれば、地域コミュニティ内部や、友人・親戚などの間柄であれば、「将来何かあれば自分も助けてもらえる」といった互酬的な動機があるかもしれない。また、大企業が自社製品のPRや社会貢献活動の一環として行う場合は、中長期的ではあるが利潤動機が比較的強いと言えよう。このように動機は多様ではあるが、根底にあるのは「何の罪もない人々が苦しんでいるのを看過してはならない」といった規範意識である。また貨幣でなくモノを贈るというのは「被災地では供給能力が低下し物資が不足しているに違いない」という理解か、あるいは貨幣をモノと交換する手間を省くための配慮などが考えられる。前者の理解が必ずしも正しくないことはすでに述べたが、後者の配慮はそれなりに意味のあるものである。

❷受け手から見た贈与の意義

今度は贈与を受ける側に立って考えてみよう。災害が発生した直後の人々の最大の関心は、自分自身および家族友人などの安全確保にあることは疑い

---

[52] 以下の記述については、比較制度分析の概念を援用している。比較制度分析については青木（2003）に詳しい。本稿での分析は奥野（1999）などの議論を援用している。

ない。住宅に被害を受けた人々は当面の生活空間の確保もせねばならない。人々はこうした活動に忙殺されることとなる。これは、経済取引における時間コストが相対的に高くなることを意味する。また多くの商店が被災するなかで、自分の必要な物資がどこで販売されているのかを把握することも非常に困難となる。だが、このような時期において被災者が必要とする物資は、水と簡単な食料など、当面の生命維持に必要なもので事足りるのである。

❸贈与経済の取引システムとしての優位性

　このように、財取引の費用が極めて高く、また財取引に必要な情報も十分被災地内で共有されておらず、なおかつ必要とされる財の種類が限定的である場合においては、貨幣をもちいて分権的に消費行動を決定し、個別に取引を行う市場経済のしくみはむしろうまく機能しないのである。余震の恐怖におびえている最中に、被災者に貨幣を渡し、それで必要なものを自分で調達させるということは、多くの被災者にとって大変困難なことであろう。それよりは、必要だと思われる物資を、必要だと思われるすべての人に無償で提供することの方が、取引費用が小さく社会全体としての厚生は向上することが容易に想像される。つまり、贈与経済は、大災害による被害を受けた地域の経済システムとしては市場経済よりも優れたシステムなのである。

　しかしながら、このような時期は長くは続かない。生命の安全と当面の生活空間を確保した被災者は、将来を見通しつつ、生活再建のための活動を開始する。経済取引にあてる時間的余裕も発生する。この過程において、人々の具体的な活動は多様化するし、財への需要もまた多様化し始める。こうなると、贈与経済では必要な財を必要とする人にマッチングさせることが困難になってくる。

　例えば食料一つとっても、パンと水だけでは我慢にも限界がある。野菜も摂取しなければならないし、乳製品も必要となるであろう。災害直後は多少サイズが合わない服も無理して着たとしても、そのような時期は長くは続かない。また、贈与の送り手はそうした細分化されたニーズを把握することがだんだんと困難になり、またニーズを把握したとしてもそれを必要な人に届けることがますます難しくなってくる。こうなってくると、市場経済に対する贈与経済の財配分システムとしての優位性は失われてくるのである。

　また、時間が経過すれば営業を再開する事業所も増加し始める。ただし、営業再開はまだら模様であり、一律ではないから、被災者にとってはどこで

どのような財やサービスが販売されているかを把握し、取引を開始することはまだそれほど簡単なことではない。

❹贈与経済から調整経済へ

　この時期になると、特定の主体が被災地の状況に応じて必要な財の需要と供給を人為的に調整する動きが生じる。行政が避難所に対して行う食料の配給などはこの典型例であるが、この時期においてはボランティア組織が相互に連絡を取り合い、場合によっては現地で会議を行いながら地域間の支援配分を調整するなどの動きが始まる。また自宅等で生活する人々も、例えば町内会などで必要な物資の数量をとりまとめ、行政やボランティアからの配給を受けるようになる。実際、小千谷市ではこのようなしくみが部分的に観察された（図12参照）。

　このような活動は、部分的に貨幣を媒介としている点で純粋な贈与経済とは区別して考えられなければならない。しかも、市場経済とは異なり、必要な数量や財を把握し、発注をかけ、配分する調整主体の役割が非常に大きい。ここからこれを市場経済とも区別し、本書では「調整経済」と呼ぶことにする。

　調整経済が発生する理由として、取引費用の低下と被災者ニーズの多様化および情報の偏在などが挙げられよう。生命の安全が確保された段階において、ある程度人々には時間的・精神的余裕が生まれる。またこのころから生活の再建を目指すようになるが、そこにおいて発生するニーズを贈与だけで満たすことは困難になってくる。これに対し、供給側の営業活動は部分的・断片的にしか再開していない。これらの情報が偏在しているため、被災者が必要な物資の供給主体を個別に特定することの費用は依然として高い。こうした取引費用を社会全体で低下させるために、特定の主体が被災地の状況を把握し、市場に代わって需要と供給をマッチングさせる調整機能を担うことになるのである。

　さらに供給側の回復が進み、状況が安定化するに伴い、個別の取引費用は低下し、価格を通じた市場による調整機能が回復する。以上述べたような経済体制の移行プロセスは図12に示される。

　このように、贈与経済の問題が顕在化するのは、市場経済がその優位性を取り戻しつつある過程においてなのであって、災害発生当初から常にそうであるというわけではない。すなわち、人々の持つ利他心や規範意識をベース

として発生した贈与経済は、少なくとも災害直後において市場経済の機能不全を補完するという重要な役割を果たしているのである。

財の価格	なし	固定	変動
経済主体像	利他的	利他的／利己的	利己的
需給調整	なし	人為的な数量調整	価格による調整
財	地域内ストック／外部からの贈与	被災地内外	被災地内外
生産活動	大部分が停止	部分的・断片的に回復	ほぼ全面的に回復
経済環境の変化	早い（不安定）	やや早い（やや安定）	遅い（安定的）
発生理由	・人々の選好が特定の財に集中 ・救命救助・生命維持・二次災害防災のための対応が優先され、財取引の機会費用が高い ・将来の予測可能性がない	・消費財に対する需要が多様化し、受給のミスマッチ（量・質）ともに発生 ・生命の安全が確保され、時間的余裕の発生とともに取引コストが相対的に低下 ・将来の予測可能性が発生	・災害後の取引履歴などの参考情報によって取引費用が低下 ・将来の予測可能性が増大

図12　被災地経済体制の移行モデル

4……贈与経済が持つ減災政策への含意

　贈与経済は被災事業所の売上回復に対して負の効果を与えていることが統計的にも明らかになった。反面、災害対応に必要な資源の売上を得ることができた事業所は売上回復に正の効果を与えていることも明らかになった。このため、地域経済の早期回復を図るためには、贈与を可能な限り抑止し、災害関連需要を被災地内に循環させる方策が有効であることが示唆された。

　さらに、贈与経済の発生理由や、市場経済への移行プロセスを考察した結果から、以下のような政策的含意が導かれる。

　第一に、贈与経済を一つの取引制度として見た場合、災害時には一定の合理性がある。このため、贈与経済の発生を完全に抑止することは不可能であるし、被災者にとっても望ましいことではない。

　第二に、市場経済への移行をスムースに行うためには、経済主体の取引費用を低下させるための施策が有効である。例えば、どのような商店・事業所がいつ営業を再開し、何をどの程度提供できるか、といった情報をとりまとめ、被災地域で共有する仕組みなどは、市場経済の早期回復を促進するであ

ろう。

　第三に、以上から、例えば被災者にバウチャーを配布して義援物資を販売するといった、擬似的なマーケットを被災地に作り出す方法（Horwich 1990）についても、その導入については取引費用の観点から慎重に検討されねばならないであろう。一般的に、バウチャーを発行して人為的にマーケットを作ることのコストは小さくはない。このため地域の経済資源を活用しながら市場経済の機能を回復させていく戦略の方が多くの場合効率的であると思われる。阪神・淡路大震災ほどの大災害であっても、当日から営業を再開した被災事業所は少なくなかったため、こうした考え方はある程度の一般化はできるであろう。

　2007年7月に発生した新潟県中越沖地震では、新潟県が柏崎市中心部の飲食店で使える食事券を被災者に配布するという、食事券供与事業が実施された[53]。贈与経済から市場経済への早期移行を目指す仕組みとして非常に画期的ではあったが、必ずしも活発に利用されたわけではなかった。柏崎市職員や被災者によれば、利用できる店舗数が少なく、市内中心部に限られていたことなどがその理由であるとされるが、ここからも、人為的にマーケットを創り出すことの困難さがうかがえる。通常の貨幣ではなく、新たに擬似的な貨幣を導入することの政策コストは決して低くない。

　ただし、既存の経済システムが長期に渡り機能不全に陥るような巨人災害の場合は、これまでの議論は全く妥当性を欠くかもしれない。例えば、近い将来に発生するとされる東海・東南海・南海地震などは被害が広域に及び、一部の地域ではライフラインも流通も長期に渡って寸断されることが想定される。こうしたカタストロフィックな災害についてはどのような経済システムが望ましいのか、さらなる研究が求められる。

53　読売新聞東京夕刊（2007.8.1）。

第5節

巨大災害からの経済復興とその課題

1……阪神・淡路大震災にみる経済復興の足取り

さて、これまでは災害と市場メカニズムの関係について、比較的短期の議論を中心に行ってきた。ここからは長期的な問題、すなわち経済復興の課題について検討してみたい。

ここでは、その具体的事例として、阪神・淡路大震災を取り上げる。

図13は、兵庫県と国の実質GDP成長率の推移を示したものである。横軸には年度が示されている。震災が発生したのは1994年度に当たるが、震災発生年度において県内GDPは前年度に比較して3.2％減少している。しかし1995年度、1996年度においては復興需要の影響もあり、それぞれ5.7％、2.5％と比較的高い成長を見せている。しかしその後1997年度、1998年度には、-3.3％、-3.4％と震災発生年度を下回っている。1997年4月には消費税が5％に引き上げられ、11月には財政構造改革法が成立するなど日本経

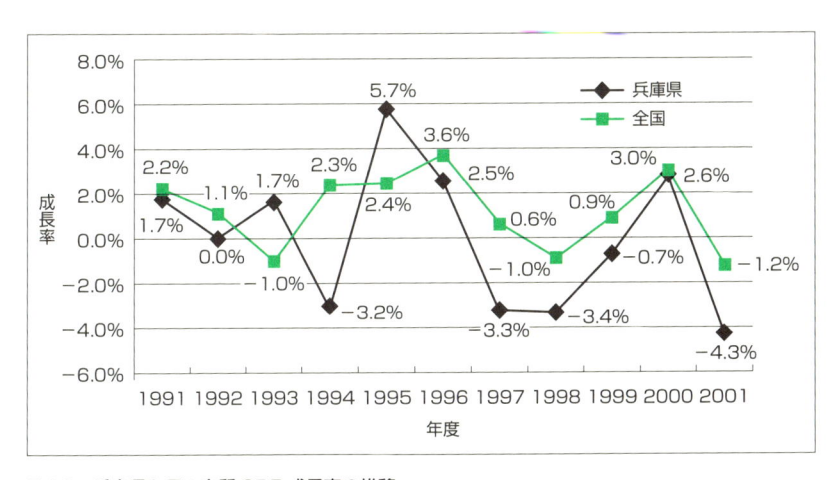

図13　兵庫県と国の実質GDP成長率の推移

済は引き締めの方向であったこともここには影響している。

加えて兵庫県内では震災後の復興需要が一巡し、本来の経済活動水準へと調整が行われている過程でもあった。このため兵庫県内の成長率は日本全国のそれと比較しても厳しい数字となっている。1999年度には県内成長率は－0.7％と経済の縮小傾向に歯止めがかかり、2000年度には2.6％と4年ぶりにプラス成長に転じる。

❶兵庫県内総支出の推移

図14は、兵庫県における県内総支出の各支出項目別の推移を示している。このグラフからは次のような興味深い事実をうかがうことができる。第一に、震災は民間消費支出に対して目立った影響を与えていないということである。わずかな減少はみられるものの、これは主に被災者の県外流出などによる人口減少の影響によるものと推測される。その証拠に県民一人当たり消費支出を調べると、1993年度、1994年度、1995年度についてそれぞれ186.6万円、187.9万円、188.0万円とほとんど差は見られない（いずれも分母は各年度3月1日時点の県内総人口）。

生活の復興のために耐久消費財等への支出が増大することが予想されたが、その一方で震災直後に発生した経済活動の一時的停止や、贈与経済の発生などにより、消費が縮小したことの影響もあり、これらの効果が互いにキャン

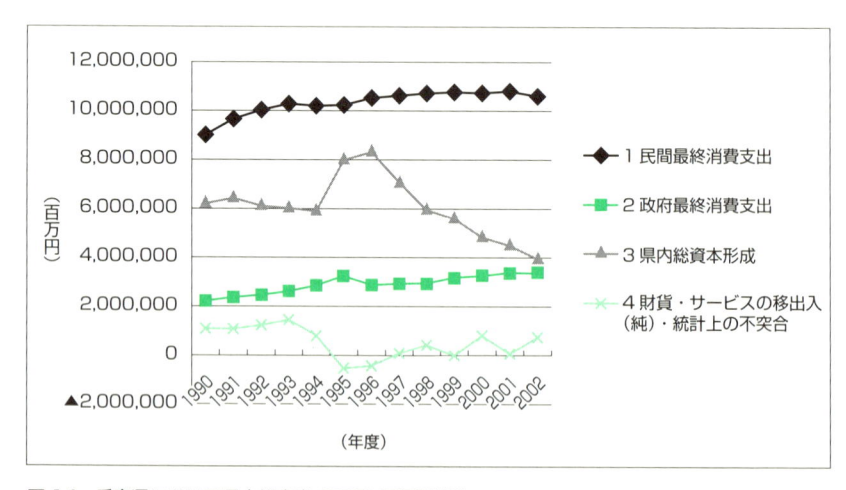

図14 兵庫県における県内総支出 (GDE) 項目別推移
(出所) 兵庫県統計課「兵庫県民経済計算」

セルされた結果であると思われる。2002年度になってはっきりとした減少傾向がみられるものの、これを震災の直接的影響と呼ぶにはあまりにも時間が経過していると思われる。

　第二に、県内総資本形成については明らかな震災の影響が見て取れる。バブル崩壊の影響を受け、県内総資本形成は1990年度以降1993年度まで停滞あるいは若干の逓減傾向をみせている。明らかに震災による影響が見てとれるのは、1995〜1997年度の3年間であり、1998年度にはほぼ元の水準に回帰している。1999年度には復興投資も底を打ったかのように見えたが、2000年度以降も大きく減少を続けている。

　第三に、政府最終消費支出については、1995年度に増大し、その後しばらく横ばいとなるが、長期的には逓増傾向にある。

　第四に、財貨・サービスの移出入が大きく変動している点がある。1994年度までは移出入黒字であるが、1995年度からは赤字に転じる。それも1998年度にかけて黒字へと回復を見せるが、その後は大きく変動をみせ、震災前の水準には回復を見せていない。

　以上、県内総資本形成の大幅な拡大という形で復興需要が増大している一方で、財貨・サービスの移出入が震災後一転して赤字になるということは、震災復興で生じた大規模な需要の多くが、兵庫県外に流失していることを強く示唆しているのである。

❷震災による復興需要

　以上を確認するために、1994年度から1998年度までの5年間について、1993年度の水準を基準とし、それを上回る支出活動すべてを、震災によって兵庫県内で追加的に必要となった経済活動ととらえ、その内訳について分析してみよう。これらの数字は、災害対応や復旧復興のための経済活動として考えることができるため、以降これを「復興需要」と定義しよう。もちろん、厳密には、これらすべてを復興需要と捉えることは必ずしも正しくなく、過小に評価してしまう要素も、過大に評価してしまう要素も両方含まれる[54]が、そもそも何を災害に関連した経済活動と考えるかは、それ自体難しい問

54　災害関連の経済活動を過小評価する可能性とは、復興活動が一切行われなかったとすると、1994年度以降は震災の影響により、1993年度よりも潜在的県内総生産の水準は下がるはずだからである。また、過大評価となる要素とは、日本経済全体のGDP成長率は1995年度、1996年度についてそれぞれ3.1％、3.3％と景気上昇局面を迎えている。兵庫県もこれらの影響を受けており、そのため被災地以外の県内地域における投資や消費の増大があったとすれば、それまでも復興活動に含めてしまう可能性は否定できないという点である。

いであり、誰もが納得する定義はない。震災直前の1993年度をベースラインとした県内総支出の増分値を災害による経済活動の増加分とみなすことは直感的にわかりやすく、それなりの説得力があると思われる。

表13　1993年度を基準とした兵庫県内総支出の項目別増分値（名目値）　　　　単位：百万円

	1994年度	1995年度	1996年度	1997年度	1998年度	累計
(A) 民間最終消費支出	−111,037	−66,543	235,585	339,005	414,319	811,329
(B) 総固定資本形成	−95,848	1,991,773	2,323,713	1,088,762	−74,700	5,233,700
(B1) 民間固定資本形成	190,467	1,361,774	1,519,040	700,948	102,489	3,874,718
(B2) 公的固定資本形成	−350,461	448,138	598,708	186,214	−212,977	669,622
(B3) 在庫品増加	64,146	181,861	205,965	201,600	35,788	689,360
民間企業(B3−1)	62,288	178,459	204,611	199,623	33,415	678,396
公的企業(B3−2)	1,858	3,402	1,354	1,977	2,373	10,964
(C) 政府最終消費支出	211,571	558,530	264,908	298,930	371,328	1,705,267
(D) 財貨・サービスの純移出入等	−634,525	−2,005,281	−1,929,661	−1,350,005	−1,007,503	−6,926,975
県内総支出(A＋B＋C＋D)	−629,839	478,479	894,545	376,692	−296,556	823,321
民間部門(A＋B1＋B3−1)	141,718	1,473,690	1,959,236	1,239,576	550,223	5,364,443
公的部門(B2＋C＋B3−2)	−138,890	1,006,668	863,616	485,144	158,351	2,374,889
合計	2,828	2,480,358	2,822,852	1,724,720	708,574	7,739,332

（出所）兵庫県統計課「平成14年度兵庫県民経済計算」

❸ 5年間で7.7兆円の復興需要の発生

表13から次のような興味深い事実が明らかになる。第一に、予想されたことであるが、総資本形成の累計額がおよそ5.2兆円となり、民間最終消費支出（0.8兆円）および政府最終消費支出（1.7兆円）の合計は、半分以下の2.5兆円である。ここからも、復興需要の中心がインフラ・住宅・企業設備などへの投資活動であったことが確認される。なお、公的固定資本形成について、累計額が1兆円を下回っており、やや少ない印象を受ける[55]。これは1993年度の公的資本形成が約2.2兆円と、前年度比18％の高い伸びを示しており、それをベースとして推計を行っていることが影響している。この伸びの背景にはバブル崩壊に伴う景気対策としての公共事業の増加がある。

第二に、復興のための県内総需要を示す消費・投資および政府支出の増加額（A＋B＋C）が7.7兆円と求められた。すなわち、震災から5年間で兵庫県内に生じた付加価値ベースの復興需要は、およそ7.7兆円と考えることができる。

55　安田・内河・永松（2000）によれば、インフラの復旧・復興には5兆円程度の公的資金が投入されているとされる。

❹復興需要の9割が被災地外へ漏洩

　第三に興味深い点は、7.7兆円もの県内総需要の増加があったにも関わらず、(D) 財貨・サービスの純移出等が−6.9兆円と示されているという点である。

　震災後の移出入の推移について、より詳しくみたのが図15である。平成5年度（1993年度）＝100とした指数で見ると移入は1995年度〜1997年度において大きく増加した後、1998年度にはほぼ震災前に戻った。移出は1995年度以降、震災前の水準を回復していない。これは県内需要増大とともに県外移出を県内に振り分けたことなどによる。

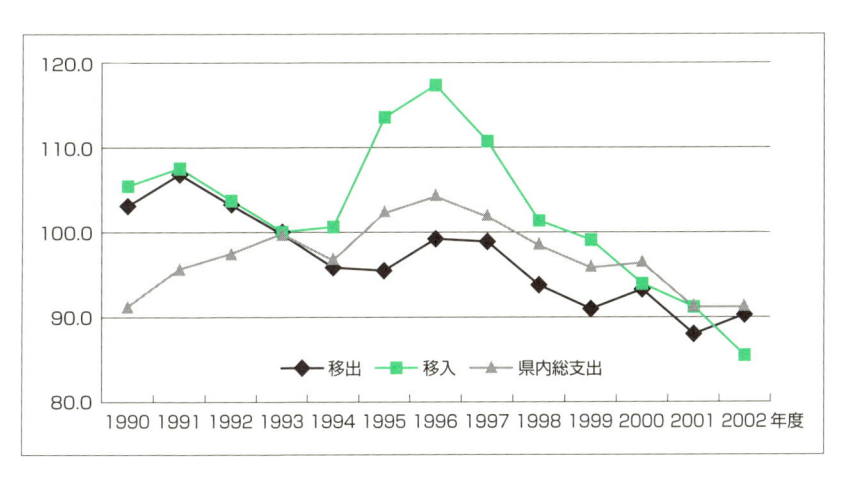

図15　移出入等の推移（1993年度＝100）
（出所）兵庫県統計課「兵庫県民経済計算」

　ただし、移出の低下は、製造業そのものが県外や国外に流出したことの効果も含まれている可能性はある。後に論じるように、震災復興期は円高による製造業の国外流出が顕著であった時期と重なっているからである。

　とはいえ、このような誤差を含みながらも、7.7兆円の需要増に対して、純移出が6.9兆円の減少（すなわち、純移入が6.9兆円の増加）ということは、震災後の県内支出増のうち89.4％が県外に流出したことを意味している。大規模な復興事業が行われていたにも関わらず、多くの被災企業には十分な仕事が行き渡らず、復興需要の恩恵を受けなかった。このことは様々な場面で指摘されてきたが、この数字はこうした被災地企業の感覚を強く裏付ける結果となっている。

兵庫県のGDP規模は震災当時でおよそ20兆円であり、5年間の累計とはいえ、7.7兆円という復興需要の発生は被災地経済にとって十分復興の起爆剤となり得た規模である。日本経済に置き換えて考えれば、500兆円のGDP規模に対して5年間で192兆円の経済対策が行われることに匹敵するのである。それほど大きな需要があったにも関わらず被災地はその恩恵を十分に受けることができなかった。

　ただし、そのことを理由に阪神・淡路大震災の復旧・復興事業の発注方式が間違っていたとはいえない。ライフラインなど都市基盤の復旧が遅れれば、それだけ被災地の経済活動の復興も遅れる。できる限り早期の復興を目指す立場からは県外事業者の助けが不可欠であったことも疑いようのない事実だからである。

　しかしながら、経済復興過程に大きな困難を迎えた被災地経済を思えば、これだけの経済機会が十分活かされなかったということは重要な教訓として、今後の巨大災害対策において強く意識されなければならない。なぜ復興需要が経済復興に活かされなかったのかは、節を改めて詳しく論じることとしたい。

❺復興需要の官民比率は3対7

　第四に興味深い点は、復興活動において民間部門によるものが5.3兆円、公的部門によるものが2.4兆円と求められたことである。ここから復興活動全体に占める公共部門の規模は、およそ31％であると求められる。言い換えれば、復興の初期5年間について、復興に要した資金は7：3の比率で民間と公共部門とが負担したと推定される。

　1994年度〜1998年度の累計でGDPに占める公共部門の比率を計算すると、23.0％と求められた。この意味で被災地の復興活動は、平時に比べると公共部門が大きなウエイトを占めていたといえるであろう。ただしこのことをどう評価するかは難しい問題である。阪神・淡路大震災の復興政策は平時と比較して政府主導型であったと言えなくもないが、ライフラインや公共土木施設も相当な被害を受けているとすれば、公共部門の支出が相対的に増えることはむしろ当然だからである。

2……… 低成長化と経済復興

　第3節で、我々は災害が経済成長に及ぼす影響について既存研究を整理した。災害は経済成長にとってプラスにもマイナスにもなり得るため、一般的な結論は見いだせないことを明らかにした。

　だが、少なくとも阪神・淡路大震災の経済復興プロセスを見る限りにおいては、震災が被災地の経済成長にとってプラスに働いているようには見えない。実際に、多くの被災事業所が、災害からの復旧・復興を果たすことなく倒産していった。この背景には、そもそも当時の阪神・淡路地域の潜在的な成長力が乏しかったことを指摘することができよう。

❶被災企業への復旧支援とその効果

　阪神・淡路大震災による被災企業への支援としては、公的融資が中心であった。具体的には債務保証や金利引下げ等の制度融資と個人向けの住宅再建資金の融資および利子補給などであった[56]。

　民間金融機関にとって、政府の債務保証がついた制度融資は信用リスクが低く安全な収益資産であるとみなされた。そのため、安全な収益資産を探していた大手金融機関は復興融資に積極的であった。一方で地域の中小金融機関は資金力が弱いため積極的な融資を展開できなかったとされる。その結果、1995年1月から6月末までに兵庫県信用保証協会が行った信用保証額6380億円のうち、地元大手4行による融資は2430億円、残り3950億円は域外の大手金融機関のものであった。

　日本銀行は地元金融機関の復興融資を支援するため5000億円の枠で特別に復興支援貸し出しを行うことを決定した。しかしながら、当時公定歩合よりも短期金融市場における金利の方が低かったため、大手銀行はこれを利用せず、結果的に資金繰りに苦しんでいた当時の兵庫銀行および阪神銀行が最大の恩恵を受けることになったという指摘もある。債務保証のない復興融資に対しては、民間金融機関は極めて消極的な姿勢であったことがうかがえる。

56　以下の記述は山本（1999）に負うものが大きい。

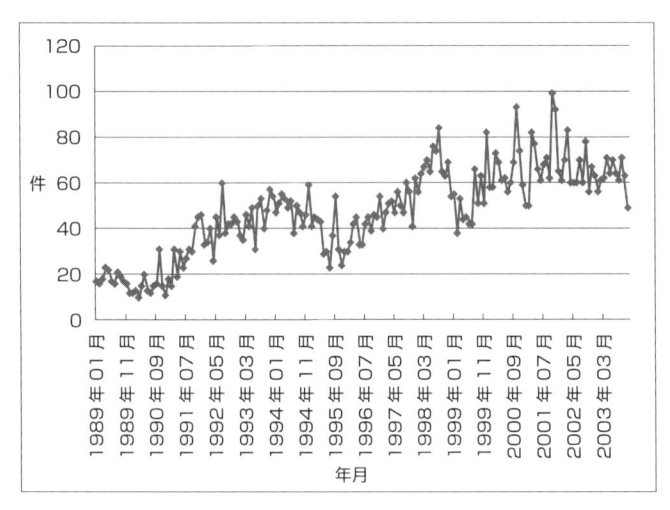

図16　兵庫県内の企業倒産件数の推移
(出所) 帝国データバンク

❷復興過程における倒産件数の急増

　それでも政府に支えられた復興融資によって、兵庫県内の倒産件数は1995年について478件、1996年について482件と、例年より低く抑えられていた。しかし1997年になると倒産件数は619件と激増する。これを月次でやや長期的に見たものが図16である。震災直後よりもむしろ1997年以降に倒産件数が伸びている様が見てとれる。

　これは、震災の影響というよりは、当時の日本経済を襲った金融危機の影響によるものが大きい。1997年4月に消費税が5％に引き上げられたことによって消費が低迷するとともに、11月には財政構造改革法が成立し財政再建路線へと転換する。こうした緊縮財政の結果、年末には山一證券・北海道拓殖銀行の破綻を招くなど金融不安が深刻化する。また、銀行に対する自己資本比率の早期是正措置の導入に伴い、金融機関はいっせいに貸し出しを控える、いわゆる「貸し渋り」が1998年には社会問題化した。これに加えて被災地では復興需要が一巡するとともに、翌1998年2月には災害関連復旧融資が期限切れを迎え元利償還が始まった。山本（1999）は、この頃から被災事業者の倒産理由の2番目に赤字累積が浮上し、不況型倒産が増えていると指摘している。

　兵庫県と神戸市は、事業所の建物について罹災証明を受けた中小事業者に

対して、年利2.5％で5000万円を上限として貸付を行う「緊急災害復旧資金貸付事業」(震災貸付)を実施した。融資機関は当初10年とし、償還は5年据置とされた。この制度の利用実績は3万3551件、4222億円の融資残高に及んだが、償還は思うように進まず、償還期間は17年、据置期間は10年に延長された。このうち、兵庫県の融資分について、現在の償還状況を示したのが表14である。代位弁済の比率が金額ベースで8.6％とかなり高い数字になっている。

表14 緊急災害復旧資金の償還等内訳(単位:件、億円)

	償還済み		代位弁済済		未償還		合計(＝貸付額合計)	
	件数	金額	件数	金額	件数	金額	件数	金額
兵庫県	18,678	2,651	3,059	260	1,706	129	23,443	3,040
(比率)	79.70%	87.20%	13.00%	8.60%	7.30%	4.20%	100.00%	100.00%

(出所) 兵庫県防災企画局復興支援課　平成20(2008)年5月現在の値

❸復旧・復興の投資を回収できない低成長経済

　阪神・淡路大震災からの復興過程に重なる1990年代後半は、日本経済がバブル経済の後遺症に苦しみ、加えて政府の構造改革路線によって引き締め政策が採用されたという背景がある。したがってこのような復興過程を一般化することはできないという見方もあるだろう。

　しかしながら、阪神・淡路大震災からの経済復興の困難さを、単に不景気の影響だけと見ることも適切ではない。なぜなら、すでにみたように、災害復興過程では、通常よりも有利な条件で融資が受けられ、生産設備を高度化し、より競争力を高めることも本来可能なはずだからである。すでにみたように、1959年の伊勢湾台風災害により被災した中京工業地帯の経済復興過程はそのように特徴づけられる。結局のところそれが困難だったのは、我が国の経済そのものの成長率が非常に低いレベルにとどまり、被災による社会資本や生産設備の置き換えにかかる費用を十分回収できるほどの経済成長がみられなかった、という単純な事実による。もちろん、阪神・淡路大震災の時代的背景を無視することはできないが、そもそも今後の我が国において年率3％を超えるような成長を期待することは現実的ではなく、被災企業の倒産が復興過程で深刻化するという現象は、これからの災害においてもかなりの程度当てはまると思われる。

3 ……… 産業構造のソフト化と経済復興

　阪神・淡路地域は我が国でも有数の都市であり、その産業の中心は、商業・サービス業・金融業などの第3次産業であった。神戸市は、他の政令市と比較しても製造業の比率が高いことで知られているが、それでも1994年の市内総生産に占める3次産業比率は72.5％であり、伊勢湾台風の被害を受けた当時（1959年）の名古屋市が約57％であったことを考えても、第3次産業のウエイトが極めて高いことを示している。

　すでにみたように、阪神・淡路大震災による復興需要7.7兆円のうち6.9兆円が被災地の外に漏出していた。実はこの主要な要因は、ソフト化した都市の経済構造が、ハード中心の災害復興需要を吸収することができなかったことによるのである。

❶労働市場における需給のミスマッチ

　このことを、震災後の労働市場から明らかにしてみよう。

　復興需要の増大に支えられて、被災地では新規の求人倍率を見る限りでは震災直後の1月には0.67であったのが、同8月には1.00となるなど、明らかな復興需要の効果がうかがえる。

　図17は兵庫県における有効求人倍率の推移を1989年水準を1として全国と比較したものである。震災前から兵庫県の求人倍率は全国と比較して低い水準を保っていたが、震災から2年間ほどはむしろ全国との差を縮めるように求人倍率が伸びていることがわかる。1997年以降は漸減傾向であるが、これは全国的に不況が深刻化した影響を強く受けていると思われる。

　しかしながら、有効求人倍率とは、単に求職者と求人数の比率で求められるもので、必ずしも雇用の状況を正確に表しているわけではない。そこで、正規の雇用契約を結んでいる労働者の数を表す雇用指数で見ると（図18）、むしろ被災地における状況は震災後ほぼ悪化の一途を辿っており、全国水準との乖離が進んでいることがわかる。

　すなわち、被災地では、震災復興過程において求職数が増大したことによって有効求人倍率が上昇するものの、それが被災地の正規雇用の増加には必ずしも結びつかなかったのである。

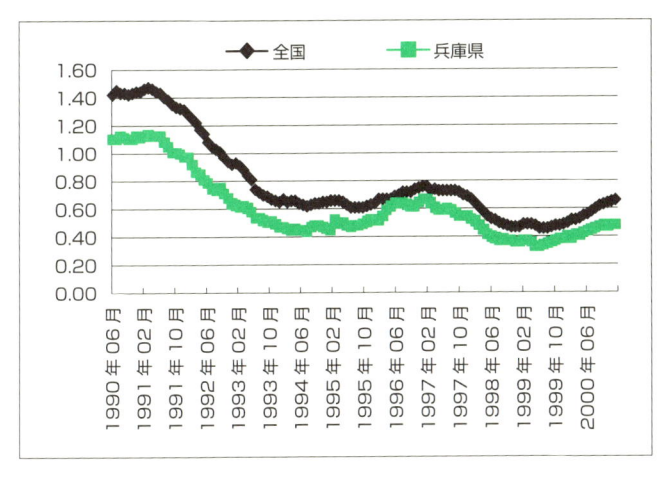

図17　有効求人倍率の推移
(出所)　兵庫県統計課「毎月勤労統計調査」

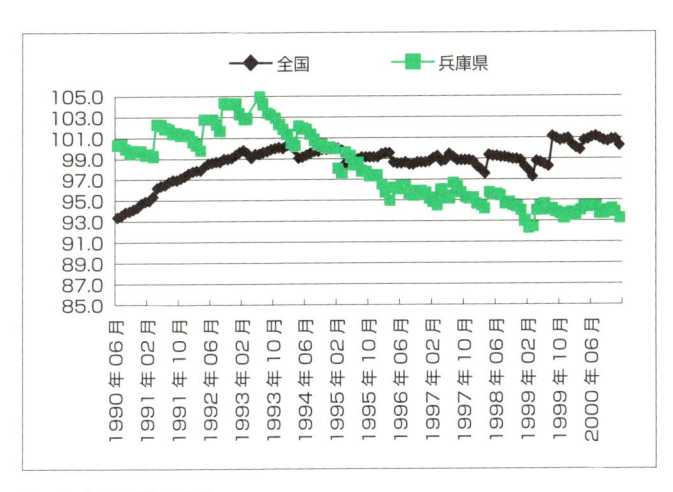

図18　雇用指数の推移
(出所)　厚生労働省

❷肉体労働と事務労働との需給ギャップ

　この理由は、結局のところ、求人と求職の間にミスマッチがあったからという他はない。このミスマッチには、求人が若年層中心であるのに対して求職が中高齢者中心であるなど年齢によるもの（杉村 1999; 林・永松 2000）や、

パートタイム労働と正規労働など雇用形態による需給ギャップ（中谷1997）も指摘されているが、これらはいずれも被災地に限らず当時の日本経済全体にあてはまる問題であったといえる。むしろ被災地において特徴的であったことは、職種によるミスマッチ、すなわち肉体労働と事務職とのギャップなのである。

1997年8月時点において、被災地内における建設職の求人数は361あったのに対して、求職数は191と実にその求人倍率は1.89にも上った。それに対して事務職は762の求人に対して4864もの求職があり、倍率はわずか0.22に過ぎなかった。こうした数字を用いて杉村（1999）は「大都市圏である被災地は、もともと非現業職従事者の多い産業構造である。事務職から現業職への転換は体力・技能・心理の面で容易なことではない（p.123）」と述べている。

横山（1995）では具体的に求人を増やした産業が列挙されている。1995年8月の段階での産業別求人数対前年同月比は、管理的職業（－64.3％）、食料品製造職業（－46.7％）について大幅な減少が見られ、増加した主要な産業は、土木・舗装（＋112.7％）、ゴム皮革（＋85％）、建設（＋59.8％）、技術者（55.3％）、飲食調理（＋40.7％）、金属加工（＋36.9％）、運輸通信（＋34.1％）となっている。復興需要を強く反映したものとなっている一方で、一般事務職については明らかな過剰傾向がうかがえる。

❸復興需要と労働需要

復興需要がほぼ一巡したとみられる、震災から2年後の労働市場について見てみよう。1997年度の求職数を対前年度比でみると、建設業（－20.8％）、製造業（－7.7％）、小売業（－7.2％）、金融・保険・不動産業（－18.7％）・通信業（－8.9％）といずれも求人数を減らし、わずかにサービス業（2.4％）だけが求人を伸ばしている。特に建設業については落ち込み幅が大きく、震災から2年経過して復興関連の公共事業が減少したことを反映したものとなっている。

❹政府による雇用対策とその効果

これらの雇用問題に対してはいくつかの対策が行われた。杉村（1999）がまとめた雇用対策の主要なものは次のとおりである。

第一に雇用維持対策である。国費による雇用調整助成金の特例適用が行わ

れた。同趣旨の制度として雇用維持奨励金が兵庫県によって設けられた。

第二に離職者（失業者）対策である。具体的には失業給付の特例支給が行われた。また雇用促進のための特定求職者雇用開発助成金の特例措置が行われた。さらに復興基金によって、被災者雇用奨励金および震災失業者雇用奨励金の両制度も設けられた。

第三に、その他の対策として、例えば内定取り消しのための対策として雇用調整助成金の特例的適用、生産能力開発給付金の特例的支給などが行われた。

以上はいずれも既存の制度を拡張したものであるが、第四は阪神・淡路大震災に関して新規に立法された就労促進特別措置法である[57]。この法は被災地域における公共事業について、被災失業者の雇用を一定割合（無技能労働者について4割まで）を義務付けるものである。しかし、この法律に基づいて雇用された被災者は1996年2月まででわずか30人弱であった。「罰則が伴わないために実効性が弱く、実際には請け負った業者が採算と効率性の観点から自由に雇用管理を行っている…（中略）…土工、人夫、雑役など無技能者、簡単な仕事に職種限定している」などがその理由であるとする（横山1995, p.33）。

しかし、本質的な理由は、すでにみたような労働需給のミスマッチにある。求人内容が肉体労働などが中心であったのに対して、被災者は主に事務系の職を求めていた。つまり、罰則がないから被災者が雇用されなかったわけではない。そもそも第三次産業を中心とした都市経済において生じた事務系の失業者を、復旧事業で生じる肉体労働で吸収しようという発想そのものに無理があったのである。

仮にこの法に罰則規定があって、それで多くの被災者が公共事業に従事したとしよう。しかし、それは本当に望ましいことなのであろうか。復興需要はすでに見たように短期的なものであり、その後に控えているのは急激な需要の減少である。

このような事例が示すことは、ソフト化した産業構造においては復興需要に頼った経済復興は持続可能ではないということである。事務職の被災者に対して肉体労働へと就労形態の転換を迫ることは、被災地の産業構造を昔のそれへと逆転換させることを意味する。そのことは被災地経済の将来にとっ

---

57 正式名称は「阪神・淡路大震災を受けた地域における被災失業者の公共事業への就労促進に関する特別措置法」（平成7年3月1日公布）である。

てむしろ悪影響をもたらす可能性すらある。被災地の雇用問題については根本的に違った発想を持たなければならない。その点については後述する。

4……グローバル化と経済復興

最後に問題となったのは、グローバル経済の影響である。震災によって被災地の経済活動が停滞すると、世界規模で競合的な関係にある他地域に需要を奪われ、急激に被災地の産業が衰退するという現象が発生する。

❶グローバル化する港湾ビジネスと神戸港の被害

その代表例の一つが神戸港である。神戸港は、かつて阪神工業地帯を後背地として、そこで生産された機械製品などを輸出する重要な役割を担っていた。

しかしながら、1980年には世界第3位のコンテナ取扱量を誇っていた神戸港は、1993年の時点ですでに香港、シンガポール、高雄、釜山などの後塵を拝し6位とその地位を下げていた。震災後は国内他都市にも抜かれ2003年時点で世界32位まで落ち込んでいる。このような凋落の原因の背景にはグローバル化した港湾ビジネスがある。

もちろん、神戸港の被害の大きさが直接的な引き金になっていることは言うまでもない。神戸港の被害は実に1兆円と見積もられており、その被害は甚大であった。機能停止に陥ったバースは公共186、私設53に及ぶ。コンテナ埠頭では荷役用の移動クレーン、ガントリークレーン55基すべてが使用不能になった。そして、これらの施設復旧と貨物の復帰には、長期の時間を要している。

しかしながら、1995年10月には震災前の3分の1の能力が回復している。しかも、実質的には震災前の4分の3程度の取り扱い能力に達していたと言ってよい。なぜなら、神戸港の施設稼働率はもともとアジアの主要港に比べて低かったからである。すなわち、神戸港に貨物が戻ってこないことの理由は港湾施設の復興が遅れたことだけが原因ではない。

星野（1997）や青木（1999）によれば、港湾ビジネスは規模の経済性が働き、もともと国際競争が激しい分野であるという。その中で神戸港がその地位を低下させた理由は、以下の通りである。

第一に、アジア諸国の港湾が、24時間稼働体制を整備し、かつ大型の船舶が停泊できるほどの水深を備えるなど、港としての機能を強化させたことによって、ハブ港としての機能を神戸港から奪ったことが挙げられる。

第二に、日本の製造業が当時の円高により製造拠点を海外にシフトさせる、いわゆる「産業の空洞化現象」が進行したことや、国内の不景気により輸入が伸び悩んだことが挙げられる。

第三に、アジア通貨危機により東南アジア向けの輸出がふるわなかったことなど、国内外の経済環境が大きな要因になっている。もともと全輸出のうち半分以上をアジア向けに行っていた神戸港は、東アジアとの結びつきが強い港であったが、通貨危機による猛烈な調整圧力によってこれらの国々はすべて経常黒字に転換することとなった。これにより東アジアへの輸出は大きく落ち込むこととなり、1998年10月の速報では、アジア向け輸出は－24.3％と極端に落ち込んだのである。

❷ケミカルシューズ産業

ケミカルシューズとは、ゴムやプラスチックなどを主たる素材とした、比較的安価な靴についての総称である。

ケミカルシューズは、かつての日本にとって主要な輸出品であり、1968年頃の生産金額は世界全体の80％という圧倒的なシェアを誇っていた。その日本の中でも、神戸は長らく最大の生産拠点の一つであった。長期的には衰退傾向にあったとはいえ、神戸市における主要産業としての位置づけには代わりはなく、例えば長田区と須磨区における製造業・小売業・卸売業の従業者のうち、ほぼ3分の1から2分の1が、ケミカルシューズに関係していたという（吉田 2001）。

神戸市長田区に集積するケミカルシューズ産業の復興に関して多くの関心が払われたのは、地場産業としての重要性に加え、その被害が極めて甚大であったことによる。公的な調査はないものの、日本ケミカルシューズ工業組合が発表した数字によると、組合加盟の神戸市内192社のうち、158社が全半壊・全半焼であり、関連企業約1600社のうち約80％が全半壊、または全半焼の被害を受けているといわれ、被害総額は3000億円にのぼるという。これだけ被害が大きかった理由は、ケミカルシューズを製造する過程において必要なシンナー・ガスに何らかの理由で引火したことによって火災が多く発生したからである（三谷 2001）。また、後に述べるようにケミカルシューズ産業は狭い地域に集積していたということも被害を大きくした理由のひとつであると思われる。

また、関（2001）によれば、長田区のケミカルシューズ産業は大都市にお

けるインナーシティの典型であり、そうした観点からの重要性をいくつか示唆している。すなわち「住商工の混在を特色としているインナーシティでは、安価な貸工場などによる創業環境の提供、幅の広いサポーティング・インダストリー、家庭内職などの存在により、地域的なレベルでの『インキュベーター（孵化器）』が用意されている」と指摘する。

「後家さんの街」と形容されるように、「何かの特別の理由で単身となった婦人が安価な住宅を借り、努力して優秀なミシン工にでもなれば生活に不安のない街」でもある。このように、脆弱ではあるが低廉な家賃の住宅と貸工場が密集していることで、このような地域では非常に小さな元手でも起業できたのである。皮肉にも、長田区のケミカルシューズ産業は、こうした災害に脆弱な構造ゆえに、地域の活気が生まれていた側面も否定できない事実である。

神戸市全体のケミカルシューズ生産は1990年に生産額ピークを迎えるが、その後は震災前から減少傾向にあった。1960年代半ばごろまでは輸出志向産業だったのが、香港・台湾などの途上国製品の登場により、価格競争力を失い内需志向型へと構造転換が行われた。1980年代にはこの構造転換は完了し、今度は台湾・香港・韓国および中国などの製品が輸入されることとなった。1985年のプラザ合意による不況と円高によって輸入が急増することになり、今度は舞台を変えて海外製品との競争にさらされることになった。このため長田区のメーカーは価格競争からの脱却を図るために、より付加価値の高い製品（天然皮革の靴など）の生産へと転換する動きがみられた（吉田 2001）。足塚・加護野（1997）によれば、「業界は成熟から衰退の時期を迎えつつあった（p.66）」のである。このような時期に阪神・淡路大震災が発生したことで、1997年には生産金額はピーク時の半分以下に落ち込んだのである。表15にこうした長田ケミカルシューズ産業の生産動向の推移がまとめられている。

今日では、長田区のケミカルシューズ産業は、生産高についてはおよそ震災前の80％程度まで回復している。しかし、関連事業所数は60％、従業員数については50％しか回復していない[58]。単位事業所当たりの生産額を増やし、高付加価値化を進める一方で、本社を長田におきながらも、生産拠点を海外に移すなどによって事業を継続している事業所もある。

---

[58] くつのまちながた神戸株式会社調べ（2007年9月）。

表15 生産数量などの推移

	生産数量(万足)	生産金額(百万円)	備考
1965	7,613	20,902	統計開始
1969	10,402	45,255	生産数量ピーク
1971	9,883	53,257	ニクソンショック
1973	6,052	52,041	第1次オイルショック
1978	4,474	75,315	第2次オイルショック
1985	4,740	77,766	プラザ合意
1990	4,475	86,588	生産金額ピーク
1994	3,131	65,987	
1995	1,416	28,514	阪神・淡路大震災
1996	1,626	36,535	
1997	1,687	41,694	
1998	1,851	45,878	

(出所:三谷 2001)

このような現状をどのように考えればよいのだろうか。ケミカルシューズ産業の高付加価値化をもたらしたという意味では、実は評価されるべきことでもあろう。他方で、地元の雇用機会が失われ、職を失った人々も少なくないことは、図18で被災地の常用雇用指数が凋落していった事実からも容易に想像できる。ただ、ここで指摘しておきたいことは、グローバル化した社会における災害は、その地域に対して否応なく産業構造の転換を迫るということ、そしてその圧力に対して変革を拒み災害前の社会の状態をかたくなに維持しようとすることは、おおよそ不可能であるという事実である。

5………被災都市経済のモデル

これまでの議論を参考に、巨大災害により被災した都市経済がどのようなプロセスを辿るのかについて、簡単なモデルとして示したのが図19である。

災害により企業の生産設備や社会資本などのストックが破壊されることにより、供給側のフローの生産能力は低下する。このストックの被害が直接被害と呼ばれ、生産能力の低下によって発生するフローの被害は間接被害と呼ばれているということは、すでに論じた通りである。

しかしながら、これまで論じてきたところによると、災害による経済的問題はこれだけにとどまらなかった。特に、被災地からの人口流出は被災地における消費水準を減少させた。住宅を失い、預貯金を切り崩し、大きな負債

---

59 ただし阪神・淡路大震災のケースでは、マクロ的にみれば、被災地における家計の預貯金残高は低下しておらず、むしろ増加している。負債についても預貯金残高の増加ほどには増加していない。義援金や保険などの移転所得を考慮しても、この増加理由は必ずしも明らかではないが、近畿全体における家計保有株式が震災直後に減少していることから(1)債券から貨幣への資産シフトが発生したこと、(2)親族間や企業内での見舞金など、観察されない移転所得が相当額発生したこと、などが理由として考えられる(永松 1999)。

を抱えた被災者は消費水準を切り詰めた可能性もある[59]。災害直後に被災地外部から大量に送られる義援物資や無償の労働などによって、被災地経済の需要が奪われる「贈与経済」が発生した。さらに、被災地に発生する建設需要を中心とした復興需要についても、その多くが被災地外部の事業所によって実施されたり、さらに被災産業が停止することによって、当該産業のマーケットシェアが他地域の産業に取って代わられ、被災地における需要は減少することになる。すなわち、災害による経済被害とは、必ずしも供給側のみに起因するものではない。むしろ、阪神・淡路大震災においては、需要側に起因する問題が少なくなかったのである。

需要と供給が同時に縮小することは、被災地経済が縮小均衡へ向かうことを意味する。すなわち、被災地の需要が減少すれば、生産者は被災地の市場から退出せざるを得ない。そのことは被災地の雇用を減少させ、それがまた被災地の人口減少に繋がっていく。また雇用は維持されても所得水準の低下により、被災地の需要が減少することもあり得る。これらはいずれも、被災経済における更なる需要の低下をもたらす。このようにして、被災した経済は負のスパイラルに陥るのである[60]。

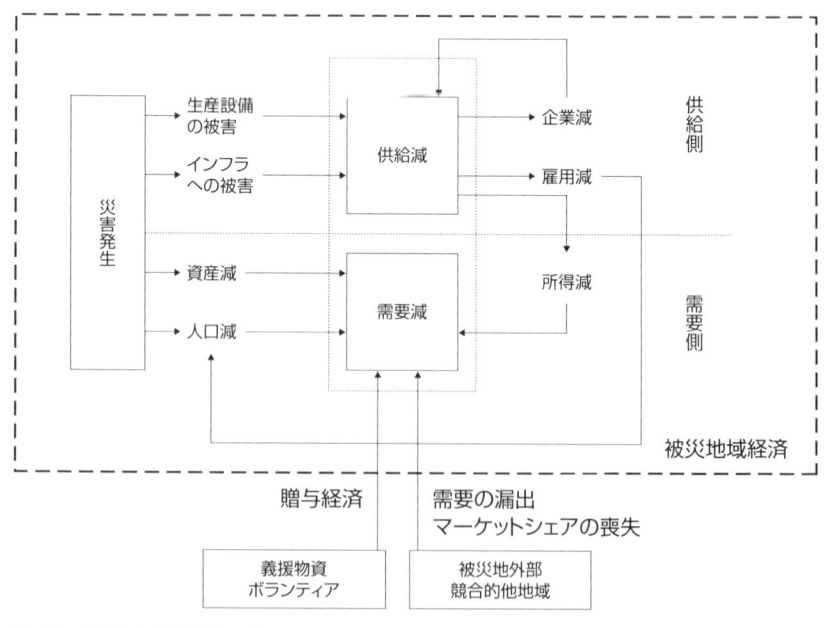

図19 被災した都市経済モデル

災害対応と経済復興のトレードオフ

　そもそも、都市経済とは、産業や人口の集積によって様々な需要が生じるところに、新たな産業が生まれ、雇用が発生し、その雇用を求めて人々が集まる、といった集積の循環によって成立している。したがって、巨大災害からの経済復興において何よりも重要なことは、このような集積の循環を取り戻すことにつきよう。

　ただしこのことは容易ではない。例えば、政府が想定している首都直下地震からの経済復興について考えてみよう。最悪のケースでは、住宅は48万棟が倒壊する。そして460万人が避難所生活を強いられることとなる。ライフラインも満足に機能しない中、これらの被災者をどのように支援するのかは悩ましい問題である。

　多くの被災者は仮設住宅を必要とするだろう。しかし、それらの建設用地を確保することは、首都圏では並大抵のことではない。同時に8800万トンのがれきも発生すると想定されており、これらを処分しないかぎりは復旧・復興に向けた動きも困難である。結果として、阪神・淡路大震災と比較しても、避難生活の長期化、環境悪化は避けられない可能性が高い。

　この問題に対しては、被災者がいったん首都圏を離れ、疎開生活をすることが最も単純な解決策の一つである。否、政策当局が望むと望まざるとに関わらず、被災地における環境悪化は、必然的に多くの被災者に対して被災地を離れる決断を迫ることになるであろう。そのことは、被災地における被災者支援ニーズを大幅に減少させることとなり、災害対応にとっては有益な側面も多い。

　しかし、被災地からの人口流出は、これまでみたように被災地の経済復興にとってはマイナスの要素が大きいのである。しかもいったん離れた人口が再び回復するという保証はない。すでに日本の総人口は減少しはじめており、地域経済にとっては現在の人口を維持することすら困難な時代である。

　またすでにみたように、迅速な復旧・復興のために災害復旧のための資源調達を被災経済の外部から行うことも、災害対応を迅速かつ効率的に実施する上では効果的だが、その反面、復興需要の漏洩という問題をもたらす。つまり、災害対応を効果的・効率的に行おうとすれば、それは地域経済にとっ

60　林宜嗣（2005）は、「兵庫県の産業構造の特徴を見ると、サービス、金融・保険、卸売・小売といった90年代に比較的高い成長を遂げた産業の特化係数が低く、製造、鉱業といった成長性の低い産業の特化係数が高くなっている。」と指摘し、製造・鉱業の不振が、地域の雇用量を低下させ、それが飲食業などの関連産業へと波及し縮小均衡に陥っているとの見方を示している。

てマイナスとなるというトレードオフが存在するのである。

6………供給側の課題──事業継続（BC）の有効性と限界

　阪神・淡路大震災は、その被害の甚大さに加え、それがバブル崩壊後の日本経済の長期低迷期に発生したという点において二重の不幸を被った。しかしながら、阪神・淡路大震災の経済復興の困難さは単に我が国が不景気だったことによるものと考えてはならない。阪神・淡路大震災からの経済復興を阻害した三つの要因、すなわち経済の低成長化、ソフト化、グローバル化はいずれの先進国においてもあてはまるものであり、今後もその傾向は続くと考えるべきであろう。すなわち、災害による経済停滞とその後の復興の困難さは、先進的都市経済に潜む新たなリスクとして捉えられるべきなのである。

　そしてこのことは、今後の災害対策において、経済的分野における予防的措置の重要性を強く示唆しているといえる。災害による経済活動をできる限り止めない、不幸にして止まったとしてできる限り速やかに回復させ、被害を最小限に食い止めるための事前の対策が極めて重要になってくるのである。そのための戦略について以下論じて行きたい。

　最近、官民を挙げて事業継続計画（BCP）の作成を推進する動きが高まりつつある。事業継続計画とは、危機発生時に当該事業所の事業を一定の許容レベル以上に継続すること、また一定の許容期間内に事業活動を回復することを目的として、継続すべき重要業務の選定や、目標復旧時間の設定、それらを達成するために必要な代替設備、原料等の代替調達先の確保などについて取りまとめたものである。もともと、BCPは米2001年9月11日の同時多発テロをきっかけとして、欧米企業の危機管理手法として注目され、普及してきたものである。我が国では、テロ対策としてよりもむしろ防災対策の一環として普及しつつあり、内閣府によるガイドラインが2005年に発表されている。IT事故を想定した企業の事業継続については経済産業省が、中小企業を想定した事業継続については中小企業庁がそれぞれガイドラインを定めているが、BCPは事業継続を脅かす様々なリスクに一元的に対処しようとするものであり、将来的には統合されていくことと思われる。

　BCPの特徴の一つは、継続すべき重要業務を特定し、その他の業務についても目標復旧時間を定め、それらにコミットすることである。従来であれば「できる限り早く」営業を再開することになっているのを、例えば「3日以内に再開する」とコミットすれば、取引先企業や顧客は、災害時にはその

3日間を乗り切ることを計画すればよいことになる。例えばその間の代替手段を確保したり、在庫を常に3日分持つなどの対策を取ることが可能になる。このようにBCPの普及は災害時の経済活動に予見可能性を与え、取引の安定化に大きく寄与することが期待される。経済活動の全面的な停止を回避することも期待され、その意味では経済被害の軽減には一定の有効性があろう。

❶減災政策におけるBCPの限界

しかしながら、BCPについて過剰な期待は禁物である。減災政策の観点から見た場合、BCPの普及促進による経済被害の軽減については次のような留保をつけることが重要である。

合成の誤謬

第一に、BCPを持つ企業間でのリソースの競合である。社屋の応急危険度判定には、建築士などの技術者が必要となる。エレベーターの再開についても同様に技術者が必要である。多くの被災事業者が同時に彼らを必要とするのである。原材料の代替調達先についても、生きている事業所に集中して必要量の供給が困難になる可能性がある。これらの深刻さは全体的な被害の大きさに依存するが、どのように調整するかは重要な問題である。このようなリソースの競合は、すべての事業者がBCPを作成し運用したときに、必ずしも社会全体として経済活動が継続されるとは言えないという、いわゆる「合成の誤謬」が生じる可能性があるという点である。

事業所の私的重要業務と社会的重要業務の乖離

減災政策におけるBCPの問題は、個々の企業が考える「重要業務」（コラム「BCPとは」参照）が社会的にみた場合の「重要業務」と果たして一致するのか、あるいはその一致をどのように担保するのかという問題である。

前述の例によれば、ビルの安全点検やエレベーターの復旧の順番を、純粋に建設会社や管理会社の裁量に任せてよいのかという問題がある。建設会社や管理会社は経営的にみて最大かつ最重要な取引先の復旧を優先することが想像されるが、その結果大企業のオフィスビルの復旧が優先され、医療施設や大規模な集客施設など人命に直接関わる危険性が高いところの復旧が後回しになる危険性も生じる。これは極めてわかりやすい例であるが、複雑な取引関係を通じて、ある企業の事業継続のためにやむなく停止させた業務が、思わぬ社会的影響を及ぼす可能性も否定できない。

このため、特定の地域単位でどの地区やどのサービスを最優先に復旧させるかという、地域を単位とした事業継続計画（DCP: District Continuity Plan）という考え方も最近生まれてくるようになったが、これをどのように推進していくかは大きな政策課題であろう。

地域経済復興に与える悪影響

BCPは、また被災地域の経済復興に対して悪影響を及ぼす場合があることを認識しておく必要がある。企業にとっては、事業継続の手段として、被災事業所の廃止など、被災地から撤退するという決断をすることもあり得るからである。

需要側に起因する業務停止の問題

繰り返すが、災害時に生じる経済的問題は供給側だけの問題ではない。需要が減少する、あるいはそもそも無くなるといった事態に対してどう備えるかというのは、被災地を主要なマーケットとして活動している事業所にとっては最も重要な課題となる。

基本的にBCPとは、事業所の供給力を継続するための取り組みである。したがって前提にあるのは、顧客は引き続き事業所の生産する財やサービスを需要しているということである。製造業のように全国規模のマーケットで事業を展開している企業であれば、事業所が被災してもマーケットそのものには影響がないと考えられるので、このような前提は成り立つであろう。しかし、被災地を主要なマーケットとしている中小規模の商業やサービス業については、そもそも顧客がいなくなるという事態にどう備えたらよいのか。これはBCPの普及では解決できない問題なのである。

7……需要側の課題——災害時の需要の被災地内部からの調達

BCPの普及は、マクロ的な経済の安定化を図るためには極めて重要なものであり、その普及を促進していくことは、減災政策上の重要課題であることは間違いない。しかし、その一方で、需要側に起因する問題の解決のためには、違った観点からの対策が求められる。具体的には災害対応によって生じる様々な財・サービスの需要をできる限り被災経済内部から調達するための仕組みを整備することが必要である。

このような発想は、国際的にはすでに広く認識されるに至っている。例え

ば、国際赤十字社の「世界災害報告」2001年版では、持続可能な地域の復興のために地域経済から被災者の収入機会の「漏れ」を防ぐことの重要性を訴えている（IFRCRCS 2001）。また、被災者に直接物資を配給するのではなく、復旧事業に被災失業者を雇用し、その対価として現金を支給することで地域経済の早期復興を狙った「労働対価による支援プログラム（Cash for Work programme）」が開発され、2004年インド洋津波災害の被災地であるバンダアチェで一定の成果を挙げている（Doocy et al. 2006）。

しかしながら、復旧事業に被災者を直接的に雇用する手法を、我が国を始め先進国や大都市において適用することには限界がある。すでにみたように、今日の我が国の地域経済は、単純に復興需要で経済全体が潤うような産業構造にはなっていない。そもそも肉体労働に従事することを希望する労働者は極めて少ないし、労働者に業種転換を迫ることも長期的視点からは持続可能ではない。

また仮に地域の建設業のみで復旧事業を実施しようとすれば、それには非常に長い期間がかかってしまう。これもすでにみたように、グローバル化した経済においては、復旧に遅れが生じることも地域の産業にとって致命的である。したがって、地域資源の活用を、災害復旧事業のみに限定して考える発想は、もはや現実的ではないといえよう。

ここで主張したいのは、今日の災害対応に必要な業務というのは、ハードの復旧だけではなく、ソフトな業務がむしろ膨大になっているということである。被災者生活再建支援制度は、平成19年の制度改正で大幅に簡略化されたとはいえ、義援金や見舞金なども含めると被災者支援の施策は膨大であり、それを受給するための手続きも様々である。特に高齢者を中心として、これらを支援したり、相談に乗ったりするような業務ニーズは、以前にもまして増大しているはずである。これらの事務作業などを被災失業者に開放すれば、被災者の雇用機会を増やすことに繋がると同時に、被災者支援の質の向上にも繋がる。そして失業被災者を採用する際にコンピュータの技術指導を組み込めば、それは就労支援にも繋がる。このような方法は米国の災害対応においては当たり前に行われており、我が国も真剣に見習うべきであろう。

❶弁当プロジェクト

被災事業者の需要創出のための具体的事例として「弁当プロジェクト」を紹介したい。「弁当プロジェクト」とは、災害発生時に被災した地元業者な

どが連携して、ライフライン企業、ボランティアなど外部からの応援で被災地にやってくる人や、避難生活をしている被災者向けに、食事を弁当として提供する事業のことを指している（永松 2007）。このしくみの誕生の背景や、その後の発展について概観し、災害リスクと地域経済の関係について今後の対策のあり方を展望したい。

❷小千谷市における食料調達の問題

2004 年 10 月 23 日に発生した新潟県中越地震の被災地である小千谷市では、地震発生からおよそ 2 週間後の 11 月 8 日から、市内の避難所で生活する被災者の食料として 8000 食の弁当を市内業者によって供給しようという活動がはじめられた。

それまでは、新潟県の災害対策本部に必要食数を連絡し、被災地外で製造された弁当が小千谷市に届けられる仕組みになっていた。しかしながら、新潟県はすべての被災市町村に対して食料供給を行っているため、その調整如何によって小千谷市について必ずしも十分な個数が確保できない事態が生じた。新潟県が調整するに当たっては、2 日前には必要個数が確定されることが必要だが、めまぐるしく変化する被災地の状況では、明日の弁当すら何食必要かを確定することは困難であった。

加えて交通事情が悪く、できあがった弁当は長距離を長時間かけて運ばれることとなった。10 月末から 11 月初めという晩秋の候とはいえ、一部では弁当から異臭がするなどの苦情が出始め、万が一食中毒など発生すれば、ただでさえ混乱している被災地にとって深刻な二次災害となることが懸念された。

❸被災地で弁当を作る

このため、食料調達を担当していた小千谷市会計課の職員が、日頃から付き合いのあった会席組合の組合長である仕出し業者に、地元で弁当が作れないかどうか打診した。しかし、8000 食という大量の弁当は、彼だけではなくどの業者であっても、単独で提供できる規模ではない。そこで彼は地元の鮮魚商組合の組合長に相談を持ちかけたのである。

弁当は単価も安く、決して儲かる仕事ではない。しかし組合員の中には店舗が全壊して路頭に迷っている人もいた。このままでは自殺するものも出るかもしれないと、組合長は、当面の仕事を仲間に確保することを最大の目標として、組合としてこの仕事を受けることを決めたのである。

この組合長の呼びかけに応じたのは23社であった。これだけの業者で8000食という弁当を製造するというのは決して容易なことではない。しかも当時はまだ市内8480世帯でガスの供給が停止しており、手を挙げた仕出し業者のうちガスが使えるのは、プロパンガスを使用していた二社だけであった。中には店舗が全壊して、製造場所すらない業者もあったのである。

　そこで組合では、弁当の製造工程を、火を使って煮炊きを行う工程と、それ以外の工程に分け、業者間で分業を行った。ガスが使える業者は朝の2時からひたすら揚げ物を行い、それ以外の業者は地方卸売市場である魚沼水産から冷凍食品などを購入し、それを箱詰めする作業を行った。店舗が全壊した事業者については、魚沼水産が催事用に持っていたプロパン設備や作業スペースを借用し、弁当製造に加わった。さらに、主食である米飯については、地元の大手米菓企業である越後製菓（株）が製造して提供した。

　こうして、8000食の弁当は無事小千谷市に納品され、被災者に届けられた。しばらくは、自衛隊や市職員ら、および弁当納入業者らによって避難所まで配送されていたが、一週間ほどしてからは（株）魚沼水産が、材料の仕入れだけではなく配送も行うこととなった。

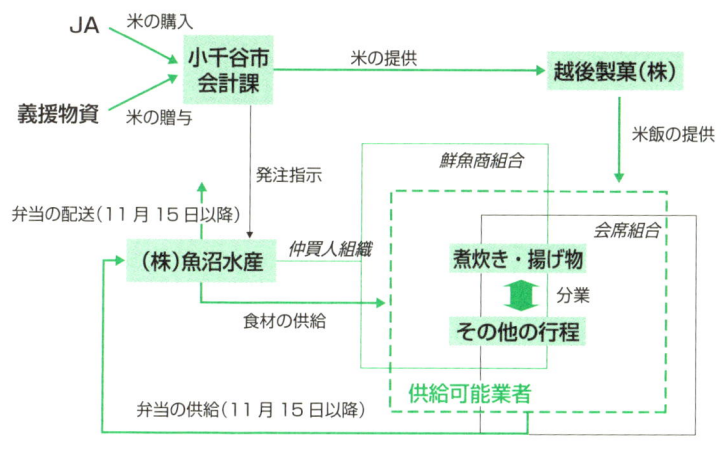

図20　小千谷弁当プロジェクトの構図

❹小千谷弁当プロジェクトの意義

　このプロジェクトの意義は次の二つにまとめられる。

　第一は、言うまでもなく、地元の業者に仕事を生み出したことである。数

千食単位の弁当が毎日地元業者に発注されることの経済効果は馬鹿にできない。参加業者のほとんどは、地震前に入っていた宴会や仕出しなどの仕事がキャンセルされ、年内は全く仕事がない状況であった。もしこの仕事がなければ、彼らの多くは無収入で過ごさなければならなかったのである。従業員を雇用している事業者も少なくなく、プロジェクトへの参加は、利益は生まなくとも、こうした従業員の雇用維持には非常に役に立っていた。

　第二に重要なことは、このプロジェクトによって災害対応の質が向上したという点である。弁当の製造から提供までの時間が短縮されたことで、食中毒のリスクを押さえることができたうえに、短期的な発注食数の変動にも比較的柔軟に対応できるようになった。単に地元に仕事を生み出しただけではなく、それが災害対応の質的な向上につながっているという点は無視できない事実である。地元資源を活用した災害対応が必要だとしても、それによって災害対応の質が低下するのだとすれば本末転倒だからである。

❺ 2007年新潟県中越沖地震——弁当プロジェクトの発展

　中越地震からおよそ2年半後、2007年7月16日に、柏崎市で震度6強を観測する地震が発生した。中心的被災地である柏崎市では、ほぼ全域でライフラインが停止し、最大で全人口の約10％にあたる9859人が避難所で宿泊する事態となった。この地震でも、これまでの災害と同じように、救援物資やボランティアが続々と押し寄せ、被災地の経済活動を阻害することが予想された。

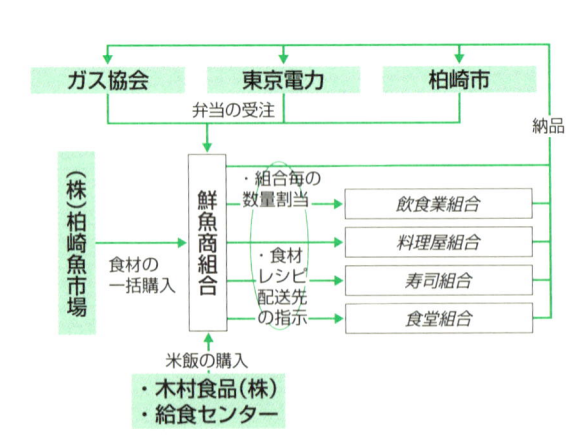

図21　柏崎弁当プロジェクトの体制図

前述のプロジェクトを実施した小千谷の鮮魚商組合は、自分たちのプロジェクトのしくみを柏崎に伝えたことによって、柏崎でも同様のしくみが立ち上がった。その体制が図21である。

　このプロジェクトも小千谷の事例と同様に、柏崎鮮魚商協同組合が一括して、大量の弁当を受注する体制を構築している。しかし、このプロジェクトには、小千谷の事例と比較して、二つの点で重要な進化があった。

　第一に、行政が発注する被災者向け弁当だけではなく、東京電力やガス協会などの復旧作業にあたる応援職員向けの弁当を受注することに成功したという点である。地元に仕事を作るという意味では、被災者向けの弁当である必要はなく、こうした応援職員向けの弁当であってもよい。小千谷は、行政からのニーズがあって初めてプロジェクトが成立したが、柏崎では、行政の災害対応とは全く関係ないところでスタートしたのである。

　もう一つの重要な違いは、全市を巻き込んだ体制を構築したという点である。小千谷のプロジェクトは鮮魚商組合のみで実施したのに対し、柏崎では鮮魚商組合を窓口として、寿司組合や飲食業組合、料理組合等、市内で弁当の製造が可能な業種組合のほとんどすべてが参加した。このことは、単に弁当の供給能力を拡大しただけでなく、弁当プロジェクトに公益的な性格を与えることとなった。最終的に、柏崎市も被災者向けの弁当の発注を行うこととなったが、それはこうした全市的な体制ができており、プロジェクトの趣旨——すなわち被災飲食業者の事業継続を図ること——が非常に明確になっていたからである。

❻市場経済を支える共同体の論理

　このプロジェクトは、災害時の事業継続の具体的手法として以上に興味深い点がある。すなわち、弁当プロジェクトは本章第4節で論じたように、被災した地域経済の仕組みを、贈与経済から市場経済へと移行させていく中間段階に当たる。すなわち、図12でいうところの「調整経済」の仕組みに該当する。そして、市場経済が通常、利己的な経済主体による自由な経済活動を原則としているのに対して、弁当プロジェクトの仕組みとは、利己的動機というよりは、むしろ平時から培われてきた組合加盟業者の連帯感や社会的使命感などに支えられたという点である。

　つまり、贈与経済は市場経済の機能回復を阻害するが、贈与経済の根っこにある社会的連帯感や相互扶助の規範は、市場経済を回復させる原動力にも

なるのである。この点は逆説的で興味深い。

　すでに我々は市場メカニズムが減災政策において必ずしも望ましい結果をもたらさないこと、またグローバル化が被災した地域経済の復興を困難にする傾向があることなどを論じてきた。しかし、市場経済とは、そうした負の部分によってその機能そのものが否定されるべきものではない。桂木（2005）は、市場経済を一つの道具として捉え、それを健全に機能させるという発想が重要であり、そのためには社会的連帯感や道徳的規範など共同体の論理が市場を牽制することも重要であるとの見方を示しているが、弁当プロジェクトとは、まさに市場経済を共同体の論理が支えることによって成立する仕組みであるといえよう。

❼共同体を支える市場経済

　また、共同体は市場経済によって支えられてもいるという視点も重要である。新潟県中越地震で被災した住民は、あるとき「我々が伝統を守っているのではない。伝統に我々が守られているのだ」と発言した。彼らが長年守ってきたニシキゴイの養殖技術や酒造技術、稲作農業などは、いずれも地域の伝統や文化、人々の価値観と表裏一体をなしている。製品そのものは市場で買うことができても、その技術の土台にある文化や風土、そしてそれを生産する人々の誇りまでは市場で買うことはできない。だからこそわれわれはこうした伝統的な財に心打たれ、それを価値あるものと感じるのである。そしてまた、市場経済が機能しているおかげで、被災地の生産物を遠く離れた地方から買ってくれる人々がいることも忘れてはならない。このように、市場と伝統的な共同体とは相互に補完しあうものである。

　すなわち、経済復興の鍵の一つは、いかに市場の論理と共同体の論理の補完関係を構築していくかにかかっている。極端な市場原理主義ではなく、また極端な共同体主義でもなく、相互の論理がお互いに支え合うときにこそ、健全な経済社会が実現するのである。災害をきっかけにそのような仕組みを構築することができれば、より個性溢れ、持続可能性の高い地域経済を構築することができるのではないか。経済復興のためには、政府による政策的介入ももちろん必要であるが、筆者が提案する減災政策においては、このような市場の論理と共同体の論理を有機的に補完させ、機能させていくことを主要な課題として提案したいと考えている。

COLUMN

BCPとは

BCPとは事業継続計画（Business Continuity Plan）の略称であり、災害や危機発生時における企業の事業継続のための計画を指している。

これまでも企業は消防法上の求めに応じて防火計画を作成したり、任意の災害対応マニュアルを整備しているところもあった。しかし、BCPが特にこうした防災計画と異なるのは、以下の諸点による。

第一に、企業の存続に関わりかねない重大被害を想定することである。すなわちBCPとは、被害軽減のための対応計画という側面ではなく、重大被害に直面した企業の存続戦略としての側面を有している。第二は、継続すべき重要業務の特定である。危機発生時にすべての事業を継続することはもちろん困難であるが、その企業の存在意義に関わるような業務を「重要業務」として特定し、その継続について万全の体制を図ろうとする。第三は、目標復旧時間の設定である。やむを得ず停止した業務についても、いつまでに復旧するという時間目標を設定し、取引先等に対して公約することが求められる。第四は、経営陣のコミットメントである。これまで述べたような性格を持つ計画とは、その企業の経営理念や社会的使命、経営戦略に深く関わるものであり、現場担当者のみによって作成され得るものではない。

我が国では、内閣府が平成17年（2005年）8月に「事業継続ガイドライン第一版」を公表した。また、平成17年（2005年）7月の防災基本計画改訂において、企業がBCPの策定に努めるべきことが記載され、国や地方公共団体が取り組むべきこととして、企業の防災力向上の促進が記載された。今日、企業防災、とりわけBCPの普及促進は我が国の防災対策上重要な課題として位置づけられている。

内閣府のBCPガイドラインの検討過程において、企業にBCP策定を義務づける仕組みも考慮されたが、実効性に疑問があるといった理由で最終的には企業の自主的な判断を促す方針となった（丸谷2008）。したがって、BCPの普及には、企業のBCPへの取り組みが市場で評価される仕組みを構築することが重要な政策課題の一つとなっている。例えばBCPを作成している企業がそうでない企業に比較して取引面で有利になったり、また保険契約において有利になるといった効果が現れれば、BCPの作成は経済的利益をもたらすものとして多くの企業が取り組むことが期待されるからである。

実際に、BCPは2006年5月よりISO（国際標準化機構）での規格化の議論が始まり、近い将来に規格化される見通しである。すでに国際的取引を行う企業にとってはBCPは必須とも言われているが、こうした企業と取引を行う国内企業にもBCPが求められることによって、国内でも普及していくことが期待される。

2005年3月福岡県西方沖地震

2005年3月20日に発生した福岡県西方沖地震（M7.0）における福岡市内での混乱は、BCPなど個々の事業所による対策の限界を露呈した災害であった。

福岡市は人口が年々増加しており、平成16年（2004年）4月の推計人口は138万人と、九州最大の都市である。その中でも最大震度6弱を観測した中央区には、福岡市内最大の繁華街である天神地区がある。天神は福岡市営地下鉄姪浜線、七隈線、西鉄福岡駅がそれぞれ接続し、加えて九州各地へと高速バスが発着するバスターミナルを有する九州の代表的交通拠点である。加えて大規模な商業施設が林立し、福岡県内に限らず九州一円からも買い物客を集め、その集客力は群を抜いている。

三連休の中日だった平成17年（2005年）3月20日は、いつも以上に多くの買い物客や観光客を集める予定だったに違いない。ほとんどの商業施設が開店し、レストランではランチの準備が整いかけ、街がようやく本格的に活動を開始しようとした午前10時53分、天神地区は何の前触れもなく震度6弱の猛烈な揺れに襲われた。

この地震では、施設のエレベーター内で閉じこめられた事例が67件発生した。それだけでなく、地震時管制装置により最寄りの階に自動停止したエレベーターも5848件あったという。このような事態に対処可能なのは、エレベーターの保守管理技術者のみであり、通常彼らはその施設に常駐しているわけではなく、メーカーごと、地域ごとに担当者が数名ローテーションを組んでサービスに当たっている。このため、震災などの影響で複数のビルで閉じこめが同時発生した場合、その救出にはかなりの時間が必要となる。例えば、社会的に見ても重要な施設であるはずの病院でさえ、エレベーターの完全復旧が夕方5時になったケースもある[61]。

このように、エレベーターの復旧という行為一つをとってみても、災害時に同時に対応可能な技術者は限られているために、多くの事業者で競合することによって、事業継続が困難になることが予想されるのである。

もう一つの問題として、この地震ではホテルや商業施設などに滞在する顧客の避難誘導の問題が生じた。避難誘導を行った理由の最も大きなものは、余震による二次被害の防止であった。このため、すべての施設では避難誘導後に一般の人々の出入りを禁止し、その結果、天神地区の数少ない広場の一つである警固公園には大量の帰宅困難者が滞留することになった。彼らは公園内に一か所しかない公衆トイレに長蛇の列をなすことになった。また近隣のコンビニでは食料がす

61　読売新聞朝刊（2005年4月19日）。

COLUMN

ぐに売り切れ、多くの人々が空腹にも悩まされた（図22参照）。

　しかし、この事例は商業地区の事業継続について重要な問題を提起している。そもそも、顧客を安全に避難させるということが本来の目的であったはずだが、避難のための空間が限られ、地域の商業施設相互の調整が全く行われなかった結果、大変な混雑をもたらしたということである。

　幸い天候も悪くなく、気候的にも猛暑期・厳寒期ではなかったことなどもあって、それほど問題が深刻化することはなかった。また高速バスを除く路線バスは運行を続けたこと、西鉄電車や地下鉄も午後には運行を再開したこと、などによって、帰宅困難者はまもなく解消した。このため、今回の災害対応で大きな注目を集めるほどには争点化しなかったが、一歩間違えば大変な事態となったことは容易に想像できる。

　このような問題については、個々の事業所がそれぞれに計画を持つのではなく、地域全体として来訪者の安全を確保するための、エリアマネジメントの発想が必要となってくるのである。

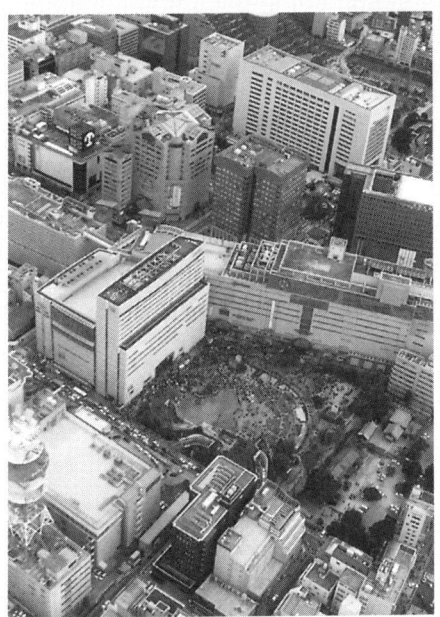

図22　避難者で混雑する警固公園
（出所　福岡市(2006)）

第6節 将来の巨大災害における経済リスク

　これまでの議論は、主に被災した地域における経済システムの問題に焦点が当てられてきた。一般的に災害は地域的現象であるから、これまでの議論は今後の災害に対して多くの示唆を与えてくれることになるであろう。

　他方で、第1章で紹介したような、政府が想定している巨大災害においては、阪神・淡路大震災を遙かに上回る被害規模となり、一国全体の経済活動に大きな影響を与えることが予想される。果たしてそれはどの程度、どのような影響であるのか、その結果どのような減災政策上の課題が存在するのか。マクロ的な視点からその一端を明らかにしてみたい。

1……災害復旧・復興のファイナンス

　災害復旧・復興過程において資金需要が発生するのは公共部門だけではない。民間企業も被災した生産設備の改修や再建のための資金を必要とする。もちろん、家計や非営利部門についても同様である。そしてそれらは様々な方法で復旧のための資金を調達している。災害復旧のファイナンスについて、それぞれの経済主体ごとの主要な資金調達手段を整理したものが表16である。ただし、この表には自己資金（貯蓄の切り崩しや資産売却）については含めていない。被害が軽微な主体については公的支援の対象に含められず、預貯金の切り崩しなどで対応しているケースも、実際にはかなりあると思われる。また、公的資金については、いくつか代表的なものを記載しているだけであり、すべての支援制度を網羅しているわけではない[62]。したがって、この表はあくまで復旧・復興資金のファイナンスの枠組みを概念的に示したものとして理解して頂きたい。

---

[62] 災害時に被災世帯や被災事業者が受けられる支援制度については、内閣府により「被災者支援に関する各種制度の概要」としてパンフレットにまとめられている。詳細はそちらを参照のこと。http://www.bousai.go.jp/fukkou/kakusyuseido.pdf

表16 復旧・復興のファイナンスの全体像

	公的資金		民間資金	
	無償(給付)	有償(貸付)	無償	有償
公的部門	・特別交付税 ・国庫補助 ・被災者生活再建支援基金	・財政投融資		・公債発行
家計部門	・生活再建支援金 ・災害弔慰金 ・利子補助 ・税の減免 ・復興基金	・災害援護資金貸付 ・災害復興住宅融資	・義援金 ・職場・親類からの見舞金	・借入 ・保険金
企業部門	・利子補給	・復旧資金貸付 ・雇用調整助成金	・親会社・系列会社等からの援助	・借入 ・債券発行 ・保険金
非営利部門	・助成金		・寄付	・借入

　さて、このようにしてみると、実際には復旧・復興資金のファイナンス手段は極めて多様であるということがわかる。例えば、被災者の生活再建のための資金調達は、第1章で論じたような生活再建支援制度だけではなく、地震保険もあれば、義援金もある。これらを総合的にとらえた制度設計が必要であるということは、すでに述べた通りである。

　ただし、義援金や見舞金の存在は、平時とは異なり災害復旧・復興過程のファイナンスにおける固有の特徴であるとも言えよう。阪神・淡路大震災において行政や赤十字社などによって受け入れられた義援金の総額は1786億円[63]と言われているが、これ以外にも身内や企業内、同業者組合間などで行われた見舞金などについては、その全貌はほとんど明らかになっていない。つまり表16における民間無償資金のなかでも、インフォーマルなものについては、実態はほとんど掴めていない。

民間資金と公的資金の関係

　復旧・復興財政の議論とは、もちろん、表16の公的部門に該当するものであるが、災害後に資金が必要なのは決して公的部門だけではない。この表に含まれるように家計や企業、非営利部門も財源を必要としている。もちろん、その財源には助成金や公的融資など、政府によって提供される公的資金も含まれるが、圧倒的なのは民間資金なのである。

---

[63] 平成11年10月31日現在の値。

すでにみたように、阪神・淡路大震災後復興活動における公的部門と民間部門の割合は、支出ベースで全体の約30％であった（表13参照）。ちなみに、平成12年度における国内総支出によれば、公的部門が占める割合は23.3％であるから、阪神・淡路大震災においては、復旧・復興の活動に占める公的部門の割合は平時に比べて増大したと言うことができる。

　しかし、それでもなお、復旧・復興活動の70％は民間資金によって行われているという事実を忘れてはならない。一国が一定期間内に利用できる資金量には限りがある。したがって、政府が災害復旧・復興のための支出を拡大させることは、民間資金を政府が吸い上げてしまうことに他ならない。具体的には、政府が災害復旧資金を調達するために公債を大量発行することで、民間の貨幣需要が逼迫し、そのことが市中金利の上昇となって、民間部門の資金調達のコストを上昇させる可能性がある。これを経済学では「クラウディングアウト」と呼ぶ。

　阪神・淡路大震災時は景気の後退局面にあり、政策金利も低く抑えられていたために、市中には十分な貨幣供給量があった。このため市中金利の上昇は発生しなかった。しかしながら、将来の巨大災害においては、復興財政が民間の復旧・復興に与える影響については十分な注意を払わなければならない。特に想定首都直下地震や東南海・南海地震など、予想される被害が甚大な場合は、公的部門の復旧・復興事業に優先順位を付け、数年に分散して行うような配慮が必要となる恐れがある。

2……今後の巨大災害における復興需要と資金規模の推計

　そこで、現在我が国で想定されている巨大災害において、どれだけの復興資金需要が生じるかを推計してみよう。実は、これはそれほど容易なことではない。

　なにしろ、阪神・淡路大震災の復興過程でどれだけの公的資金が投じられたのかについてさえ、必ずしも正確かつ詳細な把握がなされているわけではないのである。その理由は、どの支出内容が震災に関係しているかを明確に定義するということは必ずしも容易ではないことによる。例えば、多くの自治体では復興計画に位置づけられた事業を震災関連事業と定義しているが、何をどこまで復興計画に関連していると考えるのかについては必ずしも統一されたものはない。

❶先行研究とその課題

　そのような限界はあるものの、最も包括的な推計を行ったものとして、安田・内河・永松（2000）がある。これによると、震災発生から国・被災府県（大阪府・兵庫県）・被災市町村（災害救助法適用市町村）を含めた平成11年度（1999年度）までの純額（国庫による補助金・都道府県による補助金を控除した金額）を9兆7450億円と試算し、ほぼ被害額に匹敵する値であることが示されている。ただし、これらは国や各自治体から提出された震災関連経費資料を基に作成しているため、性質的分類が行われておらず、投資的経費か、その他の経費かといった区別がなされていない。このため、被災者や事業者への貸付金を、災害弔慰金などの直接的な現金支給も同等に足し併せている。また、兵庫県は、安田・内河・永松（2000）の推計対象に、国関係団体（都市再生機構、阪神高速道路公団、日本道路公団など）やJR西日本などの民間企業も含めた復旧・復興事業の総額について、平成16年度（2004年度）までの10か年で16兆3000億円であると発表している（林敏彦2005）。

　ただし、注意しなければならないことは、これらの値は、行政が「震災関連事業」として実施したものの合計であるという点である。言い方を変えれば、何を「震災関連事業」と行政が位置づけたか、という点に大きく依存している値なのである。

　ここでは、その定義の妥当性について議論するつもりはないが、次の事実については指摘しておきたい。すなわち、震災によって新たに必要となった資金需要としては、これらの数字は明らかに過大であるという点である。なぜなら、震災関連事業の中には、震災が無くても実施したであろう事業を震災関連事業として位置づけたものが少なくない。例えばもともと公営住宅の建設が計画されていたものを、事後的に震災復興公営住宅と位置づけた場合などがこれに当たる。また、優先順位が低いと判断された他の事業を中止して、浮いた一般財源を震災関連事業に充当したケースも当然考えられる。こうした事業の存在によって、震災後に新たに資金調達が必要となった金額は、前述の推計値よりもずっと少なかったと想像される。次の巨大災害への対応や実体経済への影響を考えるにあたっては、「復興関連事業」のラベルが貼られた事業費ではなく、追加的に必要となった資金規模を知ることの方が重要である。

　このような観点から、林・永松（2005）は将来の巨大災害による財政需要

の推計を行っているが、この推計は過去の災害として阪神・淡路大震災のデータのみに依存していることや、公的部門の資金需要のみを推計しており、民間部門を含めた復旧・復興活動全体の資金需要が明らかでなく、したがって復旧・復興活動が経済に及ぼす影響を論じるには不十分な推計となっている。

❷阪神・淡路大震災と新潟県中越地震の復興需要額の推計

そこで以下の推計では、これらの欠点を補うために、新たに新潟県中越地震のデータも考慮する。加えて、公的部門だけではなく、民間も含めた資金規模全体の推計を試みる。

さて、表13では、阪神・淡路大震災から5か年において、震災前年度を基準として追加的に生じた経済活動を復興需要と定義し、その値を求めた。ここでは同じ方法で、新潟県中越地震と阪神・淡路大震災とについて、震災から3年間を対象として復興需要を求めることとした。その結果が表17である。

3年間に議論を限定する理由は、公共土木施設災害復旧事業国庫負担法が定める災害復旧事業の事業期間は災害発生年も含めた3か年となっていること、またそれゆえに復興需要のほとんどがこの時期に集中していること、そしてまた長期間を対象とした推計は、様々な経済環境の変化の影響を受けやすく、誤差も大きくなりやすいことなどが理由である。

さて、表17によれば、新潟県中越地震の復興需要について公的部門が0.04兆円となっており、これはいかにも過小にみえる。新潟県における公的資本形成が長期的に下落のトレンドにあったことも影響していると思われるが、ここでの復興需要の定義に従った結果として、この数字を用いて以下議論を進める。

表17 震災前年度を基準としたGDE増減値(復興需要) 単位:兆円

	新潟県中越地震			
年度	2004年度	2005年度	2006年度	合計
民間部門	−0.02	0.11	0.36	0.45
公的部門	−0.02	0.11	−0.05	0.04
合計	−0.04	0.22	0.31	0.49
	阪神・淡路大震災			
年度	1994年度	1995年度	1996年度	合計
民間部門	0.14	1.47	1.96	3.57
公的部門	−0.14	1.01	0.86	1.73
合計	0.00	2.48	2.82	5.31

注)阪神・淡路大震災については表5から再掲。新潟県中越地震については、新潟県民経済計算より、2003年度を基準とした増減値を計算し記載した。ただし、2006年度については四半期別速報値(QE)を用いている。

ところで、GDP統計は付加価値額の合計であり、実際の支出規模とは異なる。そこで、付加価値から支出額への変換を行う必要がある。支出額は、それだけの支出を必要としたという意味で、復旧・復興活動のための資金需要と解釈できる。付加価値ベースの金額は、今後「復興需要」と呼び、支出額ベースの「復興資金需要」と区別する。

　2000年産業連関表によれば、総生産額に対する付加価値額の割合は、内政部門の全産業合計で54.17％である。生産額は支出額に等しいと仮定すればこの逆数を乗ずることによって、付加価値額から総支出額への変換が可能となる。その結果、新潟県中越地震について、公的部門と民間部門の総支出額すなわち官民合わせた復興資金需要は、それぞれ0.07兆円と0.83兆円、阪神・淡路大震災についてはそれぞれ3.19兆円、6.59兆円と求められる。

❸復興需要と直接被害額の関係

　さて、復興需要は、その災害の直接被害額の関数と考える。この関数を特定することができれば、将来の巨大災害の推計被害額を入力することによって、その災害における復興需要および復興資金需要を求めることができる。ただし、わずか二つの災害のデータしかないため、この関数型を特定するためには強い仮定が必要である。

　そこで、直接被害額と復興需要は正比例の関係があるということを仮定する。すなわち、復興需要のうち、民間需要をY_p、公的需要をY_gとすると、

$$Y_p = \alpha_p X \qquad \text{および} \qquad Y_g = \alpha_g X$$

という関係があるものと仮定する。ここでXとは災害による直接被害額を表している。

　直接被害額と復興需要が正比例の関係を取るという仮定を置くことの根拠は次の通りである。直接被害とはすでに見たように、資本ストックの被害である。復興需要は、一義的には破壊された資本ストックの被害を回復することで発生するはずである。安田・内河・永松（2000）によれば、阪神・淡路大震災の復興財政において、社会資本の復旧に投じられた資金の割合が、5年間で50％を超えているが、その割合は、地震発生から時間が経過する毎に小さくなっているという傾向がある。今回の推計は地震発生から3年に限定しているので、そこで生じる復興需要のかなりの割合が資本ストックの復旧などに用いられるものと考えて良い。そうすると、復興需要が被害額に比例すると考えるのはむしろ当然のことといえる。

また、例えば仮設住宅の必要供給戸数は喪失した住宅数に比例するであろうし、廃棄物処理も同様である。こうした災害復旧・復興事業に規模の経済あるいは不経済を仮定しないとすれば、復興需要が直接被害額に比例するという仮定はそれほど違和感のなく受け入れられるものであろう。
　ただし、ここで問題となるのは、阪神・淡路大震災や新潟県中越地震、あるいは今後の巨大災害の直接被害額の推計手法が統一されていないという点である。完全な統一は困難であるが、阪神・淡路大震災の直接被害額を他の被害推計と同じ方法で補正した結果、16.4兆円という値が得られたため、この値を利用して復興需要の推計を行うこととする（補論参照）。

❹推計結果

　さて、このような仮定のもと推計された復興需要関数が図23に示される。またそれに基づく大規模地震災害の復興需要およびその対GDP比、復興資金需要が表18に示される。

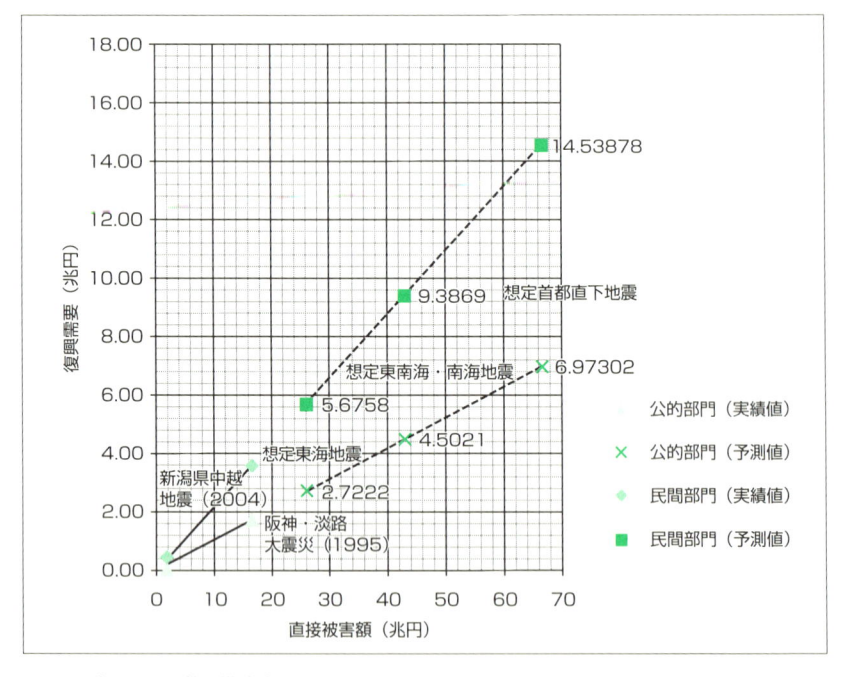

図23　復興需要関数の推計結果

表18 将来の巨大地震による復興需要および資金需要の推計

	新潟県中越地震			
	直接被害額(兆円)	復興需要(兆円)	対GDP比[6]	復興資金需要(兆円)
公的部門(Y_g)		0.04	0.01%	0.07
民間部門(Y_p)		0.45	0.09%	0.83
合計(Y)	1.6[1]	0.49	0.10%	0.90
	阪神・淡路大震災(1995)			
	直接被害額(兆円)	復興需要(兆円)	対GDP比[7]	復興資金需要(兆円)
公的部門(Y_g)		1.73	0.35%	3.19
民間部門(Y_p)		3.57	0.72%	6.59
合計(Y)	16.4[2]	5.30	1.07%	9.78
	想定東海地震(予測値)			
	直接被害額(兆円)	復興需要(兆円)	対GDP比[8]	復興資金需要(兆円)
公的部門(Y_g)		2.72	0.53%	5.03
民間部門(Y_p)		5.68	1.11%	10.49
合計(Y)	26.3[3]	8.41	1.64%	15.52
	想定東南海・南海地震(予測値)			
	直接被害額(兆円)	復興需要(兆円)	対GDP比[8]	復興資金需要(兆円)
公的部門(Y_g)		4.50	0.88%	8.31
民間部門(Y_p)		9.40	1.84%	17.35
合計(Y)	43.0[4]	13.90	2.72%	25.66
	想定首都直下地震(予測値)			
	直接被害額(兆円)	復興需要(兆円)	対GDP比[8]	復興資金需要(兆円)
公的部門(Y_g)		6.97	1.36%	12.87
民間部門(Y_p)		14.56	2.84%	26.88
合計(Y)	66.6[5]	21.53	4.21%	39.75

*復興需要とは付加価値ベース、復興資金需要とは支出額ベースの推計値である。
1)新潟県発表数値。
2)兵庫県発表値のうち、住宅被害を罹災証明ベース、非住宅建築物被害を再取得価格に修正した(補論参照)。
3)中央防災会議東海地震専門調査会「東海地震に係る被害想定結果について」(H15.3)予知なしのケース。
4)中央防災会議「東南海、南海地震に係る被害想定結果について」(H15.9)直接被害額最大のケース。公共土木被害は含まれていない。
5)中央防災会議首都直下地震対策専門調査会「首都直下地震の被害想定」(H16.11)。
6)2004年度名目GDP(498.49兆円)に対する比率。
7)1994年度名目GDP(496.49兆円)に対する比率。
8)2006年度名目GDP(511.88兆円)に対する比率。

　まず、推計された復興需要関数は、民間資金および公的資金のそれぞれについて

$$Y_p = 0.2183\,X$$
$$Y_g = 0.1047\,X$$

と求められた。自由度が1しかないので、統計的にはほとんど意味のある推

計ではないがやむを得ない。したがって、X に想定される被害を代入することによって、その災害によって必要とされる民間資金および公的資金が求められる。

ここでは、東海地震、東南海・南海地震、首都直下地震のそれぞれについて、最悪のケースにおける直接被害額を代入することによって、それぞれの災害における復興需要を求めた。これによると、東海地震で8.41兆円、東南海・南海地震において13.90兆円、首都直下地震において21.53兆円という結果が得られた。ただし、東海地震および東南海・南海地震については公共土木施設被害が被害額の想定に含まれていないため、その部分については過小推計になっていることは指摘しておきたい[64]。

さて、このようにして求められた復興需要の推計にはどのような意味があるのか。当然のことながら、極めて限られたデータでの推計であり、想定通りの被害が発生したとしても、実際に必要な資金需要にはかなりの誤差が生じるであろう。しかし、間違いなく断言できることは次の二点である。第一は、ここで想定された巨大災害の復旧・復興過程で必要な資金需要は阪神・淡路大震災を遙かに上回る数字になるであろうこと、そしてもう一つは、公共部門の財政需要以上に、民間部門も多額の復旧・復興事業とそのための資金を必要とするということである。

❺なぜ阪神・淡路大震災のマクロ経済への影響は小さかったのか

すでに論じたように、阪神・淡路大震災では復旧・復興過程において、物価の上昇や金利の上昇はほとんど見られなかった。その理由は、当時の日本経済は長期不況のまっただ中にあり、マクロ経済全体の生産能力に余裕があったことがある。阪神・淡路大震災当時（1995年第1四半期）、我が国の生産設備を完全に稼働したと仮定した場合のGDPと実際のGDPの差（GDPギャップ）は、日本銀行によれば潜在GDPの－1.9％、内閣府によれば－3.4％と推計されている。

もう一つは、阪神・淡路大震災の被害がマクロ的にみれば実のところ非常

---

64 なお、ここでの推計は阪神・淡路大震災以降の制度変更についてこの推計は全く考慮していないが、そのことは本推計にとって必ずしも本質的な問題ではないことを指摘しておきたい。なぜなら、例えば被災者生活再建支援法の創設は、政府部門の支出を拡大させるように思われるが、実際は民間部門への移転所得として計算される。しかも政府からの所得移転を受けたとしても、民間部門の支出がその分増加するという保障はなく、貯蓄の取り崩し額や借入を減少させたとすれば、トータルとしての復興需要額には影響がないと考えられるからである。もちろん、これは一つの仮説に過ぎないけれども、支援金が支給されたからと言ってかならずしも復興需要がその分増大するとは言えない。

に小さかったことが幸いしている。豊田・河内（1997）によれば震災から1年間の間接被害額は7兆2300億円、付加価値額に変換すれば3.9兆円程度に過ぎない。すなわち1995年度GDPのわずか0.78％に過ぎないのである。すなわち、余剰生産力を仮にGDPの2％、震災による生産力の低下をGDPの0.8％としても、1.2％の余剰生産力が経済に存在したことになる。

これに対して、阪神・淡路大震災の復旧・復興需要の規模は、表18によれば、3年間の累計でみても1995年度GDPの1.07％に過ぎない。すなわち、阪神・淡路大震災当時は、我が国の生産力が復旧・復興のボトルネックにはならない。ホービッチが説明するように、当時の日本経済の生産能力に余力があったため、阪神・淡路大震災からの復興過程において物価水準や金利水準を上昇させることもなかった（Horwich 2000）というのは、このような数字からも裏付けられる。

❻将来の巨大災害におけるマクロ経済への影響

ところが、今後想定される巨大地震災害ではこうはいかない。表18によれば首都直下地震による復旧・復興需要の対2006年度GDP比は、3か年で4.21％に及ぶ。加えて、首都直下地震による間接被害額は、中央防災会議による被害想定では45.2兆円、付加価値額に換算すれば24.48兆円である。つまり地震による生産力の低下は対2006年度GDP比で4.8％に相当する。つまり、首都直下地震により我が国の経済は、生産力が4.8％も減少する中で、3か年で4％強の復旧・復興需要増加に対応しなければならない。これは、阪神・淡路大震災を遙かに上回る規模であり、よほどの不況時でない限り、マクロ経済が超過需要に陥ることは避けられないであろう。

これらによって、復旧・復興事業が大幅に遅れる可能性や、復旧・復興事業の影響により全国レベルで物価の上昇や金利の上昇が発生する可能性が高い。またそれにより復興需要が一巡した後の我が国の景気や国際的競争力に対して悪影響を及ぼしかねない。

3………巨大災害によるマクロ経済シナリオ

これにより、日本経済はどのようなシナリオを辿るのか。巨大災害時の経済シナリオについてはこれまでにも様々な提案がなされているが（梶・塚越2007, p.69）（三菱総合研究所1995）、そのシナリオには政策変数が含まれていたり、それらについての前提条件が必ずしも明示されておらず、どの程度

の蓋然性をもって発生するシナリオかの判断が難しいという問題がある。そこで本書では、政策変数については取り上げず、マクロ経済理論に忠実かつシンプルなシナリオを提示したい。それは図24のようにまとめられる。

まず、直接的な効果としては、被害による生産力の減少と、復旧・復興のための投資需要の増大である。このことは、関東大震災で実際に起こったように、復旧・復興のための資材輸入を増大させ、経常収支の悪化をもたらす。

また、投資需要の増大は、当然のことながら金利の上昇と物価上昇の圧力をもたらす。同時に国内生産力の低下は、円安と株安をもたらすことが予想される。

しかし、上記はいずれも短期的な効果である。時間の経過とともに経済は均衡状態を回復しようとする。具体的には、国内の資金不足は海外からの資本流入によって補われ、結果金利の下落が予想される。ただし、これにより国内の通貨供給量は増大するため、国内物価への上昇圧力は高まる。

海外資本の流入によって、国内の復旧・復興投資が進むことによって国内の生産力が回復すれば、それは国内物価を低下させる。また、輸出が再び拡大することによって経常収支は改善し、円は上昇、株価も回復することが期待される。これにより、経済は再び均衡状態を回復すると期待される。

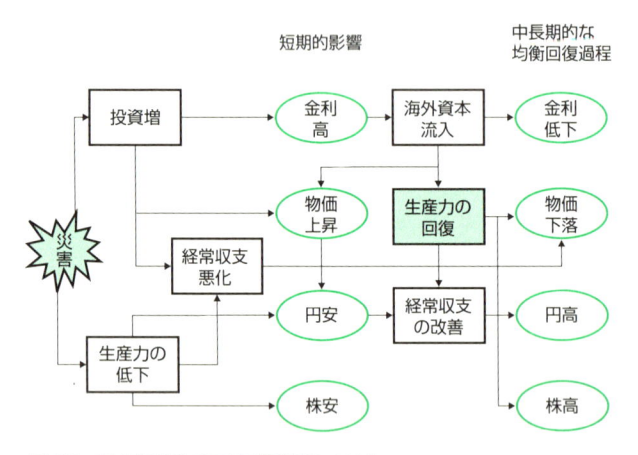

図24　巨大災害後のマクロ経済のシナリオ

このシナリオでは、関東大震災における震災手形（コラム「関東大震災と昭和金融恐慌」参照）のような信用途絶の問題は考慮しなかった。当時とは

異なって金融システムは巨大化・高度化を遂げており、保険技術も高度に発達している。現に阪神・淡路大震災でも、震災そのものによって国内の信用システムが脅かされるといった事態には至っていないことがその理由である。

シナリオ分岐点としての生産力の回復

さて、このシナリオを眺めてみれば、日本経済の回復の鍵は、結局のところ、復旧・復興投資による生産力の回復にあることがわかる。経済の論理に従えば、復旧・復興はあくまでも投資である。それが成り立つのは、投資による十分な収益が期待されるからであって、ただ被災したという理由によって投資が行われるわけではない。

上記のシナリオでは、国内の金利が上昇した場合に海外からの資本流入が発生するとした。しかし、日本経済の災害後の生産力の回復に対して疑念がもたれたとすれば、日本の復旧・復興に投資するのはリスクが大きいと判断され、高い金利が求められる、あるいは外国資本そのものの撤退といった事態も十分考えられるのである。

現在の日本経済の国際的地位を考えた場合には、そのようなシナリオはあまり現実的ではないかもしれないが、長期的に見た場合はどうであろうか。中国やインドをはじめとする新興国の経済成長はめざましく、20年後、30年後において、世界経済の中心はもはや東京ではなく、北京や上海、デリーなどに取って代わられている可能性も否定できない。そのような状況においては、十分な復旧・復興投資が行われず、経済は縮小均衡に陥ることが予想される。すなわち、金利高、国内物価の上昇（インフレ）、円安、株安を通じて、国民経済に影響を及ぼすと同時に、国内生産力は十分に回復せず、一人当たりのGDPは低下する。

社会資本の復旧・復興については「元に戻す」という発想ではなく、被災した状態を基準として、そこからの新たな投資と考えるべきである。投資である以上、将来の投資に見合った十分な利益の回収見込みがなければ実施されるべきではない。また、投資をすべき場合でも、どのような投資を優先すべきかという判断も求められる。ここでも、「元に戻す」という発想でなく、本当に必要なものから投資が行なわれなければならない。

もちろん、経済効率を最優先にすべての復旧・復興投資を決定すべきだと主張しているわけではない。しかしながら、これまでの分析が示すことは、大規模な災害になると、経済効率を無視した災害復旧・復興は、国内のマク

ロ経済に深刻な影響をもたらしかねず、日本経済全体が災害で抱えた負債を十分償還することができないまま、そのツケを将来世代に先送りすることになりかねない。したがって経済効率性への一定の配慮は避けて通れない課題であろう。

　逆の見方をすれば、効率的な経済活動は、より少ない資源で、環境負荷を減らし、持続可能な社会を目指す上での必要条件でもある。そしてそれは、また再びやってくる次の災害に対して備えるための重要な機会を提供する。減災政策においては、巨大災害の危機をチャンスに変えることが必要なのである。

COLUMN

関東大震災と昭和金融恐慌

　大正12年（1923年）に発生した関東大震災は、被災世帯70万以上に及び、日本銀行による推算では被害額45億円に及んだという。当時の一般財政規模は20億円規模であるから、国家の財政規模との比率で計算すれば、現在では180兆円程度の被害規模に相当し、想定首都直下地震を遙かに上回る。

　関東大震災はしばしば、その経済的な被害の大きさから、昭和金融恐慌の原因となったと言われることがあるが、具体的にこの巨大災害が日本経済にどのような影響を及ぼしたかを概観してみたい。

　まず第一は、信用の途絶である。特に被災地で被災企業が振り出した手形が、決済不能とみなされ流通しなくなるという問題が生じた。当時の政府はこのような手形（いわゆる「震災手形」）が21億円にも達すると推定した。当時の日本銀行券の発行額が15億円程度であるから、21億円もの手形の流通が止まるということになれば経済活動に与える打撃は深刻であった。

　このような事態を回避するために、政府は「震災手形補償令」を公布した。これは、日本銀行に持ち込まれた震災手形が焦げ付き、日銀に損失が発生した場合、政府が1億円を限度に補償するという制度であった。この制度は、震災手形の信用を維持し、流通力を高めることに貢献した。銀行は、自らが割引（手形の額面から利息分を割り引いて買い取ること）を行った震災手形が日銀によって再割引されるということであれば、震災手形を扱うリスクが減るからである。

　この結果、日銀では4億3000万円の震災手形が再割引されるに至ったが、問題は、昭和元年（1926年）末の時点でも2億円近い手形が返済されず未決済のまま残ったことである。実は、第一次大戦中の好景気に乗じて放漫経営を続けてきたために資金繰りが苦しくなった企業の手形など、震災とは全く関係のない不良手形が、震災手形の中に大量に紛れていたためであった。

　政府による補償を超える損失分については、日銀は銀行に対して決済を求めざるを得ない。そのことは、特に中小の金融機関にとって大きな負担となっていったのである。こうして金融機関は多くの不良債権を抱えることとなり、そのことが、昭和2年（1927年）から始まる昭和金融恐慌の大きな原因となった（竹内1988; 高橋・森垣1993; 鈴木1999）。

　また、関東大震災は、国際収支の悪化と円安をもたらした。政府は被災者の生活必需品や復興資材を輸入するために震災復興復旧品に対する税減免特典を大正13年（1924年）3月を期限として実施した。このことは大幅な輸入超過をもたらし、国際収支を悪化させた。またこれに伴い、政府には大規模な外貨支払いが求められることにな

COLUMN

った。外貨が枯渇する事態を防ぐために、政府は 5 億 5 千万円の外債を発行することとなった。そして海外からの資本輸入を促進し、同時に物資の輸入を低価格で行うために、為替レートを震災前の 100 円= 49 ドルの水準に維持しようとした。だがニューヨークの為替相場ではこれより低い価格で円が取引されたため、海外での円売りが加速し、外貨の流出は止まらなかった。このため為替相場の維持は困難となった結果、大正 13 年 (1924 年) 4 月には 100 円= 40 ドルまで円安が進行した。

注意すべきは、円安傾向そのものが日本経済にとって問題だったわけではない。復興需要が一巡したことや、為替相場の下落による輸出の拡大等もあって、国際収支は改善した。つまり 100 円= 40 ドル前後の水準で為替相場は低位安定を見せたのである。

しかし、当時の日本では、この為替レートの下落を日本の国際的地位の失墜と捉える見方が強かった (高橋・森垣 1999)。加えて当時の政府にとって、100 円= 50 ドルの旧平価での金本位制復帰を目指すことは至上命題と捉えられていた (竹内 1988)。このような中で、大正 13 年 6 月に発足した加藤内閣は、為替レートの上昇のために、震災により膨張した財政支出を引き締める方向の政策展開が行われた。これにより、国内の景気状況は悪化するばかりか、将来の為替レートの上昇を見込んで、為替市場に投機的な資金が流入したことにより為替相場が急騰し、その後極めて不安定な動きを見せることになった。こうしたことも、昭和金融恐慌をもたらした背景の一つとして挙げることができよう。

ただ、一連の流れを見れば判るように、昭和金融恐慌をもたらしたものは、震災そのものではない。第一次大戦期のバブル経済の崩壊によって日本経済に大量の不良債権があったことや、当時は小規模な銀行が多く、特定の企業だけに偏った貸付を行うなど、前近代的で脆弱な金融システムなどがその背景にある。加えて、為替レートの旧平価での維持が国内景気対策よりも優先されたため、ますます景気が悪化して不良債権が膨らむという本末転倒の経済運営もその原因の一つであった。景気低迷期には財政出動を行い総需要を拡大することで景気浮揚につながるというのは、今日ではマクロ経済運営の初歩的知識であるが、当時はこのようなケインズ流財政運営の考え方はまだ一般的ではなかった。

今日の金融システムは巨大化している上に、CAT ボンドなどの巨大リスクに対する金融技術も発達していること、また経済危機に対する政策運営に関する知識も進化していることなどから、想定首都直下地震レベルの災害が昭和金融恐慌を再現するということはあまり考えにくいといえよう。

第7節

災害復興財政制度

1……問題提起

❶災害復旧事業と地域の持続可能性——水俣市の事例

災害復興財政制度について議論を展開するまえに、読者と問題意識を共有するために、まず具体的な事例を紹介することにしよう。

平成15年（2003年）に熊本県水俣市では大規模な土石流災害により、19名の死者が発生した。うち15名の死者を出した宝川内集地区の復旧に対して、熊本県は農地災害関連区画整理事業、林地荒廃防止施設災害復旧事業、災害関連緊急砂防事業、災害関連緊急治山事業の四つからなる、総額32億5200万円の事業を実施した。この集落では災害前に地積調査が行われていたこともあり、区画整理については比較的スムースに進行した。

図25 水俣市宝川内集地区の復旧状況
（平成18年10月筆者撮影）

しかしながら、この災害をきっかけに集落を離れる世帯や、住宅を再建する目処が立たない世帯も多い。図25は、災害から3年経過し、ほぼ復旧事業が完了した平成18年10月の宝川内集地区の様子である。せっかく造成されながら住宅の建設が行われていない宅地が目立っている。もともと災害前にもこの集落には80人程度しかいなかったのが、現在はさらに半減している（水俣市2008）。

災害復旧事業としては恐らく非常に優れた技術が用いられている。図25左手奥に巨大な砂防ダムが見えるが、景観に配慮した石垣風のデザインとなっている。また集川の護岸にも芝を植えるなど、里山を意識した配慮がなさ

れている。しかしながら雑草が目立ち十分な手入れは行われていない。住民によれば、集落の人口が減り、高齢化に拍車がかかったことで、集落による除草作業が行えなくなったからという。

　これらの事業は、主に熊本県が既存の制度を最大限活用するなかで、住民の意向も踏まえながら実施したものであるという。しかし本当にこれらの事業に32億円を投じる必要があったのかという率直な疑問を禁じ得ない。集落を再生することや防災機能を強化することがこれらの事業の目的であったとしても、集落そのものが消滅の危機に瀕しているのであれば、そもそも何のためにこのような復旧事業が行われたというのだろうか。

❷災害復旧の意義が問われる超広域巨大災害

　水俣市宝川内集地区のような事例は、それが単独で発生している限りにおいては、それほど重要な政策課題としては認識されないかもしれない。しかし、超広域巨大災害では、このような事例がいたるところで同時に発生する可能性が高い。

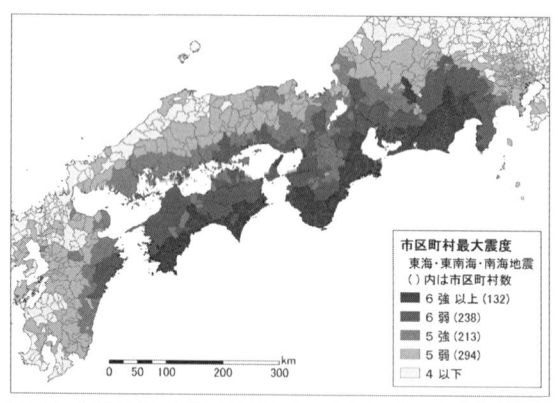

図26　東海・東南海・南海地震発生時の市町村別最大震度分布
注) 市町村界および市町村数は2008年7月1日時点のもの
(出所) 大大特成果普及事業チーム33 (2008)

　図26は、中央防災会議によって想定された、東海・東南海・南海地震が同時発生した場合における各市区町村の最大震度を示したものである。震度6強以上の市町村が132と、極めて広域にわたって大きな揺れに襲われる。

　そしてこれらの想定被災地の多くは中山間地域である。表19では、これらの主要な想定被災県について土砂災害の危険性がある箇所数や、孤立の危

険性のある集落数をまとめている。ここに挙げた 7 つの県についてだけでも、実に 3 万 6454 箇所の土砂災害危険箇所が存在し、3310 の集落が孤立の危険に曝されているのである。

もちろん、これらは全県での集計値であり、実際に東海・東南海・南海地震の発生時にこれらすべてに被害が発生するという意味ではない。だが、こうした数字はいかに多くの脆弱な中山間地がこの地域に存在するかということを教えてくれる。

表 19 では、加えてこれらの地域における 2035 年の推計人口について、2005 年を基準とした増加率を示してある。2035 年とは、東南海・南海地震の発生確率が最も高くなると言われている時期にほぼ相当する。いずれの県も例外なく人口が減少すると予想されているが、特に、奈良県、和歌山県、徳島県、高知県などはいずれも 20%以上の人口減少が想定されている。

表 19 東海・東南海・南海地震の主要な想定被災県における土砂災害危険箇所と孤立の可能性のある集落数

都道府県名	土砂災害危険箇所等[1]	孤立可能性のある集落数		2035 年における推計人口増加率(対 2005 年)
		農業集落	漁業集落	
静岡	6,243	360	30	85%
愛知	4,540	510	10	96%
三重	6,868	300	80	86%
奈良	2,531	370	―	78%
和歌山	6,165	570	90	71%
徳島	3,817	370	20	77%
高知	6,290	830	70	75%
合計	36,454	3,310	300	88%

1) 人家 5 戸以上等の土石流危険渓流、地すべり危険箇所、急傾斜地崩壊危険箇所の箇所数の合計
(出所) 国土交通省河川局砂防課および内閣府(防災担当)「中山間地等の集落散在地域における地震防災対策に関する検討会」孤立集落アンケート調査・国立社会保障・人口問題研究所
(参考) 新潟県中越地震における孤立集落数は 61(新潟県発表値)

これらの地域に対してどの程度防災対策を実施するかは極めて重要な問題である。しかし、同じ程度に問題となるのは、被災したこれらの地域をどのようにどの程度復旧させるのかということである。

中山間地で発生した新潟県中越地震では、公共土木施設の復旧に対して投じられた額は約 1690 億円であった[65]。これに対して東海・東南海・南海地震は、被災地の範囲が圧倒的に広いために、正確な想定は困難であるが、この十数倍から数十倍、少なくとも数兆円の単位の災害復旧費が必要になると

思われる。しかし、本当にこれらの地域に対して、数兆円の巨額の資金を投じてすべて元に戻すということが社会的に許容されるのだろうか。仮に大規模な復旧事業を実施したとしても、その後人口も減り数年後には集落そのものが消滅するといった事態が続出することは容易に想像される。

　当然のことながら、公共土木施設の災害復旧とは、災害復旧・復興に必要な事業の一部分でしかない。表18では、東海地震と東南海・南海地震によって3年間に生じる復興資金需要はそれぞれ5.03兆円と8.31兆円と推計された東海地震と東南海・南海地震が同時に発生すると考えると、これらの合計である13.34兆円は、首都直下地震を上回る規模となる。しかもこの数字には、公共土木施設の被害は考慮されていないから、実際の復興需要はこれを大きく上回るものと想定される。

　すでに首都直下地震を例に挙げて論じたように、大規模な復興需要は公共部門だけではなく民間部門においても発生する。そして、公共部門が巨額の復興資金を投じることは、物価上昇や金利上昇などを通じて、民間部門の復興を阻害する可能性を指摘してきた。巨大災害で被災した施設を元に戻すということは、こうした社会的なコストを十分考慮した上で判断されなければならないはずである。

　しかし、現行の制度は、このような政策的判断が行われることを全く前提としていないシステムなのである。現在の日本の災害復旧制度は、1962年の激甚災害法の制定によって基本的骨格がほぼ完成したといえるが、その特徴は第一に、制度が省庁毎に詳細に組み立てられており、それらを総合的に束ねる仕組みが欠如していること、第二に、人口増加・経済成長を前提とした制度であること、第三に財政力の弱い地方公共団体ほど手厚い、財源調整型の制度であること、の3点に集約される。以下やや詳しくその仕組みについて見てみよう。

2⋯⋯⋯⋯日本の災害復旧財政制度の概略

　日本の災害復旧・復興の財政制度は、基本的に中央政府と地方政府の間の負担配分を調整する観点から設計されている。すなわち災害による財政リスクは主に地方政府に発生するが、それを一定程度国が保障するシステムな

65　内訳は、国土交通省が約312億円（国土交通省北陸地方整備局調べ）、新潟県による災害復旧事業（市町村の補助事業も含む）が約1123億円、改良復旧事業が約10億円、土砂災害対策として実施される災害関連緊急事業が約228億円、県が補助する市町村崖崩れ対策事業が約11億円となっている（新潟県土木部調べ）。この数字には市町村単独事業は含まれておらず、さらに四捨五入の関係で合計値は一致しない。

である。中央政府は最終的なリスク負担者として考えられており、中央政府そのものの財政が破綻するようなリスクを現行の制度は全く考慮していない。ただ現在想定されている規模の災害に関して言えば、この点にはそれほど問題はないであろう[66]。

さて、中央政府と地方政府とのリスク分担という観点から制度を概観したときに、特定財源、すなわち使途が制限された形で中央から地方への財源保障が行われるものと、一般財源、すなわち使途が限定されない財源保障とに分けて考えることができる。

まず、前者の特定財源による財源保障制度について概観しよう。これは、地方自治体が管理する施設等への被害が発生した場合に、その復旧のための地方自治体の財政負担を軽減する目的で、当該施設の復旧にかかる費用について国庫から一定割合の支出が行われるものである。

これらの概略は表20に示されている。ここからも判るように、災害復旧事業への国庫負担の内容については、事業対象毎に個別の法体系の中で決定されている。また、法に基づかず、各省庁の通達や要綱により負担率が定められているものもある。

表20　災害復旧財政制度の概略

	公共土木施設災害復旧事業費国庫負担法	農林水産業施設災害復旧事業費国庫補助の暫定措置に関する法律	公立学校施設災害復旧費国庫負担法	公営住宅法	鉄道軌道整備法	空港整備法	生活保護法・児童福祉法など	法に基づかない予算措置	災害関連事業	激甚災害法*
公共土木施設	○								○	○
農林水産業施設等	○	○						○	○	○
文教施設等			○					○		
厚生施設等							○	○		
その他										
都市施設								○		○
公営住宅等				○						○
空港、鉄道軌道					○	○				

(出所)　災害対策制度研究会(2002)を参考として筆者作成
*正式名称は「激甚災害に対処するための特別の財政援助等に関する法律」

[66]　表18によれば、首都直下地震による公的な復興資金需要は15兆円程度である。800兆円を超える国債残高を抱え、それでもなお国際的に高い信用のある我が国の財政が、この地震リスクのみで破綻するということはあまり考えられないからである。

3……… 災害復旧事業の国庫負担制度

　これらの制度はそれぞれ具体的な内容が異なり、これらをすべて網羅して紹介するわけにはいかない。そこで、ここでの説明は、日本の災害復旧制度の大枠を理解するために、最も財政規模の大きい公共土木施設災害復旧事業国庫負担法（以降「国庫負担法」と呼ぶ）について、もう少し具体的に制度の中身をみてみることにする[67]。

　国庫負担法では、地方公共団体が実施する、一定の費用を上回る公共土木施設の災害復旧費用について、その一定割合を国庫が負担するものであり、昭和26年（1951年）に制定された。負担率は、災害復旧事業費の規模が大きくなるにつれて嵩上げされるシステムとなっている。すなわち、地方公共団体の標準税収の2分の1に相当する金額については補助率は3分の2であるが、標準税収の2分の1を超え、2倍に達するまでの部分については補助率は4分の3、2倍を超える部分については4分の4と、段階的に補助率は引き上げられることになっている。これは、災害復旧を速やかに行うためには、地方公共団体の財政力に応じた支援が必要であるとの考え方に因っている。

　また、国庫負担法では、原型復旧が原則であるが、原型復旧が不可能あるいは著しく不適当な場合においては、被災前の機能を回復するための施設を整備することも、災害復旧事業に含まれることとなっている。また、昭和29年（1954年）には、被災前の水準による復旧では防災効果が十分に見込めないと認められる場合においては、災害関連事業として従前の効用を上回る水準での復旧（いわゆる「改良復旧」）を認め、その部分についても、2分の1の国庫負担が行われることになっている[68]。

　われわれは、第1章で日本の防災対策の歴史について概観し、1960年代以降、風水害を中心とした災害被害の軽減に我が国は成功したことを見てきた。実はその成功の背景には、ここで紹介した我が国の災害復旧制度があるのである。すなわち、災害復旧のための財源を国庫が負担することによって迅速かつ確実に事業を実施するとともに、次の災害被害の軽減のために必要がある場合には、改良復旧の制度により、さらに抑止力の高い施設を地方自治体が整備することを可能にしてきた。こうした制度は我が国の災害抑止力を高める上で極めて重要な役割を果たしてきたといえよう。

67　制度の全体については災害対策制度研究会（2002）に詳しい。
68　公共土木施設災害復旧事業国庫負担制度の全体像と概略は、（社）全国防災協会によるパンフレット「わかりやすい災害復旧関連事業のあらまし」などが参考になる。http://www.mlit.go.jp/river/pamphlet_jirei/bousai/gaiyou/panf/aramasi/index.html

ところで、災害復旧事業における国庫負担率は、標準税収と事業費の比率によって決定されるので、標準税収が少ない自治体ほど負担率が上昇する傾向にある。したがって、中山間地域などに散見される零細な自治体は、災害復旧事業に関しては、ほとんど自己負担がなく実施できる制度になっている。例えば、新潟県中越地震で被災した旧山古志村が、長岡市との合併直前の平成16年度（2004年度）に実施した災害復旧事業は74億円であるが、実に国庫負担率は99.8％であった。

　図27は、災害復旧費の土木費に対する割合を地方公共団体種別に時系列でまとめたものである。1960年代においては、特に町村において、土木費に占める災害復旧費の割合は極めて高い。その後急激に低下するとはいえ、1980年頃まではおおよそ20％前後の値を推移している。近年では、災害復旧費のウエイトが相対的に低下しているとはいえ、それでも町村が都市に比較して、より災害復旧事業の占める割合が大きいという傾向は変わらない。

　こうした数字は、小規模自治体における災害復旧事業の負担の大きさを示すものである。しかし、見方を変えると、税収の少ない小規模な自治体にとっては、公共事業を実施する主要な機会である。このため、自治体においては、むしろ「災害待ち」とも呼べる状況があったと指摘されるほどである[69]。

4……地方債の発行と普通交付税による措置

　ところで、国庫負担法により地方の負担が軽減されるとはいっても、一定

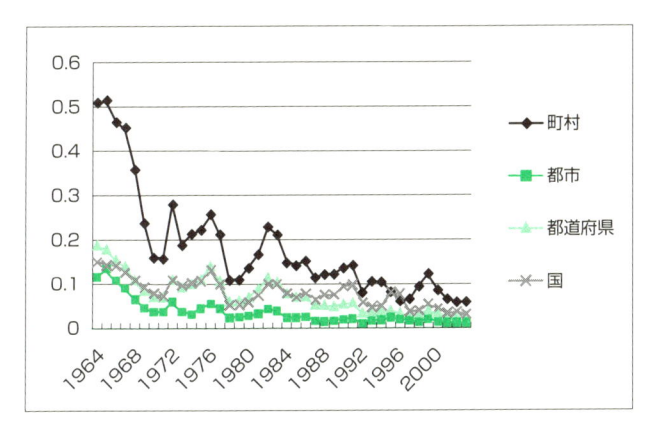

図27　土木費に対する災害復旧費の比率とその推移
（出所）　地方財政統計年報各年度版より筆者作成

割合については自治体が自己負担しなければならないことになる。そこで、国庫負担法などによる補助を受けた事業や、国直轄事業の地方負担額を基礎として、その一定割合については地方債を財源として充当することが認められている。農林施設については地方負担分のおおむね70％、公共土木施設においては概ね90％となっている。

さらに、地方財政法の定めにより、災害復旧事業の財源に充てた地方債の元利償還金については、基準財政需要額に算入され、地方交付税措置がなされることになっている。うち、公共土木施設、農地・農業用施設、公立学校施設等の補助・負担金を伴った災害復旧事業については、充当された地方債の元利償還金の95％が基準財政需要に算入されることになっている（コラム「地方交付税制度と三位一体改革」参照）。

公共土木施設の災害復旧事業の財源イメージは図28に示される。これは災害復旧事業の総事業費が標準税収の2分の1を超えない範囲についてのものであり、それを上回る部分については国庫の補助率がさらに嵩上げされることになる。しかし、自治体負担分については起債が充当できること、またその元利償還金について普通交付税措置が行われることによって、地方が一般財源で負担する部分は極めて小さく抑えられていることがわかるだろう。

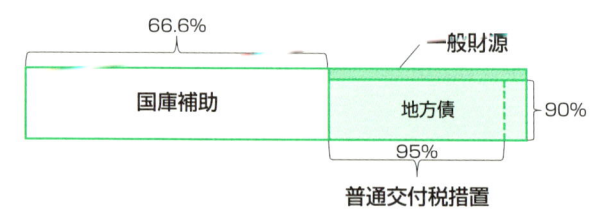

図28　公共土木施設の災害復旧費（補助事業）の財源イメージ
注）公共土木施設の災害復旧事業費の総額が標準税収の2分の1を超えないケース

ただし、地方行政の財政部局によれば、普通交付税による措置よりも国庫補助の嵩上げを求める声が強い。なぜならば普通交付税は一般財源であり、特にどれだけが災害復旧事業費のために増額されたのかは、算定根拠をたど

---

69 「災害復旧制度の回顧と展望」（季刊防災39号, 1971年）の中で、歴代の建設省河川局防災課長が公共土木施設災害復旧事業国庫負担法について述べた記述の中で「普通の改良事業費ではなかなか番が回ってこない事業が、一度び災害を受けると忽ち復旧という形で日の目を見るので、災害待ちの気分が地方公共団体に無かったとはいいきれない」という証言がある (p.8)。また当時の現職防災課長は、災害復旧事業の実態について過去10年間の間に「根本思想である原型復旧という点では変わらないとしても（中略）できあがってそのものはかなりというよりも大いに改良復旧的要素が加味されている」と述べている (p.18)。

らない限り特定することはできない。しかも災害復旧債の元利償還金相当額の普通交付税は、一般財源であるがゆえに必ずしも地方債の償還に充てられる保障はない。

5………特別交付税

災害による突然の財政需要は、画一的な算定基準に基づく普通交付税では必ずしも十分に把握しきれない。そこで、地方交付税の 6％を特別交付税として、特定の地域のみに存在する財政需要（例えば除雪費用など）や、災害による突然の財政需要によって生じる財源不足を補うために交付されることになっている。特別交付税は使途の制限のない一般財源である。

ただし、この特別交付税の配分は、災害による財政需要に対してそれほど弾力的に行われているとは言えない。平成元年度から平成 9 年度までの 47 都道府県における特別交付税の配分額について、普通交付税と災害復旧費との相関係数は、前者が 0.71 に対して後者が 0.66 に過ぎないことから、事実上普通交付税化しているという指摘もある（赤井・永松 2003）。

6………激甚災害法

昭和 37 年（1962 年）に制定された激甚災害法は、災害による被害査定の見込額が、標準税収の一定割合を上回ることなどを条件として、災害復旧事業における国庫の補助率の上乗せや、国による特別の助成措置・財政援助を可能にするものである[70]。

激甚災害法の制定までは、すでに見たように毎年のように大規模な風水害が発生し、すでに被害の程度に応じた超過累進的な災害復旧制度が存在したにも関わらず、地方財政は災害復旧事業のために極度に圧迫されていた。このため、毎年のように特例法を制定し、国庫による特別の支援や補助の上乗せを行う必要が生じていた。しかしながら、特例法による対応は、法律制定までに時間がかかること、立法されるまで政府の具体的措置の中身がわからないこと、そのため特例法の制定やその内容を巡って政治の介入が起こりかねないこと、その時々の情勢によって適用される措置に不公平が生じること、事業ごとの立法となるため対策間の調整がなされないなどの問題点があった。

そこで、伊勢湾台風の発生を契機に昭和 36 年（1961 年）に制定された災

---

70 激甚災害の制度の詳細については災害対策制度研究会（2003）が詳しい。

害対策基本法では、著しく激甚である災害（激甚災害）に対して、地方自治体に対する特別の財政援助や被災者に対する特別の助成などについて、別に法律で定めるという規定が置かれた（第97条～99条）。

激甚災害の指定は特例措置によって適用条件が異なり、ここですべてを紹介することはできないが、例えば公共土木施設の復旧に関する特別の財政援助（激甚災害法第2条）については、全国公共土木施設の査定見込額が全国標準税収入の0.5％を上回る場合や、あるいはその比率が0.2％を上回り、かつ一つの都道府県の査定見込み額が当該都道府県の標準税収入の25％を上回る場合または県内市町村の査定見込総額が県内全市町村の標準税収入の5％を上回る場合などと定められている。

しかし、激甚災害に指定されたからといってすべての被災自治体が特別の財政援助を受けられるわけではない。実際に制度の恩恵を受けるためには「特定地方公共団体」の指定を受けなければならない。その基準は、その年の激甚災害による対象事業ごと地方負担の合計額が、当該激甚災害が発生した都市の4月1日の属する会計年度における標準税収入の一定割合（都道府県の場合10％、市町村の場合5％）を上回ることとされている。

また、全国的に見た場合の被害は軽微なため激甚災害の指定が受けられないケースでも、特定の地域に対して激甚な被害をもたらすような災害については、市町村単位で激甚災害の指定を行うことができる制度（局地激甚災害指定制度）も昭和43年（1968年）に設けられた。

7……我が国の災害復旧財政制度の特徴と問題点
❶迅速かつ確実な災害復旧を可能にするシステム

これまで、我が国の災害復旧財政制度を概観してきたわけだが、災害復旧のための財政制度は、被害把握から仮復旧、被害査定から本格的復旧工事まで、その手続きは具体的にマニュアル化されており、全国でほぼ標準化されている。さらにこれまでみたように、財源についても国庫による負担や起債の充当などにより、地方自治体の負担がかなり軽減されている。これらは、我が国の災害復旧制度の重要な特色である。

これらの制度的基盤が存在したことで、我が国は災害による社会基盤の被害を速やかに復旧し、被害の拡大を防止しながら、従前よりもより防災力の高い社会基盤を構築することができた。戦後、日本が災害被害を克服して急速な経済成長を成し遂げられた背景の一つとして、ここで紹介した災害復旧

財政制度は極めて有効かつ重要な役割を果たしてきたと言えよう。

❷低成長・人口減少の時代に不適合のシステム

ただ他方で、災害復旧事業における国庫負担は、非常に再分配的な性格の強いものとなった。このため、税収基盤の脆弱な自治体においては、災害復旧事業は少ない自己負担で公共事業を実施するための主要な機会として捉えられた。また、災害復旧事業の認定を得るために行われる査定とは、あくまで災害による被害状況とその復旧に必要な費用の査定に過ぎない。その施設が果たして今後も必要であるか、その復旧費用に見合った便益があるかどうかといった、経済性の観点からの評価が行われているわけではない。被害を受けた公共施設は、すでに必要があって建設されたはずであり、これからも必要だという大前提によって、災害復旧事業は行われているのである。

確かに高度経済成長期においては、増加する人口に対応すべく、社会基盤を拡大していく必要があった。そのような時期においては、既存の社会基盤が被害を受けた際に、それを復旧しないという選択はあり得なかった。より機能の優れた高度な設備への置き換えが求められたのであるから、従前の水準への復旧は大前提であり、それに加えて改良復旧のための国庫負担制度が求められたのである。

しかし現在の日本で、被災した社会資本を無条件で復旧するということが必ずしも正当化されるものではない。人口も経済規模も拡大の一途をたどった時期はもはやとっくの昔に終わりを遂げていることは周知の事実である。そのような時代に迎える巨大災害に対して、このような制度が持続可能なものでないことは、すでに東海・東南海・南海地震などの例からも十分予想されるであろう。

❸災害復旧事業費の一般財源化の必要性

これまで見てきたことを要約すれば、次の通りである。巨大災害では、復旧・復興のための国内の資源が逼迫するため、優先順位を持ち戦略的な復旧・復興を行う必要がある。しかし、現行の災害復旧制度は、被災した公共施設を無条件で元に戻すことを前提として構築された制度である。地方政府については、財政力が小さいほど自己負担額が小さくなるような再分配的な制度になっていること、また国庫の負担が特定財源によって行われ、それ以外の財源として用いることができないことなどの理由によって、地方政府が

復旧工事を実施しないという意思決定はあり得ない仕組みになっている。このため、将来的な持続可能性が乏しい地域や集落についても復旧・復興のための巨額の投資が行われ、その地域を持続可能なものへと再生する方策についての議論や方策について全く検討されないまま、ただ元へ戻すという復旧事業が大規模に実施されることになる。そのことは、民間部門の復旧や、公共土木施設以外の様々な復興事業に使える資源に厳しい制約を与えることになる。

　このような事態を回避するためには、思い切った制度の変更とガバナンスの再編が必要であると筆者は考える。第一に、公共施設等の災害復旧事業の一般財源化である。災害復旧事業を実施しなかった場合には、事業費の一定割合が一般財源として、当該地域の再生のために地方自治体が裁量的に支出できる経費として交付されるような仕組みを検討すべきである。これによって、例えば複数の集落を一つの地域にまとめ、持続可能な規模にする一方で、産業基盤を充実させるための投資を行うといった復旧・復興方策が実現可能になるのではないだろうか。

❹復旧・復興のガバナンスの再構成

　しかしながら、復旧・復興の財源を一般財源化するだけでは問題の解決には不十分である。被災地の復興を白紙の状態から描くという作業は、理念的にはあるべき姿かもしれないが、関係者間の合意を得るためにはかなりの時間と労力を必要とするだろう。

　例えばいくつかの村落を経由する国道が大規模に被災したとする。この国道の復旧事業費を自由に使って良い財源として、地元自治体でその使途を自由に決められるとしたら、どうであろうか。ありとあらゆる可能性を検討する過程において、被災者の利害関係の対立が深刻な形となって現れてくることは容易に想像できる。しかし、災害直後は皆不自由な生活を強いられており、平時と比較して合意形成に多くの時間をかけることは困難だろう。

　したがって、想定される巨大災害の復旧・復興過程においては、どのような国土や地域のあり方を目指すのか、前もってグランドデザインを持つことが極めて重要である。災害が発生し、被災者をはじめ、マスコミや国民が冷静かつ長期的な判断ができなくなってからでは、このようなグランドデザインは描くことはできない。

　そしてそのグランドデザインに基づいて、実際に復旧・復興の方向性を決

定できるのは、政治である。巨大災害の復興過程では、特定の地域に関しては復旧を行わないという冷徹な決定が行われなければならない可能性が高い。このような重要な価値判断を含んだ決定は、民主的な正統性を持つ政治的リーダーより他には行えない。法律や制度に従って業務を実施すべき行政や、自らの生活の再建を最優先に考えざるを得ない被災者に対して、被災後の地域の将来まで責任を負わせるわけにはいかないからである。

　災害復旧制度、とりわけ激甚災害制度は、災害の度に国による復旧支援の内容を巡って政治が介入することを未然に防止することを目的の一つとして創設されたことはすでに述べた通りである。しかし、人口減少や経済成長の鈍化をはじめとする政策環境の変化は、むしろ災害復旧・復興事業に対して積極的な政治の関与を必要としている。災害復旧・復興ももはや対策や事業ではなく、こうした高度な価値判断と利害対立を含んだ重大な公共政策課題なのである。

補論　阪神・淡路大震災の直接被害額の補正

　阪神・淡路大震災の直接被害額は、兵庫県が1995年4月5日に発表した9兆9268億円が公式のものとして各方面で引用されている。しかしながら、新潟県中越地震の1兆6542億円という直接被害額や、首都直下地震における66兆6000億円の直接被害額と比較を行う場合には、少なくとも次の2点について大幅な修正が加えられなければならない。

　第一に、住宅の被害額についてである。まず、兵庫県土木部（1997）によれば、兵庫県の直接被害額推計は、2月15日時点で9兆9630億円と発表されている。そして、そのときに発表された建築物被害について、5兆8000億円と推計されている。商工関係の被害額は6300億円とされているが、ここには商工関係の建築物被害1兆7700億円は含まれない。このため、建築物被害から商工関係分を差し引いた3兆300億円分が、およそ住宅の被害額として算出されたと考えることができる。

　それでは、住宅の被害額はどのように推計されたのか。これについては資料が存在せず、推測の域を出ないが、兵庫県土木部（1997）には建築着工統計の建築単価から推計したという記述があり、おそらくは住宅被害棟数に対して、一棟当たりの建築単価を乗ずることによって得られた値であると推測される。この方法は、新潟県中越地震の被害推計や、首都直下地震などでの住宅被害の推計にも採用されている。したがって、住宅被害については建築統計をベースとした再取得価格によって統一されていると考えてよい。

　ただし、地震からわずか1か月程度で把握された住宅被害は、必ずしも完全なものではない。兵庫県2月17日時点で発表されている家屋被害は、倒壊家屋が14万4032戸、焼失家屋7456戸であるから、合計15万1488戸である。これに対し、消防庁がとりまとめている罹災証明ベースの住宅被害は全壊10万4906棟（18万6175世帯）、半壊14万4274棟（27万4182世帯）となる。すなわち被害額の推計後にも、新たな被害が把握されていることを

示唆している。

　首都直下地震の被害想定では、阪神・淡路大震災時の西宮市、鳥取県西部地震時の米子市・境港市、芸予地震時の呉市のデータから、震度と全壊率の関係を求め、その式を用いて被害想定を行っている。ここでの全壊率が市町村の被災判定をベースとしたものであるから、この結果を用いた首都直下地震の直接被害と比較するためには、阪神・淡路大震災における直接被害額も、被災判定ベースで再計算する必要がある。

　地震直前の平成5年度住宅統計年報によれば、兵庫県における住宅一棟当たりの建築単価は3481万円であるから、半壊については首都直下地震の被害想定に習い、ウエイトを0.5として計算すると

　　34,810（千円）×（104,906 + 144,274 × 0.5）= 6,162956,150（千円）

となり、住宅被害は6.16兆円にも達し、兵庫県推計は3.13兆円過小評価していることになる。

　また、非住家建築物については、兵庫県推計は固定資産評価額をベースに計算されている（豊田・河内1997）。このため再取得価格にて評価する必要があるが、阪神・淡路大震災における非住家の建築物被害数全体をとりまとめたものは存在しない。

　豊田・河内（1997）らが行った推計では、神戸商工会議所が実施した被災事業者に対するアンケートを基に産業被害を推計しており、そのアンケートでは被災事業者に対し被害額を直接尋ねている。被災事業者は一般的に復旧にかかる費用、すなわち再取得価格を被害額と考える傾向が強いと考えられる。そして実際の推計値も兵庫県推計を大きく上回っていることから、豊田・河内（1997）による産業被害の推計には、再取得価格で評価した非住宅建造物の被害が含まれていると考えることができる。そこで、彼らが主張する兵庫県推計の産業被害過小推計分3兆3874億円を兵庫県推計に加えることとする。

以上の二つの補正により、阪神・淡路大震災の直接被害額は

　　　　9.9　　　+　　　3.1　　　+　　　3.4　　　= 16.4（兆円）
　　（兵庫県推計）+（住宅過小推計分）+（産業部門過小推計分）

となる。

（地方交付税制度と三位一体改革）

我が国の地方財政を理解する上で、地方交付税の仕組みは極めて重要である。地方公共団体はいずれも他から独立した政府として、独自の徴税権を持ち自らの裁量で支出を行うことができる。しかしながら、地方公共団体の財政運営をすべて地方独自の収入だけで行おうとすれば、それぞれの団体の財政力によって、国民に提供するサービスの質に大きな格差が発生してしまうことになる。特に、地方公共団体は、福祉行政や教育行政などをはじめとする国民にとって身近でかつ必要不可欠な基礎的公共サービスを提供しており、それらについては、全国的に最低限度の水準（いわゆる「ナショナル・ミニマム」）を保障すべきと考えられている。

このため、国は地方公共団体間の財源を保障することで、このような格差を解消することが求められている。この目的のために存在するのが、地方交付税制度である。

地方交付税には普通交付税と特別交付税があるが、その大半を占める普通交付税の交付額の決定の仕組みは以下の通りである。まず地方公共団体が「標準的な」行政サービスを実施するために必要な財政規模を基準財政需要とする。これに対して当該公共団体が標準的な状態において徴収が見込まれる税収入を基準財政収入と呼ぶ。基準財政需要が基準財政収入を上回る場合、この団体は標準的な行政サービスを実施できないことになるから、この差額を埋め合わせるために、普通交付税が交付される。

すなわち

$$基準財政需要額 - 基準財政収入額 = 普通交付税交付額$$

となる。

地方交付税として配分されるのは、所得税、法人税及び酒税の32％、消費税の29.5％、たばこ税の25％と別途法定された各年度の加算額との合算額となっている。問題はこれらを地方に配分してもなお、地方の歳出総額との間に乖離が生じる（地方財源不足）の事態が近年生じているということである。現行制度では、一般会計からの特別加算と赤字地方債（臨時財政対策債）によって国と地方で折半することになっている。

これまでは、ほとんどの地方公共団体が交付税の交付を受けてきた。1996年時点では3000ほどあった市町村のうち不交付団体はわずか150程度でしかなかった。このため、「標準的な」行政サービスですらもほとんどの地方公共団体が自らの税収で達成できないというのは、「標準」が高すぎるのか、あるいは地方の税収が少なすぎるかのどちらかであるという指摘もある（林宜嗣1999）。そして、地方交付税の仕組みは、地方税収が増加しても交付税が減額され、総額として地方公共団体の歳入がほとんど増えないことから、地方の

COLUMN

中央依存体質をもたらしてきたという指摘もある(林正寿 1999)。

このため、地方交付税額を減らすと同時に、国から地方への補助金を削減し、その分を地方政府に税源移譲することによって、地方の財政運営上の自立性を高めようという、いわゆる三位一体改革が平成16年度(2004年度)から18年度(2006年度)の3か年で行われてきた。その結果、国庫補助負担金について約4.7兆円、地方交付税が約5.1兆円削減されたが、肝心の税源移譲については約3兆円しか行われず、地方財政を圧迫する結果となり、地方の不満の声も根強い。

また地方財政の自立性を高めることは、それだけ災害など不測の事態に対して地方の財政リスクが大きくなるということを意味している。このため災害復旧事業については補助金改革の対象外とされてきたが、災害時の財政需要は災害復旧事業だけではない。こうした地方政府の財政リスクを他方でどのように考えるかは地方財政を巡る議論の主要な課題の一つといえよう。

COLUMN

〈阪神・淡路大震災における財政特例措置〉

阪神・淡路大震災ではその被害の甚大さにより、当時の我が国の災害復旧財政制度では十分に対応できなかった[71]。都市型災害であるがゆえに、それまでの災害復旧制度が予期していなかった様々な財政負担が発生したからである。しかし、当時の激甚災害指定基準では、兵庫県をはじめいくつかの自治体が特定地方公共団体に指定されないなど、基準そのもののあり方が大きく問われることになった。当時は基準そのものが厳しかったということもあるが[72]、想定外の支援ニーズが多々発生する都市型災害に対して、公共土木施設等の被害額のみによって基準を決定するということの是非が問われたともいえよう。さらに、仮に特定地方公共団体になったとしても、当時の激甚災害制度による特例措置そのものでは質量ともに十分でないということももう一つの問題であった。

このため、政府は「阪神・淡路大震災に対処するための特別の財政援助及び助成に関する法律」を平成7年（1995年）に制定した。この法律の内容もすべて記述することはできないが、主要な内容として以下を挙げることができる。

第一に特別財政援助法の対象となる地方公共団体を「特定被災地方公共団体」として、兵庫県および神戸市・西宮市など1県9市7町村を政令により指定し、これらについては激甚災害制度における特定地方公共団体とみなすこととした。

第二に、国庫の補助対象となる事業の範囲を拡大した。激甚災害制度が対象としていなかった災害救助・応急対策をはじめ、災害復旧事業についても、それまで激甚法の対象となっていなかった公園、街路、排水路、改良住宅、上水道、工業用水道、廃棄物処理施設などの都市施設、環境衛生施設等のライフライン、公立の福祉ホーム、デイ・サービス、授産施設や社会福祉法人立の更生援護施設、老人福祉施設、警察・消防施設、公立病院、火葬場、中央卸売市場、職業能力開発校、商店街振興組合等の施設の国庫補助率の嵩上げ対象となった。

第三に、補助率の嵩上げや起債充当率の嵩上げ、元利償還金の交付税算入率の引き上げ等、財政支援の拡充を行った。

また、特別財政援助法の制定に対応して、「平成6年度分の地方交付税の総額の特例等に関する法律」が制定され、特別交付税総額を300億円増額する措置がなされた。

71　より詳細な特別措置の内容については石井ら（1995）を参照。
72　当時は、公共土木施設災害復旧事業等の地方負担額の合計額が当該年度の標準税収入に占める割合が、都道府県で20％以上、市町村で10％以上と、現行基準の2倍に相当する厳しさで設定されていた。

COLUMN

復興基金

日本における災害復興のための財政制度として特筆すべきものに復興基金の仕組みがある。国民の税金を財源とする財政資金については、その運営についていくつかの厳しい制約がある。例えば予算は事前に議会の議決を経なければならない。また単年度会計の原則により、予算執行は年度をまたいで行うことは許されない。このような制約は災害後刻一刻と変化する被災者のニーズに対し、柔軟な政策的対応を困難にしている。

また、財政資金は使途にも制約がある。例えば公金である以上、個人資産の形成や営利に関わるような支出は認められない。しかし実際の災害復興の現場では、このような判断が微妙なケースが絶えない。例えば被災事業所の高度化支援や雇用への支援は地域産業の復興のために重要であるが、民間事業所を直接的に支援することは事業所の私的利益につながるといえなくもない。

そこで、財政では対応が困難な政策需要に対応するために考案されたのが復興基金である。復興基金の仕組みは1991年に長崎県の出資・貸付によって設立された「財団法人雲仙岳災害対策基金」に遡る。その後、阪神・淡路大震災復興基金（基金規模9000億円）、新潟県中越大震災復興基金（基金規模3000億円）、能登半島地震復興基金（500億円）、新潟県中越沖地震復興基金（1200億円）など、大規模災害時に相次いで基金が設立されているが、基本的な仕組みは以下の通りである。

まず被災自治体（主に都道府県）が債券を発行し、借り入れた資金で基金に出資する。基金は行政から独立した財団法人として設立され、都道府県から得た出資金を民間金融機関に預け、その金利収入で様々な復興事業を展開する。さらに、被災自治体が発行した債券に対する金利支払いの一部については、国が交付税措置を行っている[73]。具体的な事例として、阪神・淡路大震災復興基金の事業スキームが図29に示されている。

復興基金の運用益は、行政とは独立した財団のものであるから、前述のような財政資金に課せられた制約には必ずしも縛られず事業展開を行えるという意味で、復興基金は公的資金の「マネーロンダリング」の仕組みという性格を有している（林敏彦 2005）。同時にこの仕組みは国や地方自治体の高い信用力を背景に成り立つものであり、その意味では純粋な民間資金とは全く性格は異なり、限りなく公的な

---

[73] なお、ここで説明した枠組みとは別に、2007年3月に発生した能登半島沖地震では、経済産業省の資金8割と石川県の資金2割により、中小産業地震被災中小企業復興支援基金が設立された。同年7月の新潟県中越沖地震でもこのスキームにより400億円の中小企業復興支援基金が設立されている。

COLUMN

性格の強い資金であることは間違いない。このため、実際には出資自治体と復興基金は密接に連携して、財政による復興事業を効果的に補完する役割を果たしてきた。そのことは率直に評価されるべきであろう。

ただ、復興基金については制度的な問題もある。復興基金の設立は制度化されているわけではなく、その設立にあたっての統一的な基準やルールがあるわけではない。例えば2008年5月に発生した岩手・宮城内陸地震においては、宮城県栗原市などの強い要望にも関わらず、復興基金は設立されていない。また仮に設立されたとしても、阪神・淡路大震災のような巨大災害になれば、被災者一人当たりの事業規模は極めて小さくならざるを得ず、その意味では災害ごとの公平性を欠いた仕組みであるといえなくもない。今後の巨大災害に対して復興基金のような制度をどのように効果的に活かしていくべきか、さらなる議論が必要であろう。

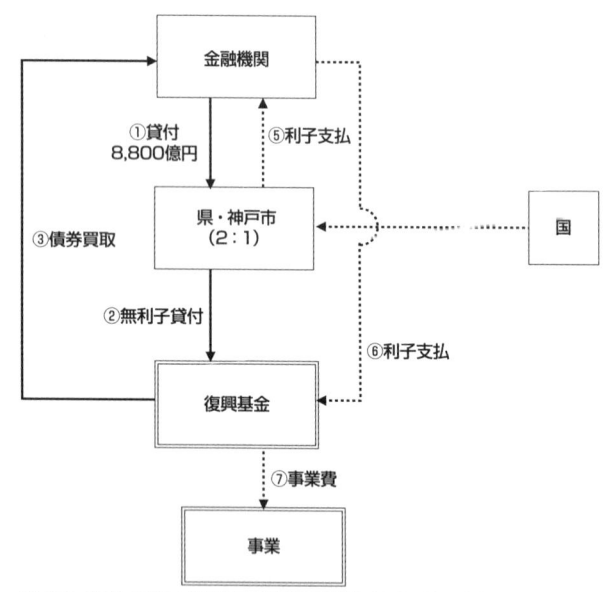

図29　阪神・淡路大震災復興基金の仕組み（出所：兵庫県資料）

第 3 章

地域防災

▶ 第1節……… はじめに
▶ 第2節……… 「地域防災」概念の生成と発展
▶ 第3節……… 防災行政と地域防災計画
▶ 第4節……… 地域防災計画の相対化現象

第1節 はじめに

1……減災政策における地域社会の位置づけ

　災害は一般的に地域的現象である。特に自然災害について考えれば、地域において直面している災害リスクは様々であり、それは必ずしも一般化できない。沿岸部は津波リスク、降雪地帯であれば雪害リスク、河川流域では水害リスクなど、それぞれの地域に固有のリスクもある。小規模な集落単位では土砂災害のリスクが特に高い地域もあるだろう。

　地域によって異なるのはハザードだけではない。その地域が抱える脆弱性も異なる。地方の中山間地域における防災上の課題と、大都市における防災上の課題は全く異なる。例えば、関東大震災の経験もあり、都市の災害リスクで最も恐れられたのは火災であるが、建物の立地がまばらな中山間地では、むしろ情報・物資の途絶による孤立の問題がより重要視される。また第2章で述べたように、地域の需要が漏出して経済復興に困難が生じるといったリスクは明らかに都市部のものであり、農林業が中心の中山間地域ではこれはさほど問題にはならないだろう。

　このように、ハザードと脆弱性の両面において地域性が存在するために、それらの積として与えられる災害リスクの内容も地域によって異なり、その結果、具体的な対策のあり方や災害対応の方策もまた異なることになる。このため、いかなるリスクにどの程度どのように備えるかは、その地域の情報を十分に有している主体らが中心となり決定されなければならない。

　地域が減災政策において重要な理由はもう一つある。それはいかなる災害においても、地域社会が最初に対応しなければならないということ、そしてその対応が効果的に行われるほどに被害の拡大を軽減することが可能であるという事実である。阪神・淡路大震災では、がれきの下から生還した人の約9割が、自力あるいは家族・友人・通行人・近隣の人などによって救出されており、公的機関によって救出された人はごくわずかであった。災害が大規

模になればなるほど、外部からの応援は期待できない。このため、頼れるのは地域社会の対応力だけとなるのである。つまり、地域社会は、減災政策における意思決定の主体として存在すると同時に、災害時における主要な対応主体としても存在するのである。

2……地域社会と政府、市場

しかし、このようなことを改めて強調しなくとも、山下・菅（2007）も指摘するように、「もともと防災の中心は地域コミュニティ・村や町にあった」のである。近代国家が成立し、例えば治山・治水などハードによる防災対策が政府の手によって強力に実施されるようになった。また罹災者の救護などにおいても政府の役割が拡大された。市町村による常備消防が制度化され、整備されていくのに反比例して、消防団の団員数は激減した。このように政府の機能拡大によって地域社会の役割は相対的に低下していった。

地域コミュニティの役割はなにも政府の役割に置き換えられていっただけではない。それと同等に大きいのは市場による代替である。経済成長の過程で、我々は生活に必要な多くのものを市場から調達することが可能となった。例えば、かつては地域の防犯力とは純粋な公共財であると考えられていたが、今日では民間警備会社と契約することで、独自の防犯サービスを購入することが可能になる。また、最近分譲されている都心のマンションなどでは、免震構造や災害時の電力バックアップ、および非常時食料の備蓄など、「災害に強い」ということを売りにして人気を集めている物件も少なくない。これらは地域社会の役割が市場によって置き換えられている例といえよう。

3……地域防災の重要性の再認識

そのような中で、今日あらためて地域防災の重要性が声高に叫ばれている理由は何であろうか。図30は、学術誌における「地域防災」をキーワードに含む論文数を年代別に比べてみたものである。同じような文脈で利用される事の多い「都市防災」というキーワードについても参考として示している。

「地域防災」という概念は、1990年代に入ってから、特に1995年の阪神・淡路大震災以降に多用されはじめている。しかもこのうち、固有名詞としての「地域防災計画」をキーワードに含むものを除けば、「地域防災」をキーワードとする研究論文はおよそ7割が2000年以降になって発表されていることがわかる。

本章ではまず、このような地域防災概念の発展をたどる。そして、今日的な意味での「地域防災」とは、自主防災組織や消防団の活性化といった狭小な概念ではなく、地域の防災課題を解決するための地縁組織・自主防災組織・ボランティア・企業・行政など多様な主体の「関係性」そのものを捉え直そうとする概念であることを示す。

　そして、これらを踏まえた上で、減災政策の手段の一つである「地域防災計画」の政策手法としての課題と今後のあり方について論じる。ここでは、行政計画として捉えられていた感の強い地域防災計画を、多様な主体の水平的な協働・連携のあり方を規定する計画へと発展させることの重要性を示す。

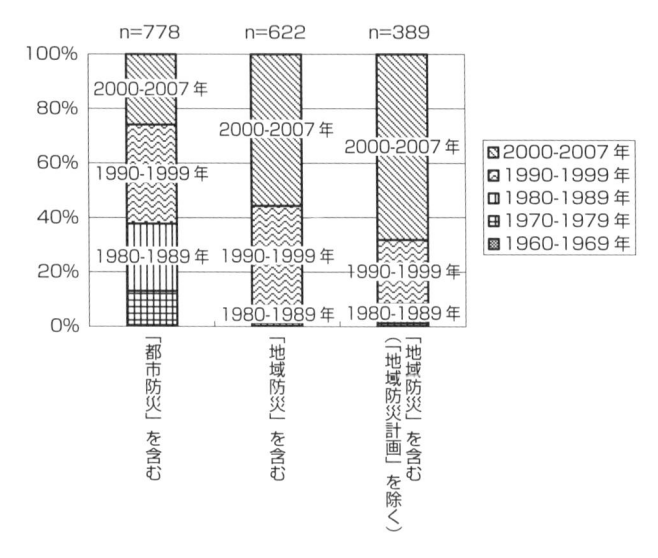

図30　「都市防災」および「地域防災」をキーワードとする学術論文数
2007年1月11日時点における国立情報学研究所論文情報ナビゲーター（CiNii）によるフリーワード検索結果（http://ci.nii.ac.jp/）

第2節 「地域防災」概念の生成と発展

　ここでは、我が国における「地域防災」概念がどのように生成し、今日多用されるに至ったかについて、戦後の我が国の防災パラダイムの変化を振り返りながら、検討を加えてみたい。

　図31は、本章が提示する防災行政のパラダイムの変遷を図示したものである。それぞれの時代背景や、防災に関する動き、また地域コミュニティに関連する政府施策や主要災害なども図に加えている。これによれば、戦後の我が国の防災行政のパラダイムは第一期（国土保全期、戦後～1960年代）と、第二期（都市防災基盤の整備期、1970年代）、第三期（コミュニティ防災期、1980年頃～阪神・淡路大震災）、第四期（地域防災期、阪神・淡路大震災以降）の四つに分けることができる。それぞれについて以下論じてみたい。

1……… 第一期（国土保全期：戦後～1960年代）

　第1章でみたように、1960年代までの我が国は国土保全により政策資源を事後対応から事前抑止へと転換を図ることが最優先課題であった。1959年に発生した伊勢湾台風災害を直接の契機として、災害に関係する組織や制度を総合調整しようとする災害対策基本法が1961年に制定された。これを受けて1963年に作成された防災基本計画には「自主防災組織」という用語が初めて登場し、地域における住民の防災組織について定めているが、黒田（1998）によれば、「この段階での自主防災組織は（中略）行政への協力組織の一つと位置づけていた」のであり、地方自治体の使命の一つとされている「被災住民の救護を『能率的に処理』するために各地に受け皿となる組織が求められた」とされる。すなわち、当時の地域社会は地方自治体による被災者救護の協力組織としての位置づけしか与えられていなかったのである。

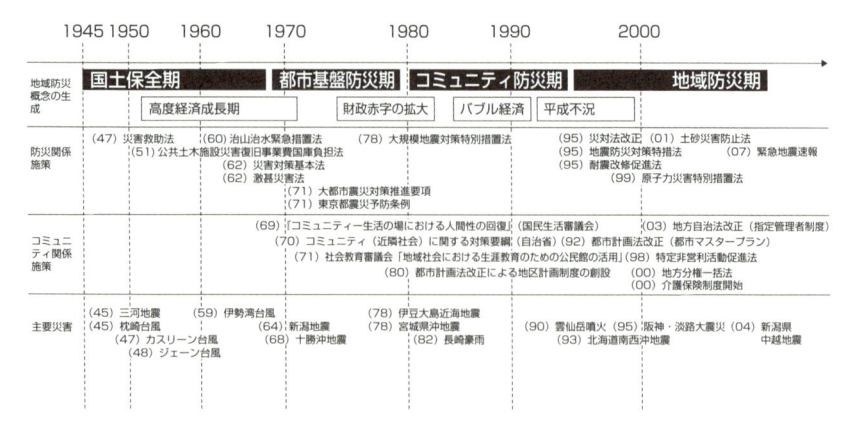

年代	1945 1950	1960	1970	1980	1990	2000
地域防災概念の生成	国土保全期		都市基盤防災期	コミュニティ防災期		地域防災期
	高度経済成長期			財政赤字の拡大	バブル経済	平成不況
防災関係施策	(47) 災害救助法 (51) 公共土木施設災害復旧事業費国庫負担法	(60) 池山治水緊急措置法 (62) 災害対策基本法 (62) 激甚災害法	(78) 大規模地震対策特別措置法 (71) 大都市震災対策推進要項 (71) 東京都震災予防条例		(95) 災対法改正 (95) 地震防災対策特別措置法 (95) 耐震改修促進法 (99) 原子力災害特別措置法	(07) 土砂災害防止法 (07) 緊急地震速報
コミュニティ関係施策			(69)「コミュニティ-生活の場における人間性の回復」(国民生活審議会) (70) コミュニティ (近隣社会) に関する対策要綱 (自治省) (71) 社会教育審議会「地域社会における生涯教育のための公民館の活用」 (80) 都市計画法改正による地区計画制度の創設		(92) 都市計画法改正 (都市マスタープラン) (98) 特定非営利活動促進法 (00) 地方分権一括法 (00) 介護保険制度開始	(03) 地方自治法改正 (指定管理者制度)
主要災害	(45) 三河地震 (45) 枕崎台風 (47) カスリーン台風 (48) ジェーン台風	(59) 伊勢湾台風 (64) 新潟地震 (68) 十勝沖地震	(78) 伊豆大島近海地震 (78) 宮城県沖地震 (82) 長崎豪雨		(90) 雲仙岳噴火 (93) 北海道南西沖地震	(95) 阪神・淡路大震災 (04) 新潟県中越地震

図31 防災行政パラダイムの変遷

2……第二期(都市基盤防災期:1970年代)

　急速な経済成長を遂げた我が国では、1960年代から70年代にかけて急速な都市化を経験することになる。狭い地域に多数の人口が密集することは、社会の脆弱性を高め、災害リスクを増大させた。加えて、増加する人口に対応できるだけの社会資本の整備が十分に追いついていなかった。このため、例えば内水氾濫の危険性が増大し、木造狭小住宅が林立することによる大規模火災の危険性などが増加することとなった。

　ここにおいて、防災は、都市化によって生じた様々な課題(例えば騒音、異臭、大気汚染などの環境問題や交通渋滞・交通事故など)の一つとして捉えられた。そのため、都市の問題を総合的に捉え、都市全体の安全性を改善するための再開発事業や社会基盤の整備に多くの政策資源が投入されることとなったのである(中嶋1970)。この典型は、1969年から始まった東京都江東地区防災拠点再開発事業などに見ることができるし、梶・塚越(2007)によれば、1970年代に建設された筑波研究学園都市も、都心の過密を解消し都市の防災性向上のために実施されたとされている。

　また、この時期の地域社会については、大規模な人口移動に伴い、特に都市での人間関係が希薄化したことが深刻な問題として捉えられるようになった。このため、特に都市部ではコミュニティの再構築が重要な課題となっていったが、1970年におけるコミュニティ施策の中心は、コミュニティセンターなどの施設整備に置かれていた。人口急増地域では様々な社会資本が絶対的に不足しており、これを克服することがコミュニティ活動の大前提であ

ったからに他ならない（武川 2005）。そして、そのことは住民によるボランタリーな活動がこの 20 年で大きく進化する条件整備の役割を果たしたと考えられている（玉野 2007）。

ところで、都市への人口集中は他方で地方部の過疎を同時に引き起こした。地方部では若者がいなくなり、地域の担い手が不足するといった事態が全国各地で生じていた。つまりコミュニティの崩壊は都市だけではなく地方でも進行しており（武川 2005）、例えば地方部における水防団の弱体化などを指摘する意見[74]もあったが、ハードによる被害抑止効果がまだ十分に期待されたこの時期までは、それほど大きな地域社会の課題として認識されることはなかった。

3……第三期（コミュニティ防災期：1980 年代〜阪神・淡路大震災）

❶「減災」概念と「自助・共助・公助」概念の誕生

1973 年の第一次オイルショック以降、日本の高度成長は終焉し安定成長期に入った。前述のような都市基盤整備のための大規模な公共投資が行われたにもかかわらず、かつてほど税収は伸びないため公共部門の財政状況が大きく悪化した。このような中、かなりの成功をこれまで収めてきた国土保全などについても考え方の変化が見られるようになった。

その変化を端的に表すのが「減災」という概念の登場である。藤野（1981）は「いくら堤防を高くし、数多くのダムや遊水池を作り、治山・砂防を強化しても、この国から水害を完全に無くすことは、不老不死の妙薬を追い求めるのと同じように、天を恐れぬ不遜な願望であろう」と述べて、「水害を無くす」という発想ではなく「被害を軽減する」という発想に立つことの重要性を述べている。またこれと同じ発想に立つ石原（1981）は「治水の施設計画で目標とした出水の規模を上回るような大洪水の時には、（中略）生命財産の損失を最小限に食い止める方策を予め講じておくことが極めて重要なことはいうまでもない」と、一定の被害発生を受容し、その上で対策を考えようという発想を「減災」という言葉で表現している。

被害の発生を許容するという立場は、いわば国民の生命・財産を守るための政府の役割に限界を設けたということに他ならない。そこで、防災に関してすべてを行政に依存する地域住民を戒め、住民自らが災害に対して強くあ

---

[74] 新居他（1981）における木下武雄氏の発言（p.31）などが挙げられる。

るべきといった議論（木下 1983）や、地域住民が自らで自らの地域を守るという思想の普及が必要だといった主張（浅間 1980）が特に土木工学の分野では聞かれるようになった。すなわち災害から生命・財産を守るための第一義的な対策は住民自らや地域によって行われるべきであり（自助・共助）それを上回った時に初めて行政が支援する（公助）という考え方は、この頃に確立されたものと考えることができる。

　このようなパラダイムシフトの背景には、災害リスクの低頻度化に伴う住民のリスク認知の低下があった。一定の国土保全効果が得られ、さらに都市の利便性や快適性が高まるにつれ、多くの都市で暮らす人々にとって自然災害リスクを認識する機会はほとんどなくなった。そのことにより、いったん社会資本の災害抑止力を上回る外力が生じれば、無防備な地域社会はたちまち激甚な被害に見舞われることになる。だからといって、これまでのように国土保全投資や防災再開発事業など大型事業を行うことでさらに災害リスクを低下させることは、財源的にも厳しく、非効率であるとの認識も高まっていた。このため、防災行政においては住民と行政の役割分担が強く意識されるようになってきた。

❷地域コミュニティの発達

　他方、地域社会に目を向ければ、1980年頃から都市への人口流入は落ち着きを見せ、地域社会の構成員も比較的安定するようになった。これらを反映してか、地域社会においては特に地域課題の解決に向けた「テーマ型コミュニティ」が発達し、それぞれの地域の課題を地域で解決するための組織化が進んだ時期でもある（日本都市センター 2001）。

　防災について言えば1978年には、伊豆大島近海地震、宮城県沖地震と地震災害が連発し、さらに東海地震の予知を前提とした大規模地震対策特別措置法（大震法）が施行されるなど、災害に対する世間の関心を集める出来事が集中している。特に、地震の直前予知が可能であるということを一般に思わせしめた大震法は、個人や地域コミュニティに対して具体的な行動を促す意味では非常に大きなインパクトがあった（田中 1980）。この頃から地域コミュニティの防災活動の活性化やリーダーの重要性（中林ら 1983）、事業所との連携、高齢化への対応（室崎 1988）など、今日でもおなじみの課題が指摘されるようになった。

❸都市生活の複雑化による不確実性の増大

　これまでの都市防災の課題は、貧弱な都市基盤に大量の人口が流入してくることに起因する都市の物理的脆弱性と、都市における人間関係の希薄さに起因していた。これに対して交通インフラや情報通信技術の発達と、特に1980年代後半以降に顕著になった経済的取引のグローバル化と高度化は、都市の防災対策に「不確実性」という新たな次元を付与することになった。銀行窓口のATM、コンビニやファミレスの登場など、高度なインフラに支えられた市場によるサービスが人々の生活の非常に身近な部分にまで行き届き、また依存するようになってきた。このため災害発生時に生じるであろう社会的混乱の予見可能性は著しく減少し、それらを事前に予見することを極めて困難にしたのである。

　これを反映して、国土庁は1990年代に入ってから防災白書の中で、「都市活動の24時間化と防災」（平成2年版）「現代の家庭生活と防災」（平成4年版）「都市の変化と防災」（平成5年版）「在日外国人に対する防災対策」（平成6年版）といった新しい防災課題を次々と取り上げはじめたが、こうした政府の不安の多くは1995年の阪神・淡路大震災で現実化することとなった。

4……… 第四期（地域防災期:阪神・淡路大震災以降）
❶「分業」から「協働」へ

　阪神・淡路大震災が我が国の防災対策に与えたインパクトは甚大なものであり、様々な都市防災上の課題が明らかになった災害であると言われている。確かに、大規模化・長期化した避難所運営の問題や仮設住宅の大量供給の問題など、新しい課題もないとは言えない。しかしながら、これまで概観してきたように、この震災で生じた問題の中にはそれまでから再三指摘されていたことも少なくない。

　例えば、日本火災学会による調査では、震災で生き埋めになった人の中で、消防・警察・自衛隊などの公的機関により救助された人はわずか1.7％に過ぎず、34.9％が自力、31.9％が家族・友人、28.1％が近隣・通行人によって救助された。この調査は災害時の地域コミュニティの重要性を示す根拠として、様々なところで引用されている。しかし、大規模地震災害時の生き埋めについて地域社会の役割の重要性は、すでに1980年代から指摘されつづけており、そのような問題関心から、自主防災組織の結成などが促され続けてきたのである。したがって、地域コミュニティの重要性自体はことさら新し

い発見ではない。

　むしろ、阪神・淡路大震災の真のインパクトは、課題の発見にあるのではなく、課題への対処の方策についてであった。それまでが、自助・共助・公助という言葉によって、防災におけるそれぞれの主体の役割分担を明確にする「分業」の発想が強かったのに対して、阪神・淡路大震災以降はむしろそれぞれの主体が同じ目的を共有し連携して行動する、すなわち「協働」という発想により力点が置かれるようになったのである。

　例えば、阪神・淡路大震災における生き埋め者の救出において、実際に地域において活動したのは、公的機関でないのはもちろん、自主防災組織や町内会でもなかった。それは隣人であったり、通勤途中のサラリーマンであったり、たまたま近くの友人の安否を確認に来た学生であったり、行政職員であったりなど、そのとき助けられる立場にある人々がやれる限りのことをそれぞれに尽くさざるを得なかったのである。

　多様な主体による目標の共有と連携の重要性は、この時期に火山防災の分野からも提唱されている。岡田・宇井（1997）は、国内外の火山災害の教訓から火山災害のためのテトラヘドロンモデル（正四面体）を提唱した。これは、「学者」「行政」「マスメディア」を底面の頂点とする三角形が、もう一つの頂点である「住民」を支えるというモデルである。ここにも、単なる役割分担を超えて、災害被害の軽減という共通の目標に向けて多様な主体がお互いに連携し、協力すべきであるといった規範意識がこの頃までに形成されていったことがうかがえる。

❷新しい災害対応主体の誕生

　話を阪神・淡路大震災に戻そう。人命救助だけではなく、避難所運営やその他の被災者支援についても同様であった。そして行政すら対応できない問題の解決に大きな役割を果たしたのは、地域での支え合いや全国から集まったボランティアによる支援であった。全く知識を持たず、組織にも属さず活動をしようとしたボランティアらによる混乱や問題も少なくなかったが、成功を収めた地域では、組織化されたボランティアと被災住民らの協働で様々な地域課題を解決していった[75]。特定の支援ニーズに対する活動を行ったボランティア組織も多数誕生し[76]、現場の問題解決に貢献することだけでなく、行政では把握できなかった問題の政策課題化に対しても非常に大きな役割を果たした。こうした経験が日本での市民活動にとって大きな転機となり、

1998年の特定非営利活動促進法（いわゆるNPO法）の制定につながったと言われている。

❸市場メカニズムの導入

経済が発達するにつれて、かつては家庭や地域が担っていた機能が市場経済によって置き換えられはじめた。その典型は2000年に導入された介護保険制度である。

この制度の導入によって、災害時要援護者の対応におけるケアマネージャーや介護サービス事業者の役割は極めて大きくなった（田村ら2005）。厚生労働省によれば、2000年には149万人であった介護サービスの受給者は、2007年4月時点で356万人まで増大している。平成18年10月1日時点における、全国の介護サービス事業者数11万3029のうち、営利法人が4万7183（41.7％）および社会福祉法人（37.7％）である。これらの民間事業者も、地域社会の協働のパートナーとして大きな役割を担うようになってきたのである。

これら介護サービス受給者への支援はもちろんのことながら、災害発生時に避難所や自宅での生活が困難になった要援護被災者への対応も必要になってきた。そこで、定員枠を越えた場合でも緊急的な入所を認めるしくみも2004年新潟県中越地震以降整備されてきた。最近では災害時における介護サービス事業者相互の応援態勢もそれぞれの地域で構築されつつある。

5………「地域防災」概念の特徴

阪神・淡路大震災以降に多用されるに至った「地域防災」概念については、次のような特徴を見出すことができる。

第一に、「地域」という概念の変化である。地域防災計画でいうところの「地域」とは、単に「全国」ではなく、それぞれの地方自治体の区域内において有効な計画といった程度の意味しか与えられていなかった。しかしながら、この頃には「地域」とは必ずしも物理的、地理的に限定されたものではなく、企業やその地域で働く労働者、NPO、観光客、かつて居住してその地

75　有名な例として長田区御蔵地区の「まち・コミュニケーション」がある。
76　このような事例は枚挙に暇がないが、例えば被災外国人向けに災害情報を提供する目的で多言語FM放送を開始した「FMわぃわぃ」や、仮設住宅に居住する被災独居高齢者の見回り活動などを前身として設立された「阪神高齢者・障害者支援ネットワーク」などがある。また災害時に被災した障害者支援のネットワークを構築するための「ゆめ風基金」が設立され、今日に至るまで災害時の障害者支援のあり方についての様々な活動や提言を行っている（ゆめ風基金2007）。

域に愛着を持つ市民など、さまざまな主体を含む包括的な概念であるといったとらえ方がなされるようになっていった。阪神・淡路大震災におけるボランティアの多くがそこに住民票を持たない「よそ者」であったことを考えれば、これは当然の論理的帰結であった[77]。

第二に、「防災」概念の変化である。まず、「地域防災」は福祉・教育などの近接他分野から災害発生時の問題を論じる際に、よく使われるキーワードとなっている。第三期までにおいては、防災とは主に直後の人命救助や避難の問題として捉えられていたが、阪神・淡路大震災は、高齢者・障害者などの要援護者の支援や、学校の再開、生徒・児童らの心のケアなど、従来の防災対策の範疇を超えた問題を顕在化させた。これによって、関連諸分野において災害時の問題についての検討が深められていった。このため、「防災」は特に地域社における様々な課題を考える一つの切り口の役目を果たすようになっていった。

同時に防災分野においても、地域社会における人々のつながりがあれば、かならずしも防災を直接的に意識していなくても、その地域の災害対応能力は高いという認識が一般化してきた[78]。特にここ数年は、地域の安全を脅かす凶悪犯罪などについても地域社会の行動が求められるようになり、自然災害のみを対象とした自主防災活動では十分でなく、様々なリスクに対して総合的な対策が必要だという認識も一般化しつつある[79]。

以上をまとめると、「地域防災」という概念は、単に自主防災組織を活性化して住民相互の共助を推進しようといった狭小な概念ではない。地域社会の高齢化、多様化を反映して、災害時には様々な地域課題が顕在化するよう

---

[77] このため、最近では地域の防災活動において外部の専門家やボランティアの連携を積極的に推進する方向での政策展開が行われており、総務省消防庁は平成18年度に「災害ボランティアと自主防災組織の連携」についての報告書をまとめている（総務省消防庁 2004）。
[78] 「地域防災とは言わない地域防災」の考え方であり、渡辺（1999）に詳しい。神戸市危機管理室は、防災活動と福祉活動を統合した「防災福祉コミュニティ」の育成を震災以降行っている（高橋 2006）。なお、このような考え方についてはすでに室崎ら（1983）によって以前から指摘されており、阪神・淡路大震災以降に新しく生まれたわけではない。
[79] 総務省消防庁は、このような考え方に基づき「地域安心・安全ステーション」を平成16年度から推進している。
[80] このような地域課題の発生は野口（2006）・宮本（2007）らソーシャル・ガバナンス論が指摘する「新しい社会的リスク」の誕生と密接に関係している。
[81] 梶・塚越（2007）によれば「地域防災力とは……近隣社会の構成員が連携・結集して、どれだけ災害に対応できるかという総合的な自衛力を言う。構成員とはもちろん、そこに住む人のみならず、そこで事業を展開している企業の従業員、さらには大学や高校、中学校の学生なども含まれる」（p.167）と地域防災力を定義しているが、ここで掲げた定義は次の二つの点においてより広い。それは、その地域に拠点を持たない専門家やNPOなども「地域」の構成員であり得るという点と、防災活動の目標を災害時の効果的な対応に限定せず、防災をきっかけや切り口の一つとして広く地域課題の解決を目指すものと捉えている点である。

になり[80]、それらを防災を目的とした住民組織だけで解決することは困難になった。このため、「災害」を切り口として様々な地域課題を捉え直し、その解決を行政やボランティア、NPOも含めた多様な主体の協働により推進しようという考え方を反映した概念であるということができよう[81]。

さて、以上のような地域防災の考え方の変化に対し、我が国の防災行政はどのように対応し、また今後どのようにあるべきなのだろうか。このような問題意識のもと、次節では地方防災行政と地域防災計画のあり方について論じてみたい。

第3節 防災行政と地域防災計画

1　防災行政のサイクル

防災行政をマネジメントサイクルの観点から見た場合、一般的に①アセスメント、②被害想定、③計画作成、④対策実施、⑤評価の5つの段階によって構成されると考えられる（図32）。

それぞれのステージを簡単に紹介しよう。まず「アセスメント」とは、当該地域において発生する可能性のあるハザードや、その地域における土地利用や人口分布などをもとに、対策が必要な災害リスクを同定（identify）し、対策が必要な災害リスクの優先順位をつける作業である（日野1998）。「被害想定」とは、当該地域においてどのような被害をもたらす災害が発生しうるかをある程度数量的に把握し、防災対策が対象とする災害の姿を明確にする作業である。「計画作成」は、被害想定によって明らかにされた災害被害を未然に軽減し、あるいは発生した被害に対応するための対策を構築する作業である。「対策実施」は実際の被害軽減策や災害発生時の災害対応の実施そのものである。そして「評価」は実際に計画され、実施に至った対策が果たし

て災害被害を軽減するという目的に対して有効か否かを評価するものである。

　評価の段階を経て防災対策は次のサイクルに進むことになるが、その評価の結果の如何によって、対策実施のステージに戻るのか、あるいは対策そのものを見直すために計画作成にまで遡るかが変わってくる。場合によっては、社会経済環境の変化や新しい科学的知見の獲得によって、被害想定の段階にフィードバックするということもあり得る。いずれの場合にせよ、このようなサイクルを繰り返す中で、当該地域の被害の軽減や、または災害時の対応能力を段階的に高めてゆくということが期待されている。

アセスメント	被害想定	計画作成	実施	評価
対策が必要な災害リスクを同定し、優先順位をつける。	当該地域に影響を及ぼすハザードによりどれくらいの被害が生じるかを把握する。	アセスメントや想定の結果に基づき、地域防災計画などによって対策を検討し、計画する。	対策を実施する。	対策の進捗・効果を評価する。必要に応じて計画を修正する。

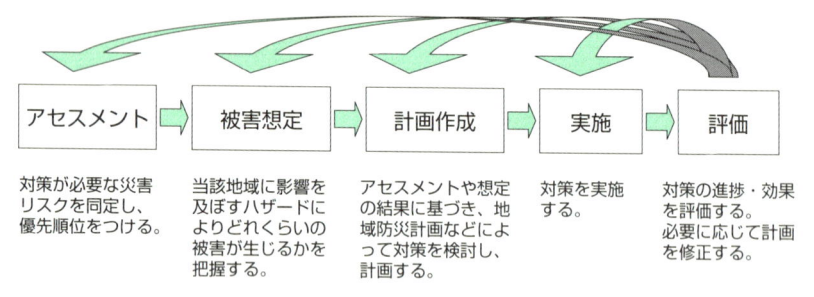

図32　防災行政のサイクル

　しかし、このような考え方はこれまで必ずしも一般的ではなかった。特にアセスメントや被害想定の議論を十分に行わずに計画策定が行われたり、また計画に記載された事業が必ずしも十分に実施されなかったり、またそうした対策の進捗管理や、被害軽減効果の評価が十分に行われていないといったことは、防災行政においてはごく普通に見られる。第1章で紹介したような、被害軽減の数値目標を定め、それを10年間で達成することを求める「地震防災戦略」が構築されたのは、防災行政におけるマネジメントの発想の欠如に対する反省の意味も含まれていたのである。

　筆者が現状の防災行政の中で最も問題だと感じている点は、アセスメントと被害想定が独立し、専門家による科学的な作業として捉えられてしまっていることである。そしてそのことは、防災行政の評価についても大きな問題をもたらしている。以下この点についてやや詳しく論じてみよう。

2……アセスメントと被害想定の重要性

　災害被害軽減のための対策やその規模は、対象とする災害の種類や規模によって異なる。このため、当該政府が対象とすべき災害の姿を明らかにしなければ、次のステップである計画作成の内容を議論することはできないか、極めて抽象的な対策しか検討できなくなってしまう。

　対象となる災害リスクを同定するアセスメントの作業は、防災対策の検討において以下のような意味を持っている。例えば水害と地震対策とのどちらに重きをおくかによって、避難場所の選定や避難計画は大きく異なってくる。地震の場合の避難場所は耐震性があることが最大の条件の一つになるが、水害ならば一定の標高が確保できることが最大条件となる。また長期的にみれば水害リスクの高い地域は、不燃化や耐震化を進めることよりも、土地利用そのものを規制する対策が優先されるべきかもしれない。アセスメントは、このように政策の大きな方向性を左右する重要な作業なのである。

　またアセスメントの結果、仮に地震対策を最優先の課題として設定したとしよう。しかし死者数名の災害と数千人の災害とでは、行政として対応すべき活動の内容が全く異なる。前者の場合は行政として特段の備えは必要ないかもしれないが、後者の場合は、阪神・淡路大震災がそうであったように、遺体の検死や安置場所および棺桶の確保、火葬場所の確保などを事前に計画し、その対応能力の限界を何らかの手段によって埋める作業が求められることになる。このように、多くの行政分野では、想定する災害規模によって対策の次元は全く異なる。このため、被害想定は防災行政を進めていく上で非常に重要な前提となる。

❶被害想定の科学性と政治性

　被害想定においては、科学的な情報が必要不可欠である。特に被害量を計算する過程では多くの仮定や前提が盛り込まれるために、その運用や結果の解釈には慎重さが必要である。

　例えば地震被害の場合について、被害想定は大きく次のような四つのステップを経るが、それぞれの場面において様々な科学的不確実性が存在する。

　（1）震源となる断層を特定し、その規模（マグニチュード）を決定する。

　地震被害想定の最初の段階において、どのような断層がどのようにどの程度動くのかということを決めなければならない。しかし、日本には2000以上の活断層があると言われ、それらのすべての場所や大きさが特

定されているわけではない。また、想定される地震規模（マグニチュード）は断層の長さによって計算されることになっているが、ある地域に断層が密集している場合、それらを個別の断層とみなすか、一連の断層とみなしすべてが同時に活動すると考えるかによって、地震規模はかなりの幅を持つことになる。

（2）想定地域の地盤状況に基づき震度分布を想定する。

地震の揺れは震源と規模だけでなく、地盤等の地下構造によって大きく変わる。例えば沖積平野など地盤が軟弱な地域では一般的に揺れが増幅され、同じ地震であっても強固な地盤の地域に比べて震度は大きくなる。したがって、震度分布を想定する際には、こうした地下構造のデータが必要となる。しかし、こうした震度分布を特定するための詳細な地下構造調査が行われている地域はそれほど多くなく、これから実施しようとしても莫大な費用がかかる場合がほとんどである。

（3）その震度分布に基づき、建物やライフライン等に与える被害を想定する。

得られた震度分布を基に、建物の倒壊率やライフラインへ与える被害を計算する。ここでは、阪神・淡路大震災などの過去の災害事例から経験的に求められた震度と建物の倒壊率や火災発生率の関係性を示す曲線を用いることがほとんどである。しかし、ここで用いられる震度は完全な観測値ではなく、何らかの方法で推計されたものにすぎない。なぜならこれら住宅の倒壊や火災が生じたすべての地点において具体的な地震波のデータが計測されるわけではないからである。

（4）その施設被害から、過去の災害の経験則によって人的被害や、避難者数の推計などを行う。

これも、阪神・淡路大震災など過去の災害において観察された、建物倒壊率と人的被害の関係式や、延焼火災を用いる方法が一般的である。しかしながら、地震による人的被害は何も住宅の倒壊や火災に限らない。例えば地震による列車事故や道路における乗用車事故、避難生活におけるストレスや病気に起因する間接死など、様々な要因が生じうるがこれらについての推計手法はまだ確立されていない。

被害想定は、このように不確実な要素を多分に含むために、想定する主体がどのような仮定を置くかによって大きく結果は変わってくる。それゆえに、想定結果は、想定主体がその被害想定をどのように用いたいのか、という政策的な意図が反映されやすいものとなる。あくまで一般論だが国土保全のためのハード対策を推進したい立場からの被害想定は、被害が大きく出るような仮定を好む傾向があるし、逆に地方自治体は災害時の対応が求められる上に、産業誘致や定住人口の確保にとってマイナスになることをおそれ、大きな被害を想定することに対して抵抗を感じる人々も少なくない。

❷適正な想定水準

　では、適正な想定被害の水準とは果たしていかなるものなのか。残念ながら、これについて正解は存在しないといえよう。被害を大きめに想定してそれに備えるための対策を検討することは、災害被害の軽減という一点のみからみれば理想的ではあるが、さりとて対策にかかるコストを考えた場合には被害を大きくすればいいというものではない。また、一般的に被害の大きい災害ほど発生確率は低く、被害の小さい災害は発生確率が高いという経験則がある。被害を大きく見積もることは、それだけ発生確率の小さな災害に備えるということでもあり、結果的には無駄な投資だったと言われることも覚悟しなければならない。

　その逆に、被害を小さく見積もってしまった結果、その水準での防災対策がほとんど水泡に帰す事例もないわけではない。例えば2005年8月にルイジアナ州南部を襲ったハリケーン・カトリーナでは、堤防の決壊によりニューオリンズ市が壊滅的な被害を受けたが、地元新聞社によってその危険性が指摘されていたにもかかわらず、連邦政府・州政府による対応計画は、堤防は決壊しないとの前提で作成されていた。陸上輸送が使える前提の災害対応計画は、トラックによる輸送一つでも不可能になることからわかるように、浸水時には全く適応できるものではなかった。

　つまり、被害想定によって求められる被害の水準については、科学的な妥当性のみによって決定されるべきではなく、社会的な妥当性も同時に求められるのである。社会的な妥当性とは、すなわち、行政や地域の様々なステークホルダーの間で、どの程度の被害を前提として対策を検討するのかということに関しての合意が一定程度得られるという意味である。何より、最近ではこうした被害想定は一般に公開されることが前提となっている。それは、

ボランティアや地域住民、民間企業などが防災を積極的に考えはじめるにつれ、これらの主体もやはり対策の前提となる災害規模や被害の様相について情報が必要となっているからである。

　しかしながら、一般的に被害想定は多くの場合高度に専門的な業務と考えられており、その作成プロセスには専門家しか関与しない。このため、その被害想定がどのような条件に基づいて導出されたものなのか一般市民には極めてわかりにくいものとなっている。

　後述するように、最近では計画策定や対策の検討の過程においては、パブリックコメントなど市民の参画を働きかけている自治体もみられる。しかし、筆者はアセスメントや被害想定のプロセスが専門家によって閉じられていることによって、これらの市民参画の試みは水泡と化す可能性が高いと考えている。その理由は、防災対策の具体的内容そのものが、アセスメントと被害想定の段階でかなりの程度規定されてしまうからである。

3………被害想定と業績評価

　被害想定のプロセスを重視する理由を、防災対策の業績評価という角度からもう少し掘り下げて説明したい。

　業績評価を行う際の最も基本的指標としては、インプット、アウトプット、アウトカムの三つがあるといわれる（古川・北大路 2004）。インプットとは、すなわち、どれだけ使ったかということであり、事業費だけではなく、それにかかった人件費等も含む。アウトプットは、それにより生み出したサービスや施設を指す。アウトカムは、それによってどれだけの成果を挙げたかということになり、これは施策の目標に照らして評価されることになる。

　ここでインプットとアウトプットの比は、どれだけ少ない費用で算出したかという「効率性」を表し、アウトプットとアウトカムの比は、その施策がどれだけ政策目標の達成に有効だったかという「有効性」を表す。この両者の積、すなわちインプットとアウトカムの比は、いわゆる「費用対効果」と呼ばれる。このような関係を示したものが図33である。図には、例として住宅の耐震化推進施策の指標を加えている。

　ところで、そもそも防災対策事業の効果は、災害が発生して初めて実感できるものである。防災対策事業を評価するということは、多くの場合未だ発生していない災害に対しての効果を評価するということになり、これは本質的に困難な作業なのである。

例えば、地域の防犯効果を測定するということであれば、その地域における犯罪発生数などを調べることにより、防犯対策のアウトカム評価を実施することが可能である。その結果例えば設置した街灯数などのアウトプットが、どの程度犯罪抑止に効果があったのか、すなわち街灯設置による地域の防犯効果の有効性を評価することが可能である。

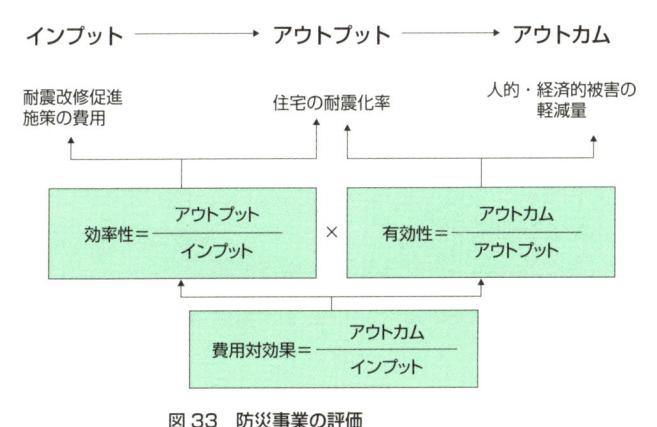

$$\text{効率性} = \frac{\text{アウトプット}}{\text{インプット}} \times \text{有効性} = \frac{\text{アウトカム}}{\text{アウトプット}}$$

$$\text{費用対効果} = \frac{\text{アウトカム}}{\text{インプット}}$$

図33 防災事業の評価
(出所)古川・北大路(2004)p.71 図10に筆者加筆

しかし、未だ発生していない地震に対して、同じような方法で被害軽減効果を測定することは難しい。例えば耐震化推進事業の評価を考えると、耐震化率と人的被害の関係は、すでに被害想定で与えられているものである。アウトカム評価を行おうとしても、地震が発生していない以上アウトプット（耐震化率）を被害想定の式に代入してアウトカム（被害軽減率）を求めることしかできない。防災対策の評価を、被害想定において利用した被害発生モデルに基づいて行うことはできても、そのモデルそのものの妥当性を評価することはできないのである。

結局のところ吉井（2007）が指摘するように、地震被害想定とは「どこで、どのような被害や困った事態がどの程度起きるのかを明らかにし、それに備えて事前に誰が何をすべきか、発生直後には誰が何をすべきか、復旧・復興の仕組みをどうすべきかを社会全体で考えるための調査」なのである。そうであるとすれば、防災行政の質的改善のためには、根本的に被害想定の手法そのものについての幅広い議論が不可欠である。

すべての市民が被害想定の内容を理解すべきだというのではない。被害想

定において用いられる仮定の妥当性などについて、科学技術の立場からだけではなく、産業界や市民など幅広いステークホルダーの意見が反映されなければならないということを主張しているのである。しかし、政府の地震被害想定を取りまとめる中央防災会議の専門調査会の委員のほとんどは理学・工学の研究者らによって占められている。調査会資料やそこでの議論が逐一公開されていることは評価されるべきであるとしても、そこでの想定内容が、社会的に対策に取り組むべきと合意された災害リスクを表現したものであると断言できる根拠は心許ない。

4……災害対策基本法と地域防災計画

地域防災計画とは、災害対策基本法において、都道府県防災会議（第40条）および市町村防災会議（第42条）において策定が義務づけられている法定計画である。それゆえに、我が国ではほとんどすべての市町村域や都道府県域において作成されているし、自治体ではほぼ例外なく地域防災計画の担当者が置かれている。

後述するように、防災行政の手段は決して地域防災計画のみではなく、しかも地域防災計画をどの程度重要視しているのかもそれぞれの自治体によって異なると考えるべきである。中には法定計画だから作成しているが、防災行政の手段として実質的にはほとんど利用していないといった自治体もないとはいえない。ここでは、なぜそうなるのかという理由も含めて、災害対策基本法と地域防災計画によって規定される防災行政の特徴や、実務上の問題点について概観することを通じて、防災行政と減災政策の課題について明らかにしていきたい。

さて、災害対策基本法によって規定された我が国の防災行政の特徴は、以下の三点に集約することができる。

❶部局・組織を横断する総合的な政策分野であること

災害はいったん発生すれば人々の生活のありとあらゆる場面において様々な障害をもたらす。このため、防災計画は行政におけるほとんどすべての部局が関係することになり、きわめて総合的なものとなる。これは災害対策基本法策定当時から認識されており、防災行政を特徴づける重要な性質であるといえる（藤村 1962）。

このため、地域防災計画は単なる行政計画ではなく、域内関係機関すべて

にとっての計画であるとされている（杉山1986）。災害対策基本法第14条では、都道府県防災会議の事務として都道府県防災計画の策定を定めており、会議の委員として陸上自衛隊の方面総監、教育委員会教育長、警視総監または警察本部長、市町村長のうち知事が指定するもの、指定公共機関職員のうち知事が任命するものなどが含まれている。第16条では市町村防災計画の策定のために市町村防災会議を設置することになっており、市町村防災会議の組織は「都道府県防災会議の組織および所掌事務の例に準じて」条例で定めることとなっている（第6項）。

❷既存の法体系・所掌体系を所与としていること

　災害対策基本法は防災関係の一般法であり、他の災害関連法規を特別法とする。特別法の規定は一般法に対し優先して適用されるため、基本的に災害対策基本法の制定によって、それまでに存在した法体系や所掌体系に大幅な変更が加えられたわけではない。むしろそれを認めたうえでの総合調整を行うことが期待されている。このことは災害対策基本法に関する審議が行われた第39回臨時国会の中で、当時の安井自治大臣の答弁でも明確になっている（風間2002）。

　そして、それゆえの問題として、災害対策基本法では、ハードによる予防対策が法のカバーする範囲から除外されている。具体的には災害対策基本法第46条で、災害予防の具体的事項について、①防災に関する組織の整備に関する事項、②防災に関する訓練に関する事項、③防災に関する物資および資材の備蓄、整備及び点検に関する事項、④防災に関する施設及び設備の整備及び点検に関する事項、⑤前各号に掲げるもののほか、災害が発生した場合における災害応急対策の実施の支障となるべき状態等の改善に関する事項、が定義されている。河川改修、護岸整備、砂防施設整備、都市計画等、ハード整備による被害の軽減（mitigation）はここには含まれていない[82]。

　これらのうち、風水害対策に関わる部分については1960年に制定された治山治水緊急措置法に委ねられることになった。このため、災害対策基本法を根拠とする地域防災計画についてもハード対策に関する記述がほとんどなされなかった。室崎は、阪神・淡路大震災までの地域防災計画について「自

82　この部分を問題視する論者は決して少なくない。例えば災害対策基本法制定当初から藤村（1962）は防災行政と治山治水などの土地行政が分離していると批判している。風間（2002）はこの法律における災害予防とは「preparedness」であり、「mitigation」は含まれないと解釈している。また元東京都副知事の青山佾もこの法律での災害予防とは「災害につよいまちづくり」のことではないという見解を示している（青山2004）。

治体の地域防災計画書をみると、その大半は応急対策の記述に終始しており、予防対策や復旧対策を記述する部分は極めて少ない」と指摘する。その理由として、防災行政についての権限的な問題だけでなく「建物などの構築物については十分な耐震性があるとの過信から、公園などの都市計画については費用が掛かりすぎるとのあきらめから、ハードの対策や構造的な対策を軽視する傾向があった」からだとする（室崎1999）。

❸防災計画によるコントロール（統制）を指向していること

災害対策基本法制定の直接のきっかけとなったのは1959年の伊勢湾台風である。それまでの我が国の災害対応は「各出先機関の間で舟艇の争奪が行われた事例」に象徴されるような災害対応の統一性のなさを、計画化・総合化し調整することの必要性から生じた（今井1961）。このため、計画の統合性を図るために、都道府県地域防災計画は防災基本計画に基づいて作成されなければならず（第40条）これを作成または修正しようとするときには内閣総理大臣に協議しなければならず[83]、この場合中央防災会議の意見を聞かなければならないと定められている（同条第3項）。

また、都道府県防災計画は指定行政機関の定める防災業務計画にも抵触してはならない（第40条）。このため、都道府県地域防災計画の修正協議過程では、すべての省庁に意見照会が行われている。これを図示したものが図

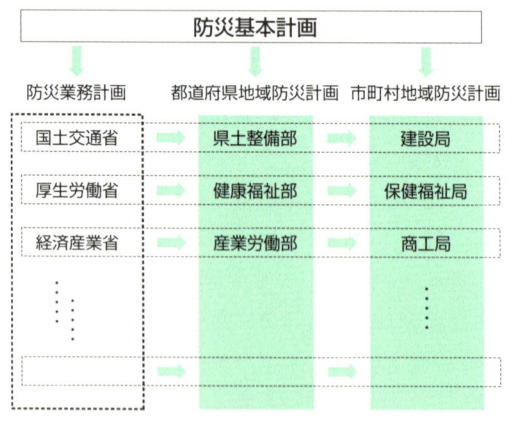

図34　防災計画の構造

---

[83] なお、平成20年（2008年）5月28日の地方分権改革推進委員会の第1次勧告書は、「協議」を廃止し、「報告」とするよう求めている。

34 であり、図中矢印は計画の上下関係を示している。すなわち地域防災計画は防災基本計画だけでなく、防災業務計画をも上位計画とし、両方の制約を受けていることになる。

なお、市町村地域防災計画も防災基本計画に基づき作成され、防災業務計画および都道府県地域防災計画に抵触してはならないと定められている（第42条）が、修正の協議は都道府県知事に対して行う（同条第3項）こととされ、すべての省庁に対して意見照会が行われるわけではない。このため、実質的には市町村の計画策定における自由度は都道府県のそれに比べて高い。

ただし、注意しなければならないのは、災害対策基本法によって規定される地方公共団体の事務はすべて自治事務であるという点である（防災行政研究会 2002）。これは、国民保護法によって定められる地方公共団体の国民保護計画の作成が法定受託事務であるということと対照的である。

5………地域防災計画の問題点
❶性格の異なる「対応計画」と「予防計画」の同居

地域防災計画において予防計画と対応計画はその性質が全く異なる。奥（1995）は、災害対応計画のような、偶発的事態によって地域防災計画における対応計画を「コンティンジェンシー計画（環境応答型モデル）」と呼び、それまでの「青写真型計画」すなわち外部から与えられた一定の目標に向かって科学技術的な分析を重ねながら一直線に突き進んでいく計画とは全く異なる性質の計画であると述べている。真山（1997）は地域防災計画を「災害応急対策や災害復旧および災害復興に関する部分」と「防災対策を主たる内容とする計画の部分」の二つの側面があるとし、それぞれ計画策定上の困難さが異なるとしている。

西尾（1972）による類型を適用すれば、対応計画については「計画による調整」を指向し、予防計画については「計画の調整」を指向しているといえる。例えば対応計画において最も重要視される点は、関係機関との緊急時の役割分担を明確にし、業務をプログラム化することで迅速に対応できるようにすることである。言い換えれば、計画に従って各主体が行動すれば、自ずから調整がなされることを前提とした計画である（「計画による調整」）[84]。

他方、予防計画はその地域の特性や想定されるハザードに応じて戦略的に

84　ここでの説明は主に秋月（1995）を参考とした。

取り組まれなければならないはずである。例えば河川堤防の耐震化の重要性は津波の危険性の有無によって異なるはずであり、自家消費を行っている農村地域において食料備蓄のプライオリティーは都市ほど高くはない。河川改修を優先するのか、あるいは都市の排水機能を優先するのかなど、予防対策においてはこうした対策相互間での優先順位付けがなされなければならない。このため、ここでの計画には本来的に多数の利害関係者が参画し、それぞれの実施計画が積み上げられ調整される過程の産物としての位置づけが強くなる（「計画の調整」）。

しかしながら、地域防災計画の作成・修正過程において後者のような「計画の調整」が行われることはあまりない。実際の地域防災計画の修正過程では、防災部局が修正案を提示し、担当部局と個別協議を経て修正案に反映される。

反面、予防対策、特にハードによる部分については、それぞれの部局で作成された「部門別計画」のうち、防災に関係する部分を抽出してとりまとめるケースがほとんどである。例えば地域防災計画の中に河川整備計画が記されていたとしても、それは河川課が持つ事業計画に示された内容が転記されているに過ぎない。あるいは小中学校施設の耐震化についても、市町村の教育部局が事業計画を策定し、国庫による補助を申請する。地域防災計画にはその教育部局の耐震化計画が転載されることとなる。

このため、多くの場合、地域防災計画における予防計画は他の計画を防災というキーワードで抽出し、束ねただけの計画となりがちなのである。これは、すでにみたように災害対策基本法が既存の法体系を所与としており、法の守備範囲からハード的な予防対策が含められていないことに起因している。そして結果的に現在の地域防災計画が対応計画としての意味づけが強くなっていることを意味している。

❷広域災害への対処が困難である

地域防災計画は自治体単位で策定されるため、自治体の境界を超える広域災害については一部の例外を除き対処可能な防災計画がない。もとより市町村間を超える災害は日常的に発生し、これまでも都道府県の調整によって対応してきた。しかし都道府県界を超えて複数の都道府県で被害が発生した場合の災害対応についてはほとんど例が無い。1995年に発生した阪神・淡路大震災でさえ、その被害が兵庫県内に集中したために、都道府県域をまたが

る広域的な災害への対応という課題は、震災以降の防災体制の見直し議論の中で取り残されてきた。

他方、東海地震の想定震源域が見直された結果、2002年に大規模地震対策特別措置法に基づく強化地域が拡大し、名古屋市を含む愛知県の多くの地域が新たに強化地域に指定されることとなった。また「東南海・南海地震に係る地震防災対策の推進に関する特別措置法（東南海・南海地震対策特別措置法）」が2003年から施行され、同年12月17日付けで推進地域に21都府県652市町村（当時）が指定された。同法により、各省庁などの指定行政機関や強化地域に指定された自治体は推進計画の策定が義務づけられることになったが、指定行政機関については防災業務計画の中に、また地方自治体については地域防災計画の中に推進計画を盛り込む形で作成されており、広域的な調整を意識して記述されているものではない。

災害対策基本法第3条2項では国の責務の一つとして「地方公共団体、指定公共機関、指定地方公共機関等が処理する防災に関する事務又は業務の実施の推進とその総合調整」を定めている。このため、都道府県を超えた広域的な災害については国による調整が期待されていると考えてよい。しかしながら、国の防災基本計画は具体的内容を地域防災計画や防災業務計画に委ねており、その記述は抽象的である。

中央防災会議「今後の地震対策のあり方に関する専門調査会」では、平成14年7月に発表した報告書の中で、重点的に取り組むべき施策の一つとして、都道府県相互間で災害対策基本法第17条に基づく相互間地域防災計画を策定することを推進すべきとしている。また、これを受けて総務省消防庁は「都道府県境を越える圏域での広域的な防災体制に関する研究会報告書」の中で、富士山噴火災害を事例とした都道府県間地域防災計画の策定指針案を発表している。しかし現在のところ都道府県間相互地域防災計画が策定された事例はない。

広域的な調整に関する議論は、防災基本計画や都道府県相互間地域防災計画といった法定計画ではなく、むしろ法定外の要領の中でより具体的に議論されるようになっている。例えば中央防災会議は、広域的な被害が予想される東海地震について2003年に応急対策活動要領を作成し、関係都府県の支援および関係都府県の区域を越える広域的な災害応急対策活動を実施することを計画している。この応急対策活動要領は、2006年には東南海・南海地震について、2007年には日本海溝・千島海溝周辺海溝型地震についても作

成されている。このなかでは、国が具体的に果たすべき業務や、都道府県の支援に関して具体的に想定される内容についての記述がある。もちろん、これらの記述はそれぞれの想定地震災害についてのものではあるが、基本的な考え方と構成はどの要領も共通しており、想定外の広域災害についても準用されるものと思われる。

❸価値体系・価値判断の欠如

　すでにみたように、災害対策基本法はその制定以前からあった法体系や所掌関係に変更を加えるものではなかった。そのため、防災対策とは、それぞれの部局で関係する法や計画に基づいて行われる業務を束ねるだけという意識が働き、その結果、地域防災計画には実現可能な事業しか記載されなくなるという問題が生じる。すなわち「必要（ニーズ）に応じて対策を立てるのではなく、可能な対策の範囲に必要（ニーズ）を限定する」（真山 1997）ことになる。

　このため、地域防災計画に記載された事業を行うことによってどれだけの被害軽減につながるのかは明らかにされてこなかった。こうした反省から、最近では地震防災の分野において明確な減災目標を掲げその達成にむけた事業計画を、地域防災計画とは別個に「アクションプログラム」として策定する動きがみられる。この詳細については章を変えて論じることとする。

　もう一つの問題として、計画に記載されている内容相互間の優先順位が明らかでないことが指摘される[85]。一般的に、地域防災計画に記載されているからという理由だけでその事業に予算が付くということはない。部門別計画などそのほかの様々な根拠を列挙し、それぞれの事業部門は財務当局に予算を要求することになる。そのことは、地域防災計画にすら記載していない事業に予算措置は行なわれない、ということを意味しており、その結果「災害予防計画は、さまざまな事業・計画の羅列に陥りやすく、計画・事業の目標や効果等の記述が欠落する傾向」（熊谷ら 2000）にある。

　しかしながら、防災計画の作成にあたっては政策価値の問われる場面が少なくない。第一は予防対策における価値判断である。例えば 2004 年 10 月に発生した新潟県中越地震では、中山間地域における集落孤立の問題がマスコミ等によって大きくクローズアップされた。東南海・南海地震の想定被災地

---

[85] 加藤ら（2000）は地域防災計画策定支援システムの必要性の一つとしてこの点を指摘している。

の多くは中山間地域であるため、推進地域に指定された都府県にとっては真剣に対策を考えなければならなくなった。しかし国・地方を合わせて800兆を上回る債務を抱え、そして人口減少もすでに現実のものとなった今日において、過疎に悩む中山間地域の防災のためにどれだけの政策資源を投入することが許されるのか。本来予防計画はそうした問いに答えるものでなければならない。

❹ステークホルダーの計画過程への参加機会の欠如

このように、防災計画の策定に当たっては多様な価値観との間で政治的調整が行われるべき事項が少なくない。地域住民や当該地域に勤務する者、NPOらの様々な社会的団体などのステークホルダーは、近年では防災の主要な主体と位置づけられているにも関わらず、計画策定過程に参加する余地が極めて少ない（室崎1996, 1999; 山本2000; 風間2002）。

これは、室崎（1996）や熊谷ら（2000）が指摘するように、地域防災計画が行政の業務計画であり、行政計画、あるいは行政行動マニュアルであるという認識が強いことと無縁ではない。しかし、地域防災計画が決してそのような行政内部文書としての性質だけではなく、価値判断が必要な事項を含むものであることはすでに述べたとおりである。

❺業務責任と計画権限の不一致

防災行政において地方自治体が果たすべき役割は大きい。防災行政が自治事務であることはすでに述べたとおりだが、特に災害応急対応についてはその一義的責任は市町村にあるとされる。災害対策基本法では都道府県の責務の一つとして市町村の支援、また国の責務の一つとして都道府県の支援を挙げている。一般的には市町村の対応能力を超える災害になって初めて都道府県の機能が求められ、それを上回って初めて国の機能が求められると解されている。いわゆる「補完性の原理」である。

しかしながら、災害対策基本法では反対に国の計画が上位に置かれ、都道府県、市町村の計画が作成されるよう規定している。このため、地方自治体が独自の対策を計画に含めることは、不可能とはいえないまでも、それほど容易なことではない。上位計画との整合性の問題を避けて通ることができないからである。

第4節 地域防災計画の相対化現象

　以上列挙した問題により、地域防災計画は防災行政の手段としてはいくつかの限界が生じていることがわかる。そこで、比較的最近ではあるが、地域防災計画が持つ限界を克服するために、代替的な政策手段が採用されるようになっている。

1……アクションプログラム
❶アクションプログラムとは何か

　最近都道府県を中心に、地震防災に関するアクションプログラム（またはアクションプラン、行動計画など）を作成する動きが目立っている。アクションプログラムには明確な定義はないが、ここでは各自治体が取り組むべき事業を目標毎に包括的かつ体系的に示した行政文書を指している。アクションプログラムの作成には法的根拠はなく、各自治体が独自にかつ自発的に作成している。都道府県における全国的な作成状況を示したのが表21である。

　地震防災に関するアクションプログラムが作成されるのは都道府県が多く、市町村レベルではいくつかの例はあるものの、それほど普及はしていない。また、表21に示された県は、いずれも近い将来高い確率でプレート型地震が発生しそれによる被害が想定されている地域である。例えば2002年に岐阜県・愛知県が、2004年に滋賀県・和歌山県がそれぞれ策定しているが、これはそれぞれの県や県内市町村が東海地震対策強化地域や東南海・南海地震対策推進地域に指定された時期に重なる。少なくとも、表21を見る限り大規模地震の切迫性があるということがアクションプログラム作成に至る必要条件であると言ってよい。

　またほとんどの場合、プログラムの目標や理念、施策の柱または施策分野、具体的事業といった重層的な構造を持ち、目標達成のために必要な施策や事業を体系化している。また、具体的目標として数値目標を掲げたものや、実

表21　地震防災に関するアクションプログラムの策定状況

都道府県名	計画名	策定年
東京都	東京都震災対策事業計画	2002年
愛知県	あいち地震対策アクションプラン	2002年
岐阜県	岐阜県緊急アクションプログラム	2002年
宮城県	震災対策アクションプラン	2003年
三重県	三重地震対策アクションプログラム	2002年
山梨県	やまなし防災アクションプラン	2003年
和歌山県	地震防災対策アクションプログラム	2004年
滋賀県	地震防災プログラム	2004年
静岡県	静岡県地震対策アクションプログラム	2006年
徳島県	徳島県地震防災対策行動計画	2006年
奈良県	地震防災対策アクションプログラム	2006年

(出所)牧ら(2006)を参考に筆者作成

施期間を明記したものもあるが、必ずしもすべての県でそうなっているわけではないから、数値目標の有無はアクションプログラムの本質的な要素ではないといえよう。具体的な一例として、静岡県地震対策アクションプログラムの一部を図35に示した。

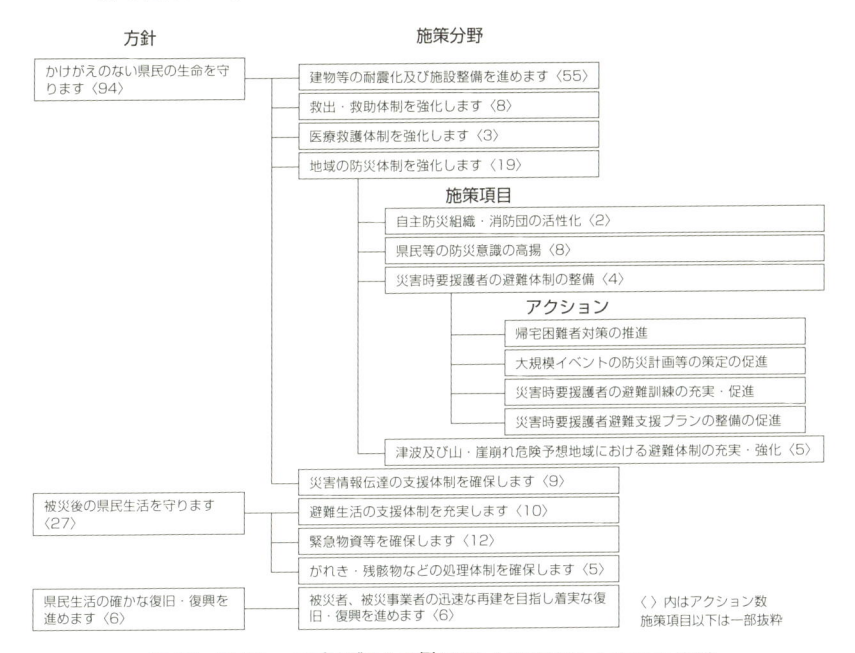

方針　　　　　　　　　　**施策分野**

かけがえのない県民の生命を守ります〈94〉
- 建物等の耐震化及び施設整備を進めます〈55〉
- 救出・救助体制を強化します〈8〉
- 医療救護体制を強化します〈3〉
- 地域の防災体制を強化します〈19〉

施策項目
- 自主防災組織・消防団の活性化〈2〉
- 県民等の防災意識の高揚〈8〉
- 災害時要援護者の避難体制の整備〈4〉

アクション
- 帰宅困難者対策の推進
- 大規模イベントの防災計画等の策定の促進
- 災害時要援護者の避難訓練の充実・促進
- 災害時要援護者避難支援プランの整備の促進

- 津波及び山・崖崩れ危険予想地域における避難体制の充実・強化〈5〉

被災後の県民生活を守ります〈27〉
- 災害情報伝達の支援体制を確保します〈9〉
- 避難生活の支援体制を充実します〈10〉
- 緊急物資等を確保します〈12〉
- がれき・残崩物などの処理体制を確保します〈5〉

県民生活の確かな復旧・復興を進めます〈6〉
- 被災者、被災事業者の迅速な再建を目指し着実な復旧・復興を進めます〈6〉

〈 〉内はアクション数
施策項目以下は一部抜粋

図35　アクションプログラムの例(静岡県地震対策アクションプログラム2006)

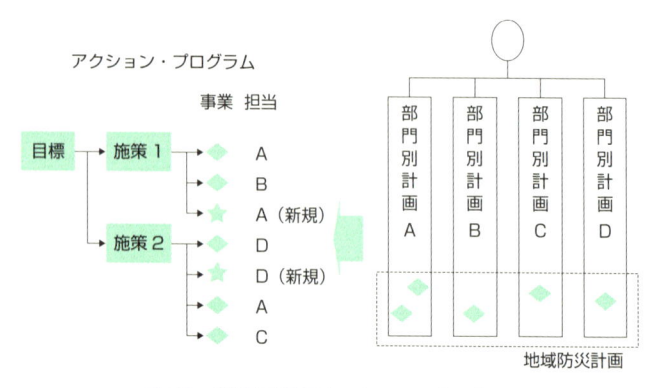

図36 地域防災計画とアクションプログラム

❷アクションプログラム作成の意義

自治体防災行政にとってアクションプログラム作成の意義は以下にまとめられる。

第一に予防対策の総合的・計画的実施の必要性である。アクションプログラムの内容はその定義から自ずと予防対策が中心となる。地域防災計画はすでにみたようにハードによる予防対策の記述が少ないという欠点があった。また地域防災計画における予防計画が既存の部門別計画の寄せ集めであったため、本当に必要な対策が網羅されているのか必ずしも明らかでなかった。巨大地震の発生が切迫している地域ほど、このことは非常に悩ましい問題であったと思われる。

表21で紹介したアクションプログラムは例外なく政策目標からトップダウン式に事業を構築する「戦略計画」の構造を有しているため、必要な施策の網羅性が担保できるという利点がある。アクションプログラムを作成した自治体の多くは、部門別計画を寄せ集めて作成された地域防災計画では記述され得なかった、新規の施策が導かれやすい。このため、自治体にとっては、必要な対策の漏れ落ちの可能性を軽減できる利点がある（図36）。

第二に、防災行政の評価を容易にするという点である。行政改革の流れの中で、行政にも事業評価システムを導入し、効率的な行政経営を目指す考え方が浸透してきた。このため防災行政においても、評価の基準である施策目標を明らかにし、事業内容を市民に示す必要がある。

ところが、地域防災計画とは地域内の防災関係機関すべてにとっての計画

であり、自治体単独の計画ではない。このため、地域防災計画は関係機関の役割分担や連絡調整に関する記述が中心となり、自治体が具体的にどのような取り組みを行うかを納税者たる市民にわかりやすく示すツールとしては不向きなのである。そこで行政としての取り組みを、施策目標も含めわかりやすく体系的に示すためのツールとして、地域防災計画とは別個にアクションプログラムが必要とされているのである。

　第三に、手続き的な自由度の確保である。すでにみたように、地域防災計画にはいくつかの上位計画があり、内容的にそれを逸脱することは許されない。さらにその修正においては国との協議を行う必要があり、それには時間と一定の労力を必要とする。このため、アクションプログラムが持つ要素を地域防災計画に含めることは仮に可能であったとしても、それを積極的に行う動機は自治体にとってそれほど大きくはない。地域防災計画の修正手続きにかかるコストを最小限にするためには、地域防災計画の記述はできる限り抽象的にしておくことが賢明だからである。

　災害対策基本法の法定計画という位置づけでなければ、自治体にとっては手続き的・内容的な裁量の余地が極めて大きくなる。現実に、アクションプログラムを策定した自治体の中にはその作成過程で様々な市民を取り込もうと努力しているケースも見られる。

2……防災基本条例

　他方で、アクションプログラムは任意の計画であるがゆえの問題も認識されるようになった。それは、計画では行政以外の主体の義務や責務について規定することができないという点である。

　災害発生時において行政が対応できるものはごくわずかであり、行政に依存せず、市民やそれぞれの家庭、事業所による備え（自助）と町内会・コミュニティなどによる相互扶助（共助）が重要であることは、阪神・淡路大震災以前からも指摘されていたことである。ボランティアやNPOなども含め、こうした民間主体の災害時の役割について、地域防災計画やアクションプログラムといった計画に記述することはもちろん可能であるとしても、それを担保する法規範が実は存在しなかったのである。

　もちろん、災害対策基本法第7条2項には住民等の責務として「地方公共団体の住民は、自ら災害に備えるための手段を講ずるとともに、自発的な防災活動に参加する等防災に寄与するように努めなければならない」となって

いるが、一般の民間事業者、非営利団体等についての規定は存在しない。また帰宅困難者などのように、「地方公共団体の住民」ではないけれどもその行政区域内で被災する可能性のある人々についても規定が無かった。

そこで、アクションプログラム作成の動きにやや遅れて、こうした防災に関係する様々な主体の責務や役割を明記した条例（以下、防災基本条例と呼ぶ）を作成する自治体も増えている。防災基本条例の中には、例えば香川県・岡山県などのように防災対策一般を対象にしたものもあれば、愛知県地震対策条例のように地震のみを対象としたものや、高知県のように南海地震だけに特化したものなど様々である。しかし、対象を特定したとしても、それは当該地域においてもっとも深刻な災害を対象として作成しているということが大きく[86]、またそれ以外の災害についての適用可能性を排除したものではないため、その意味では当該地域の防災活動の基本的な法規範としての役割を担っていると言ってよい。

現時点において防災基本条例を作成している都府県は表22の通りである。

表22　都府県の防災基本条例一覧

関係条例名	公布年月日
静岡県地震対策推進条例	平成8年3月28日
東京都震災対策条例	平成12年12月22日
埼玉県震災予防のまちづくり条例	平成14年3月29日
三重県地震対策推進条例	平成16年3月23日
愛知県地震防災推進条例	平成16年3月26日
岐阜県地震防災対策推進条例	平成17年3月23日
香川県防災対策基本条例	平成18年7月15日
宮崎県防災対策推進条例	平成18年9月19日
愛媛県防災対策基本条例	平成18年12月19日
鹿児島県防災対策基本条例	平成19年12月25日
岡山県防災対策基本条例	平成20年3月18日
和歌山県防災対策推進条例	平成20年3月24日
高知県南海地震による災害に強い地域社会づくり条例	平成20年3月25日
宮城県震災対策条例（仮称）	平成20年度中制定予定
鳥取県防災・危機管理条例（仮称）	平成21年度制定予定

出典：各県資料に筆者一部加筆

---

[86] 例えば高知県では、パブリックコメントにおける県の回答において「南海地震以外の地震が発生し、高知県に被害をもたらす可能性は否定できませんが最も甚大な被害をもたらす南海地震に備えることで、こうした（南海地震以外の）地震にも被害の軽減や地震後の対応も可能と考えています」と回答している。

ところで、民間主体の責務を法規範による条例によって定めたからといって、それによってそれらの主体が条例の期待する通りの行動を行うとは限らない。そもそもここで定められる住民や事業所の責務の多くは「〜するよう努める」といった努力規定であり、違反に対しての罰則規定はない。

　それでもなお、計画ではなくあえて条例によってこれらの主体の責務を明確にするということの背景には、議会による議決という民主主義のプロセスを経ることに重要な意味が認められるからに他ならない。例えば、岐阜県地震防災対策推進条例第5条3項では、「県民は、地震災害に備え、あらかじめ次に掲げる対策を講ずるよう努めるものとする。」として、建築物の耐震性の確保や、家具の転倒防止、食料や飲料水、医薬品の備蓄などをはじめとする対策を列挙している。こうした規定は、たとえ努力規定であったとしても、民主的正統性を有した法規範であることによって、行政に過大な負担を強いるような政治的圧力が生じた場合の重要な防波堤の役割を果たすのである。

　同時に、こうした条例の中に重点的に取り組むべき施策を盛り込むことによって、それらの施策に対する予算の配分をより確実かつ安定的にすることも期待できる。地域防災計画の記載事項については予算措置が担保されるものではないが、条例で定められた事業は原則実施しなければならないからである。

　もちろん防災基本条例を制定する理由は、こうした手続き的な正統性が必要なだけではない。いくつかの自治体では、県民や市民によるワークショップなどを繰り返しながら、条例制定過程を通じて、災害への関心を高めようとしている事例も見られる。議会による議決は、通勤客や観光客、選挙権を持たない外国人、外部から応援に来るボランティアなど、その地域において選挙権を持たない人々の意思や考えを直接的に反映することはできないのであるから、それを補完する仕組みとして条例制定過程における市民参画が重要視されるのである。

3………危機管理計画

　地域防災計画を補完するものの一つとして、「危機管理指針」ないしは「危機管理計画」と呼ばれるものがあり、ここ数年の間にほとんどの自治体で作成されるようになった。

　危機管理計画はアクションプログラムと同様に、自治体による任意の計画

であるから、法や上位計画によって明確に定義されたものはないが、ここでは第一に個別の危機事案ではなくて、様々な危機に対して統一的な対応を指向している計画であること、第二に個別部局だけではなく、全庁的な対応方針を示している計画であることを念頭に置いている。具体的には、危機的な事象、または危機的な事態に発生しかねない事象の発生時に庁内の連絡体制や初動体制を定めているものが多い（永松 2007）。

本書では詳しく触れなかったが、平成 16 年に「武力攻撃自体等における国民の保護のための措置に関する法律」（以下国民保護法）が制定され、武力攻撃事態において国民を保護するための計画として国民保護計画の策定がすべての地方自治体に義務づけられた。国民保護計画と地域防災計画は、避難計画や被災者の救援活動など、かなりの程度重複する記述内容が存在するが、最も大きな違いは、国民保護計画に基づく事務は国の責任によって実施されるべきものを地方自治体に受託している事務（法定受託事務）であるのに対して、地域防災計画は地方自治体固有の事務（自治事務）であるという点である。これによって、我が国は自然災害と武力攻撃による災害についてはそれぞれの対応のための枠組みが整備されたことになる。

しかしながら、市民の生命・財産を脅かし、行政の対応が求められる事態は近年多様化している。SARS や鳥インフルエンザ等の新型感染症をはじめ、食の安全性に関わる問題や、アスベスト等化学物質による健康被害、ひいては邦人の海外での誘拐事件など列挙すればきりがない。すでに十分に想定されている危機事象については、行政内でも所管部局が割り当てられてあり、そこでのマニュアルに沿った対応が可能であるが、実際に直面する危機はそのように所管が明確でないものもあり得る。こうした危機に対処するための業務分担と手続きを明確化する目的で作成されているのが、危機管理計画であるといえよう。ここにおいて、我が国の地方行政における危機管理は、地域防災計画による自然災害への対応と、国民保護計画による武力攻撃自体等への対応と、危機管理計画によるそれ以外の危機への対応という三本柱によって対応されることとなった（図 37 上）[87]。

しかしながら、結果的にみて所管が明確な危機であったとしても、それが明確になるのは危機発生からある程度事態が進行してからの場合が多い。例えば「列車が脱線し死者多数」という情報に接したとき、それが何らかの政治的意図を持った集団による組織的犯行であればテロとなり国民保護計画に

---

[87] このような位置づけをしている自治体は多いが、例えば宮崎県危機管理指針などを挙げることができる。

よる対応が求められることとなるが、鉄道会社の過失による事故であれば被災者の救護などについても一義的には鉄道会社が実施することが期待される。しかし事態発生直後はそうした事件の全体像が把握できないために、行政としての対応方針を決めるためにも、少なくとも情報収集や対応を協議するための体制作りは必要となってくる。このように考えた場合、危機管理計画の位置づけは先ほどとは異なり、いかなる危機的事象においても共通する考え方や初動体制について定める計画として位置づけられることになる（図37下）。

　危機管理計画の位置づけには以上のように大きく分けて二つのパターンがあるとはいえ、危機管理計画に共通の特徴は「危機事象への統合的対応」であるといえよう。上記の二つのパターンは災害対応と国民保護対応の扱いがそれぞれで違うということだけなのである。すなわち、いずれも危機事象毎にマニュアルや対応計画を作り、それぞれの部局で対応するのではなく、何らかの統一的な方針や手続きを定めて処理しようという発想が危機管理計画の根底にあることは間違いない。

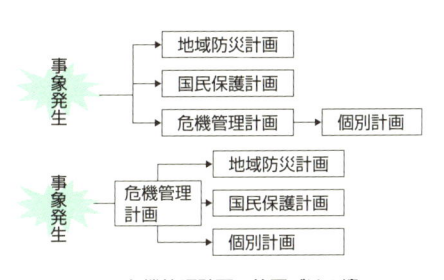

図37　危機管理計画の位置づけの違い

4……業務継続計画

　民間企業における事業継続計画に対応して、地方公共団体や行政機関における平常業務を継続するための計画として業務継続計画がある。業務継続計画は、その基本的発想や考え方において事業継続計画（BCP）と同じであるが、特に中央省庁、地方公共団体などの行政機関については、いくつかの点において民間とは異なる部分があるため、区別して業務継続計画と呼ばれて

いる[88]。

　地域防災計画、危機管理計画のいずれも、災害時に新たに発生する業務についてのみが対象であり、平常時の業務をどうするかについてはいずれも定めていない。しかしながら、これら平常業務の中には市民生活・国民生活に欠かせないものも存在し、災害が発生したという理由によってでさえ停止すべきではないものも少なくない。

　例えば市町村が運営している保育所の保育サービスはそのような例の一つかもしれない。保育サービスが停止すれば、サービス受給者である保護者の多くは出勤することができない。停止期間が長期化すれば、世帯の所得獲得の機会が失われることになりかねないし、また勤務先企業の事業継続に対して影響を及ぼす可能性もある。また、生活保護費の振込が遅れることも、受給世帯の生活に深刻な影響を及ぼすことが懸念されるため、停止してはならない業務に含まれるかもしれない。民間との契約において支払いが遅れることも、契約先の資金繰りに悪影響を及ぼしかねない。

　以上述べた業務はいずれも災害対応業務ではなく、したがって地域防災計画にも記載されていない。しかし、これらはいずれも災害時だからといって容易に停止することのできない業務である。こうしたことから、災害時の業務に加え、平常業務の中でも特に継続が必要であったり、優先的な業務回復が必要なものについて統一的に計画を定める必要が生じている。そこで注目を浴びているのが業務継続計画なのである。

　業務継続計画は中央省庁ではすでに作成が進められており、国土交通省は平成19年6月に計画を決定している。現時点では、地方自治体において業務継続計画を具体的に策定したところはないが、徳島県、大阪府、東京都などではすでに作成を正式決定しており、検討中の自治体もいくつか存在する（丸谷ほか2007）。

　業務継続計画は、中央省庁では首都直下地震の発生を想定して作成されているが、実際に適用される場面は必ずしも首都直下地震だけに限定されるわけではなく、様々な場面で活用されることが大いに期待される。行政機関にとって継続・早期復旧が求められる業務とは、それらの組織の社会的使命によって決定されるべきものである。その継続を困難にする事象が何であった

---

[88] 中央省庁の業務継続計画については、内閣府が「中央省庁業務継続ガイドライン」を平成19年6月に発表している。この中で、「業務継続計画」を官公庁の事業継続計画（BCP）を指す語であると定義している。
http://www.bousai.go.jp/jishin/gyomukeizoku/index.html

としても、継続すべき業務そのものが変わるということはあり得ないからである。それらの業務を継続するために必要な具体的対策は、地震や風水害、あるいはテロとでは大いに異なってくることが予想される。しかし、根本的な業務継続の考え方はすべての危機事象に適用できるものであり、地震災害を対象にした業務継続計画から、将来的にはすべての危機事象に適用できる計画へと発展させることは十分に可能であるし、またそれが期待されている計画であるといえよう。

　業務継続計画が適切に作成され活用されることは、一般的には行政サービスの受益者である市民・国民にとって便益をもたらすと考えられるが、注意すべきなのは、業務継続計画によって継続を目指すのは、行政サービスすべてではなく、「災害時優先すべき業務」として計画に記載された業務のみであるということである。言い換えれば、それ以外の業務については業務の継続や復旧が後回しにされるということでもある。そうすると、「災害時優先すべき業務」と捉えるかは市民・国民の利害に直結する問題となり得る。

　すなわち、「災害時に優先すべき業務」とは必ずしも自明のものではない。それを誰がどのように決定するべきなのであろうか。内閣府が作成した「中央省庁業務継続計画ガイドライン」では、それぞれの省庁で実施している業務がそれぞれ継続できなかった場合の社会経済的影響を、時間軸とともに五段階で自己評価し（「業務影響分析」）、それを基準にして災害時優先業務を選定することを推奨している。しかしながら、社会経済的影響の大きさの判断には主観やバイアスが避けられない。プライドの高い行政マンであれば、自らの業務の重要性を低く評価されることに対して嫌悪感を抱く可能性も否定できない。

　民間企業のBCPは経営戦略上非公開のケースが圧倒的に多数であるが、業務継続計画においては納税者であり顧客である市民に対して公開し、その内容について議論されることが不可欠であろう。

5⋯⋯⋯ガバナンス計画としての防災計画のあり方

　これまで見てきたように、防災基本計画・防災業務計画・地域防災計画を柱とした防災行政の推進には様々な限界があり、国や地方自治体は、それに対応すべく様々な政策手段を誕生させてきたことがわかる。しかも、こうした新しい政策手段の誕生が比較的最近の現象であることを考えると、これらの手段は法定計画を補完し、強化するものという理解は必ずしも当てはまら

ない。むしろ現代における災害リスクの質的変化と、それらに対処する社会の側の構造変化に対して、災害対策基本法の想定する防災行政のスキームが適合しなくなってきており、それに代わる政策の枠組みが模索される過程であると言えるのではなかろうか。

　地域防災計画から始まった防災計画の機能分化を図 38 に示した。ここでは、縦軸に対象ハザードの包括性を示している。すなわちその計画が適用される災害が個別具体的か、それとも様々な災害や危機に対して幅広く適用されるものかという軸である。また横軸は計画作成主体の包括性を示している。すなわち、行政単独によって作成される計画か、それとも行政以外の対応主体も幅広く作成主体に含めた計画かという軸である。これまで紹介してきた様々な計画をこの平面上に配置することによって、いくつかの傾向が明らかになる。

　なお、従来の地域防災計画は、地震や風水害などハザード毎に計画が分化しているが、具体的にどの断層による地震か、どの河川の氾濫による水害かまでは具体化されていない。また作成主体が行政だけではないが公的主体に限定されている、という点で、この図では中央に配置されている。

　第一の特徴は、予防計画と対応計画の分離である。地域防災計画には予防計画と対応計画という性格の異なる二つの計画が含まれていることはすでに述べたとおりであるが、そのうち、行政が実施する予防計画についてはアクションプログラムとし、行政の対応計画については危機管理計画や業務継続計画として整備が進められている。

　加えて、第二の特徴として、予防計画の具体化と対応計画の一般化である。アクションプログラムが特定のハザード（例えば東海地震、東南海・南海地震や特定の断層）を対象とした計画として整備されているのに対して、対応計画は多様な災害に対応できる方向で整備が進められている。

　第三の特徴として、包括的な主体による計画の不在である。地域防災計画やアクションプログラムの作成において、市民参加などの手法を積極的に取り入れている自治体は存在するが、それは、行政による災害予防や対応サービスの「顧客」として、その意見や考えを計画に反映するという視点であり、決して、計画過程に参加した市民を作成主体として位置づけているわけではない。市民や企業、NPO などの災害時における役割の大きさについてはすでに述べたが、これらが災害対応や予防対策における主体として、行政と対等な立場に位置づけられる計画は、今のところ存在しないのである。このよ

うな多様な主体の水平的な関係性により作成される計画は、ガバメント（行政）単独による計画に対して、ガバナンス（多様な主体による協治）型計画と呼ばれるが、今後の防災行政の課題はこのようなガバナンス型計画の構築にあると思われる。

すでにみた防災基本条例作成の試みは、今後の防災行政におけるガバナンス型計画の展開を予感させるものである。すなわち、防災基本条例では、災害対策基本法では必ずしも明確ではなかった新しい災害対応主体の役割と責任を明確にし、そこに政治的な正統性を付与することが目的であった。したがって、この理念を具体化していくための計画作成過程においては、もはや市民や企業、NPOらも行政サービスの「顧客」ではあり得ないからである。

ところで、このような「ガバナンス型計画」の実現をどのように行うのかは行政にとっては大きな問題であろう。様々な主体の参加と協働による計画過程は非常に時間と労力を伴うものであるし、法定外の計画としてそれを実現しようとすれば、地域防災計画の管理と平行して新たな計画に関する業務を抱えてしまうことになる。

あくまで私見ではあるが、地域防災計画の作成主体である市町村あるいは都道府県防災会議に、指定地方行政機関や指定地方公共機関に加え、商工会、町会連合会、ボランティア団体、企業など様々な主体を加え、地域防災計画

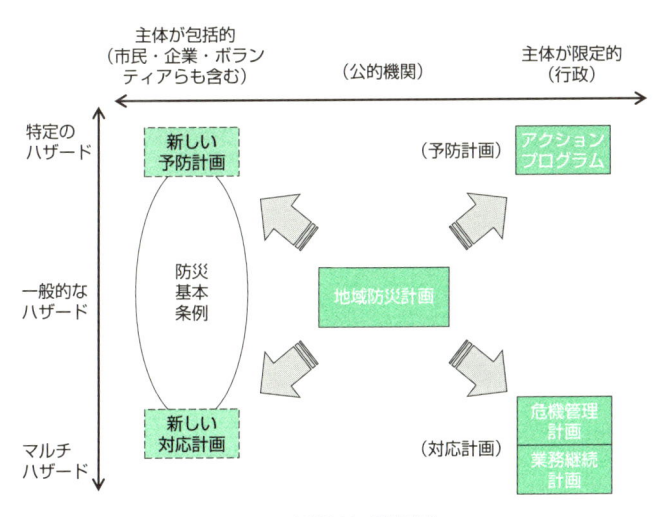

図38 防災計画の機能分化

そのものをガバナンス計画としてあらたに再構築するべきだと考える。災害対策基本法ではこれらの主体の防災会議への参加を予定してはいないが、決して禁止しているわけではない。

　すでにみたように防災に関する業務はすべて自治事務であり、地方防災会議は条例によって設置されているから、地域の実情に応じて会議の構成を変えることは制度的に十分可能なのである。我が国の減災政策全体の観点からは、自治体の創意工夫で新たな防災行政スキームを構築していく努力が不可欠である。

COLUMN

明石市地域防災計画（平成18年度修正）

　平成18年度（2006年度）に本格修正された明石市地域防災計画は、ガバナンス的な観点とアクションプログラムとしての機能を持たせた非常にユニークな計画となっている。

　平成16年度（2004年度）に明石市総務部防災安全課では浸水ハザードマップと津波ハザードマップを作成した。平成17年度（2005年度）における明石市の最初の仕事は、このハザードマップを市内の全コミュニティに紹介し、説明することであった。そこでは、ハザードマップそのものに対しての質問だけではなく、市の防災対策に対する疑問や不安、要望など様々な意見が出されることとなった。

　明石市では、これらの意見をすべてカードにまとめ、KJ法によって市民の意見を構造化し、それと現行の地域防災計画の記述事項を照らし合わせてみたところ、計画に記述された対策が必ずしも市民の関心や問題意識に対応していないことが明らかになった。平成16年（2004年）は災害の集中した年であったが、明石市でも台風23号によって避難所開設を経験していたため、「避難所の開設基準がわからない」「自主避難したときには救援物資はもらえるのか」といった具体的な問題提起が数多くなされた。

　新しい防災計画では、これら市民の疑問や要望に対して具体的な回答が求められた。しかし、すべての要望に行政が答えられるわけではなく、地域コミュニティによる自主的な対応にゆだねるべき事項も少なくなかった。同時に、市民から提案された意見は行政への依存を示すものばかりではなかった。例えば「近所の銭湯の残り湯を災害時の生活用水に使えるようにならないだろうか」といった提案もあった。そこで新しい防災計画の中では、行政が全面に出るのではなく、あくまで市民を主役に置き、こうした自発的な取り組みを積極的に支援するような防災計画にしたいというコンセプトが固まっていった。そのコンセプトは計画冒頭の「防災理念」として「市民力を活かした地域防災力の向上──市民の自発的な防災への取り組みを支えるために」を掲げることによって、明確に示されることになった。

　さらに、この理念を実現するための具体的目標を8つ掲げ、計画の中でそれぞれの目標に対応したアクションを列挙することによって、アクションプログラムとしても利用できる計画になっている点が、この計画の大きな特徴の一つである。アクションプログラムの必要性は常々感じていながらも地域防災計画と別途に作成するほどの余裕がなかったことが理由である。あまり例のない試みだということで、検討委員会には兵庫県の担当課長をメンバーに加えるなどの配慮を行ったが、実際にはそれほど調整が必要な事項はなかった。

　この計画は、あくまで地域防災計画であるから、主語は明石市

COLUMN

（正確には明石市防災会議）である。その意味では市民はあくまで計画の客体であり、計画の作成過程でも特筆すべきほどの参画・協働のチャンネルがあったとは言えない。その意味では、図38右上のアクションプログラムであり、左側のガバナンス計画と呼べるものではない。

　しかし、計画では市民が「主役」と位置づけられ、行政がそれを「支える」といったように、市民と行政との水平的な関係性を明確にしようとした点は、今後の防災計画のあり方に対して極めて示唆的である。というのも「市民が主役」というのは、あくまで現段階では行政の勝手な期待にしか過ぎないからである。それをどう実質化していくかが、今後明石市の防災行政において求められているといえよう。

第1節　防災理念
「市民力を生かした地域防災力の向上」
　　――市民の自発的な防災への取り組みを支えるために
第2節　防災目標
　[市民の防災活動支援に関する目標]
　　① 市民による災害時の対応活動を支援する
　　② 防災コミュニティづくりを支援する
　　③ 災害時に援護を必要とする人を支援する
　[行政の防災目標]
　　④ 危機管理体制を構築する
　　⑤ 市民の生活環境を維持する
　　⑥ 都市基盤の機能を維持する
　　⑦ 平常業務の継続と早期復旧を行う
　　⑧ 市民とともに防災関連事業を進める
（出所：明石市地域防災計画 http://www.city.akashi.hyogo.jp/m/060923_bousai.html）

図39　参考：明石市地域防災計画（予防編）の構成

第 4 章

巨大災害に向けたガバナンスの再構築
―― まとめに代えて

▶第1節………これまでの振り返り
▶第2節………減災政策におけるガバナンスの課題

第1節 これまでの振り返り

　本書のまとめの章を迎えるにあたって、これからの我が国が目指すべき減災政策と、それを支えるガバナンス構造について論じる。

　本書の議論を要約すると以下の通りである。第1章では減災政策論の基本的視点について論じた。これまで我が国は風水害を中心とした災害被害の劇的な軽減に成功しながら、他方で近年では災害の低頻度・高被害化および複雑化・多様化という現象に直面している。同時に人々が守られるべき災害リスクが、人命や基本的財産の喪失から、生き甲斐やつながりの喪失など、生活の質に関するものまで拡大している。

　このような中、災害リスク軽減のための政策的対応は極めて困難になっている。その第1の理由として、科学技術に内在する不確実性がある。高度に発達した科学技術をもってしても、現代社会の複雑な災害現象を正確に予測することはますます困難となっている。しかも滅多に発生しなくなった災害をさらに抑止するためには多大なコストがかかる。災害リスクの高い地域を事前に評価することができれば、より効率的な投資が可能となるが、現在のリスク評価がそのような判断が可能な程度の精度を有しているとは断言できない。

　第二の理由は、政治的関心の不安定性である。災害が低頻度化することによって、我々はあたかも災害から自由になったかのような錯覚に陥り、防災・減災のための対策は世間の関心を失い、結果、政治的関心も失われるため、政策資源も削減される。しかしいったん大規模な災害が発生すれば、マスコミによる過熱報道にあおられ極端に高い政治的関心を集めやすい。このような政治的環境においては、長期的視点に立った政策立案を行い、その政策にコミットすることはほぼ不可能であるが、他方でこれは民主主義に内在する不確実性への安全装置という側面も指摘された。

　第三の理由は、市場メカニズムの機能不全である。市場メカニズムは政策

資源やリスクの効率的配分を実現する上で極めて魅力的な機能である。しかし低頻度巨大災害リスクに対しては市場そのものが成立しないケースがある。仮に成立したとしても、個人のリスク認知のバイアス等により、必ずしも効率的な資源配分を達成する保障はない。しかも、市場メカニズムによる災害リスクの再配分は、予算の制約や不十分な災害リスク認知により、個人に必ずしも自由な選択を保障しないという倫理的観点からの問題もある。

　以上の分析から、筆者は今後の我が国の減災政策のあり方として次のような提案を行った。まず、減災政策の目標を、災害による人的・物的被害の軽減ではなく、生活の質に焦点を充てた「尊厳ある生の保障」へと転換することである。この転換は、具体的には減災政策に次の三つの考え方を要請する。一つは事前対策と事後対策を互いに補完的なものとして捉える考え方である。二つは、自助努力が困難な個人に限って政策的な支援を行うという弱者救済の発想を改めることを主張した。代わって災害リスクには個人の努力ではどうにもならないものも多く含まれており、それらに対してのセーフティネットを構築するという「安全保障」の発想を導入するべきだということである。三つ目は、持続可能性である。我々の社会システムそのものが持続可能で安定的なものになれば、低頻度な災害リスクであっても、それはいつか必ず起こるものであるととらえられ、災害リスク軽減のための対策が社会に内在化される。

　第2章は、災害における経済リスクの問題を取り扱った。災害は理論的には経済成長にとってプラスにもマイナスにも働くが、我が国のように、低成長時代を迎えた経済にとってはマイナス要素が大きいことが明らかになった。特に、都市が被災することによって生じる経済的問題の多くは、これまで考えられてきたような生産側の被害に起因するものではなく、人口流出など需要側に起因する問題であることが指摘された。

　これに関して、災害時に発生する経済システムとして贈与経済を取り上げた。贈与経済は、市場経済の回復を阻害し、災害時における被災地の需要を失わせる主たる要因の一つであることが示された。しかし贈与経済の発生は、災害時における取引費用の増大という観点から合理的な説明が可能であり、したがって、市場経済の回復を果たすためには、この取引費用を低下させるための人為的な調整メカニズムの導入が求められることを明らかにした。

　減災政策において経済リスクを軽減するためには、被災地の日常の経済活動をできる限り継続するための対策を実施することに尽きる。しかし、これ

まで政府により普及促進が後押しされてきた事業継続計画（BCP）は、基本的に供給側の対策であり、すでにみたような需要側の問題に対してはほとんど無力である。このため、災害時に発生する様々な需要を、被災事業所に結びつけるような人為的な調整が求められる。一つの事例として、被災事業者が被災者向けの弁当を製造する「弁当プロジェクト」を紹介した。経済リスクを軽減するための政策は、政府のみによってなされるわけではないことはもちろん、市場メカニズムによって達成されるわけでもない。むしろ市場の論理とは異なる論理と考えられてきた共同体の論理が、経済システムを下支えするという興味深い事実がここでは示された。

次に、将来の巨大災害による復旧・復興のリスクについて論じた。想定首都直下地震で生じる復興需要は、ここでの推計によれば3か年で年間GDPの4.2％に達する。それと同時に、地震被害による生産力の低下がGDPの4.8％見込まれるため、国内経済は超過需要に陥り、短期的には物価高・金利高・円安・株安といったシナリオが想定される。その後のシナリオは、どれだけ日本経済が速やかに生産力を回復し、生産性を向上できるかに関わってくる。このため、国民経済への影響が大きく、かつ将来的に成長が見込めるような分野に復興のための資金が優先的に投じられる必要がある。

しかしながら、我が国の災害復旧制度をみると、被災した公共土木施設等の社会資本については無条件で復旧するということが前提となっている。東海・東南海・南海地震などの超広域巨大災害においては、そもそも地域社会の持続可能性が問われるケースが続出することが容易に想像され、現行の災害復旧制度では、貴重な復旧・復興のための資金が、中長期的な観点からはかならずしも有効に用いられないことが予想される。しかし、「元に戻す」ということを前提としない復旧・復興をどうデザインするかは極めて難しい問題であり、そのためのガバナンスにおいては、政治が担う部分が大きいことを論じた。

第3章は、減災政策における意思決定および実施主体としての地域社会に着目し、「地域防災」概念の発展を概観し、その後地域防災計画のあり方を論じることを通じて、現在の災害対策基本法によって規定される我が国の防災行政の問題点と改善の方向性について論じた。「地域防災」という概念は実は阪神・淡路大震災以降、比較的最近になって多用されるようになった概念である。そして、地域防災という概念の中には、「自助」「共助」「公助」という言葉で説明されるような、個人や住民組織、行政との役割分担を明確

にするという意味だけではなく、これらが相互に協力し、補い合って地域の安全を守るという「多様な主体による協働」を内在した概念であるということを示した。

　他方、我が国の防災行政は、災害対策基本法によって定められた防災基本計画、防災業務計画、地域防災計画のヒエラルキーが存在している。地域防災計画について言えば市民やNPO・ボランティア・民間事業所らなど新しい災害対応の主体が計画主体に含まれていなかったり、単なる事業の羅列に終わり、何をどのような優先順位で行うのかといった価値判断が全く含まれないなどの問題点を明らかにした。

　このような地域防災計画の限界を克服するために、地方防災行政の現場では、アクションプログラムや地震防災条例の制定、業務継続計画、危機管理計画の策定など様々な計画が作成されている。このような動きから、今後の地方防災行政に求められることは、自然災害に限らず様々な危機事象を対象として、地域の多様な関係者が主体となって地域防災を推進するための、「マルチハザード・マルチステークホルダー」型の計画をどのように作成していくかが重要な課題となる。そしてそれは、地域防災計画とは別のものではなく、本来地域防災計画が持たなければならない性格のものであることを論じた。

　本書で論ずることのできたのは、あまたある減災政策の課題のすべてでは決してない。少なくとも本書は、IT技術の発達による災害情報の高度化や、その活用のあり方など、科学技術の直接的な利用のあり方や、また防災に関する科学技術そのものの研究開発方向などについて検討することはできなかった。それは、科学技術に内在する不確実性をどう政策的に取り扱うかということが筆者の関心であったからに他ならないが、しかし減災に直接・間接に役に立つ科学技術の開発は今後も進められるべきであることは言うまでもない。これは本書が全く検討できなかったテーマである。

　加えて、国家や社会の危機管理のあり方についても本書は十分に論じることができなかった。災害直後の行政の組織的対応のあり方をはじめ、組織の危機管理についてはこれまでも防災対策の主要なテーマであったが、この分野は9.11の米国同時多発テロ以降膨大な議論の蓄積があり、それだけで一冊の本が執筆できるほどである。加えて現段階ではそれらを十分に咀嚼できなかった筆者の未熟さもあって、このテーマについては次の機会に譲りたいと考えた結果である。

第 2 節 減災政策におけるガバナンスの課題

　さて、本書の最大の主張は、減災政策の立案と実施のための社会的枠組みそのものを大きく組み替える必要があるということである。この「社会的枠組み」のことを本書では「ガバナンス」と呼んできた。減災政策論においてなぜガバナンスの組み替えが最重要課題となるのか、そしてどのようなガバナンス構造が減災政策において求められるのかを論じて、本書を締めくくることにしたい。

1……四つの統治システム

　本書が減災政策を論じるにあたって、四つの統治システムについて言及してきた。それらをここでもう一度整理しておきたい。

　まず、最も本書で多くのページを割いた〈市場〉である。〈市場〉とは、個々の主体がそれぞれの利益を最大化することを目的として、個々に意思決定し行動することを通じて、社会における様々な資源の効率的配分の実現を目指すシステムであると定義する。

　第二に〈国家〉である。ここで〈国家〉とは中央政府のことだけを指しているわけではない。民主的な手続きによる正統性を根拠として集合的な意思決定を行い、その実効性を刑罰などの暴力によって担保しながら、様々な問題の解決にあたろうとするシステム全体を表す概念と定義する。

　第三に〈共同体〉である。〈共同体〉とは、ここでは必ずしも地域コミュニティのような具体的な集団を指しているわけではない。関心や利害を共有する人々の水平的なつながりを基本とし、構成員間の信頼や共有された規範意識・互恵性などを原理として問題の解決に当たるシステムとして定義する。

　第四に、〈科学〉である。ここでも〈科学〉とは研究者や学会のことを指すのではなく、科学技術そのものを用いた問題解決あるいは科学技術の成果に基づいた意思決定や判断による問題解決を図るシステムとして定義する。

2......〈市場〉・〈国家〉・〈共同体〉・〈科学〉の相互補完関係

　本書の議論のなかで浮かび上がってきたことは、以上の四つのシステムはそれぞれ単体で存在することはなく、相互に強く補完しあっているということである。それぞれの相互関係について、本書が論じた事例を交えて整理してみよう。

❶〈市場〉−〈国家〉の関係について

　〈市場〉と〈国家〉の関係性については古くから経済学の主要なテーマであり、その研究蓄積も膨大である。そのすべてをここで網羅し整理することはできないが、減災政策においては次の点を特に強調しておきたい。

　まず、〈国家〉は〈市場〉によってその政策運営に規律が与えられる。政府による防災対策事業が〈市場〉で十分に評価されたならば、人口の増加やそれに伴う地価の上昇が起こり、地方政府の税収の増大をもたらす。それは、地方政府間に競争が生じることになり、防災対策の一層の進展が期待できる。また第2章で見たように、災害復旧・復興のための財源確保においては、民間の復興資金需要に配慮し、優先度の高い事業から戦略的に実施する必要があるという本書の主張も、〈市場〉によって〈国家〉に規律が与えられる例といえよう。

　他方、〈市場〉の側も〈国家〉の介入によって、その機能を最大限発揮できるという側面がある。〈市場〉においては、災害リスクへの備えは個人の判断に委ねられており、どのような選択を行うかは基本的に自由である。しかしながら、すでにみたように、災害リスクはそもそも発生頻度が極めて小さく不確実性が大きいために市場が成立しない、また市場参加者のリスク認知のバイアスにより必ずしも効率的な資源配分をもたらさないといった問題があった。また個人の災害リスクの選択は、それぞれの所得・資産水準、リスクの理解度などによって大きく規定されるため、実質的な選択の自由を保障していないという問題が生じた。

　このような災害リスクに対して〈市場〉を機能させるためには、〈国家〉は次のような介入を行うことが求められる。

リスク情報の開示

　土地利用履歴、災害履歴、危険箇所、政府政策の決定に用いられた様々なリスク情報が市場参加者に対して開示され、わかりやすく利用される環境が整えられなければならない。また市場で取引される財や市場参加者に関する

情報についても公開され、判断の材料となされなければならない。

　例えば住宅の性能表示として耐震性や地盤の情報を開示することや、用いられている技術に関する情報、施工業者・販売業者についての情報などがこれにあたる。

基準の設定

　災害リスクに対して明らかに脆弱で、その結果深刻な被害が発生することが極めて高い蓋然性で予測されるようなものについては、一定の基準を満たさない限り市場における取引そのものを禁止することも〈国家〉には求められる。例えば耐震基準・防火基準を満たさない住宅を新規に建設することや建築基準法により禁止されているが、贈与や売買など、所有権の移転についても、一定の基準を満たさない限り禁ずるといった方策も考えられる。

コンプライアンスの確保

　上記のようなルールが設定されたとして、それが市場参加者に遵守されるための仕組みを確保する必要がある。例えば、監視（モニタリング）と違反者に対する罰則がそれに該当する。

インセンティブの確保

　補助金や各種優遇制度を用いて、市場参加者に対して社会的に望ましいと思われる行動を促進することも重要な政策手段である。耐震改修への助成制度などはその典型であるが、第1章で見たように、そもそも十分に市場が成立していない場合は、経済的インセンティブの設定が必ずしも望ましい効果を挙げないということには注意すべきである。

市場参加者のエンパワーメント

　〈市場〉による減災政策の推進を実現しようとすれば、〈市場〉から不可避的に排除されるような人々が発生することは避けなければならない。例えば老朽化した木造賃貸住宅には相対的に低所得者が多く居住している。彼らの中には、災害リスクを積極的に受け入れ、あえて安い家賃を選択している人々も含まれようが、多くの場合は安い家賃しか払えず、非自発的に災害リスクを受け入れざるを得ない人々も少なくない。〈市場〉を活用した防災対策を推進するにあたっては、こうした人々が実質的に市場に参加可能な環境を構築することは、〈市場〉を活用するにあたって真剣に検討されるべき課題である。もちろん、これは経済的な問題だけでなく、そもそも災害リスクをどのように理解すべきなのかといった知識の普及なども含まれる。

望ましくない結果に対してのセーフティネットの整備

　災害リスクは不確実性が高く、その結果も重大であるから、万が一の被害発生については最低限のセーフティネットが必要となる。生活再建支援法の改正はそのような方向性を指向するものであった。

国土利用のあり方や巨大災害時の復旧復興方針の明示と舵取り

　最も重要なことは、国土利用のあり方や復興方針など、マクロ的な政策方針は〈市場〉が決定することはできない。〈市場〉によってマクロ的な政策目標が規定されることはあっても、〈市場〉とは本来目指すべき政策価値の実現のための手段として捉えられるべきである。〈市場〉の活用は手段であって目的ではない。

❷ 〈市場〉－〈共同体〉

　一見相反するように見える〈市場〉の論理と〈共同体〉の論理は、実は互いに補完し、支え合っている。本書第2章第5節7でみた「弁当プロジェクト」は、災害時の市場経済の機能回復を〈共同体〉の論理が支えた事例であった。またグローバル化は、災害により機能停止した地域経済から需要を奪うことによって経済復興を阻害する要因となることを論じたが、同時に〈共同体〉の価値は、〈市場〉経済を通じてグローバルかつ普遍的価値へと昇華させる機会を提供されている。その意味で、〈共同体〉もまた〈市場〉経済を必要としている。

❸ 〈市場〉－〈科学〉

　〈科学〉は、〈市場〉そのものの創設に関わっている。例えば安価な耐震技術が開発されれば耐震改修の市場は拡大するし、リスクの詳細かつ正確な評価は、保険市場を創設するための基盤となる。緊急地震速報システムの開発は、速報の受信端末やそれを用いたサービスの市場を創造している。他方、市場を創造することによって、そこで得られる経済的利益が、科学技術開発への動機付けともなっている。

❹ 〈国家〉－〈共同体〉

　〈国家〉は、そのシステム上の性格から、画一的・一般的な制度を指向せざるを得ない。同時に、その意思決定や制度変更については一定の時間を必要とするなど、固定的・硬直的な側面がある。これに対して〈共同体〉は柔

軟に対応する。渥美（2008）が指摘するように、ボランティア活動の本質とは無償性ではなく、現場で生じるニーズに合わせて臨機応変にその組織や活動を変化させることにある。現在、我が国では義援金は生活再建支援法とほとんど変わらない配分方法になっているが、義援金も同様に、被災現場のニーズに合わせて制度の不備や隙間を埋める働きが期待される。

　また、〈共同体〉は、自らが主張する価値の実現を、具体的な制度によって担保するために〈国家〉を必要とする。阪神・淡路大震災後に成立したNPO法はその典型であるといえよう。

❺ 〈国家〉－〈科学〉

　〈国家〉が政策課題を設定する過程において〈科学〉の果たす役割は時に決定的に重要な役割を果たす。特にこれまでの地震防災対策においては、中央防災会議は被害想定を公表することによって世間の関心を集め、政府だけでなく民間においても自発的な対策の推進を促してきた。政治や世論の関心が不安定な減災政策において、科学技術の成果は世間を啓発するための手段として極めて重要な役割を果たしている。同時に、〈科学〉の側も〈国家〉の支援を得ることによって、さらなる研究開発の資金と機会を獲得することができるのである。

❻ 〈共同体〉－〈科学〉

　〈共同体〉もまた〈国家〉と同じく、自らの価値を主張するための根拠として〈科学〉を必要としている。本書ではこの関係について論じることはほとんどできなかったので、一つ具体的な例を紹介したい。平成18年豪雪災害時には、全国で雪かきのボランティアを希望する人々が存在したものの、多くは雪かきの経験がなく危険であると判断され、その善意を活かすことができなかった。そこで、新潟県中越地方を拠点として活動しているNPOは、翌年から「雪かき道場」を開催し、雪かきの技術を経験のないボランティアらに対して講習している。雪かきの技術は各家庭や地域で伝承されており、雪国での生活経験がない人々にその技術を伝達するためには、なぜそうなのかということを理論的に説明する必要があった。これを行う上で地元大学の雪氷工学研究者らの科学的知識が果たした役割は大きい。彼らが中心となって雪かきのテキストを開発した。この「雪かき道場」は、単に雪かき技術の講習にとどまらず、地元の高齢者らが講師となることによって、地域に活力

をもたらすと同時に、豪雪地帯における生活の価値をボランティアらが学ぶきっかけにもなっているのである（上村 2007）。また、〈科学〉の側もこうした〈共同体〉に活用されることを通じて、その社会的な意義と存在価値を説明することが今日では求められるようになってきている。

表23　統治原理の相互補完関係

		補完主体			
		市場	国家	共同体	科学
補完対象	市場		公的規制 市場参加者のエンパワーメント 舵取り	市場の機能回復を促進	市場そのものの創設
	国家	規律の獲得		制度の画一性・硬直性を補完	制度・ルールの根拠付け アジェンダ設定
	共同体	共同体の価値の普遍化	共同体の価値を制度を通じて実現		共同体の価値の実現を具体化
	科学	経済的利益による開発動機の獲得	研究開発の財源の獲得	社会的な意義の証明	

3……減災政策におけるガバナンスのあり方

　以上の議論は表23にまとめられている。これは、主に本書を通じて減災政策を論じてきた中で見えてきたものであって、四つのシステムの相互補完関係のすべてを網羅したものとは必ずしも言えないかもしれない。

　それでも、このように四つのシステムが相互補完的に存在するということを認識することが、今後の減災政策において極めて重要だと感じている。このモデルに従えば、四つのシステムはそれぞれよりよい政策の実現のため「道具」に過ぎない。「尊厳ある生の保障」という減災政策の目標を達成するために、これら四つの仕組みの補完関係を強化しなければならないというのが、本書が主張するガバナンスの姿である。それをモデル化したものが図38に示される。

　本書が一定の役割を評価しつつも批判の対象としてきた従来の「防災対策」は主に〈科学〉技術の成果を活用して、〈国家〉による国土保全対策を進めていくという、〈科学〉−〈国家〉の補完軸が中心であった。そして、このようなシステムが災害の低頻度高被害化によって行き詰まると、「防災対策は自助が基本」として、〈科学〉によるリスク評価とそれを用いた〈市

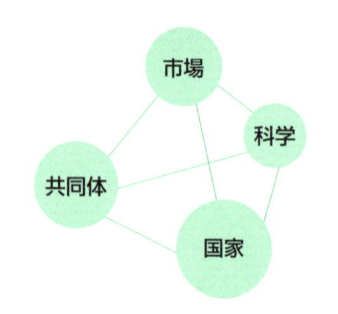

図40 〈市場〉・〈国家〉・〈共同体〉・〈科学〉の相互補完関係

場〉の活用が打ち出されてきた。

筆者は、現在我が国が向かおうとしている防災・減災対策のガバナンスは、〈市場〉と〈科学〉の軸にやや偏ったものではないかという印象を持っている。第1章でみた地震防災戦略や最近の防災白書などを見ると、基本的な被害軽減策の柱は個人住宅の耐震化などと、情報技術の活用による早期避難などのソフト対策が中心になっているからである。高齢化に伴う災害時要援護者の増大に対応して、地域社会の「共助」の重要性は政府も防災白書などの中で強調してはいるけれども、介護保険制度の導入によってそれらも〈市場〉による対応にかなりの程度置き換えられつつあるといえよう。

第1章で、筆者は災害リスクの多様化・複雑化に対応するために、「安全保障」の発想に基づく仕組みを構築することの必要性と、社会の持続可能性を向上させること、すなわち自然の時間軸に人間文明の時間軸を近づけることの重要性を主張した。第2章で論じた災害復旧・復興における戦略性の重要性を論じたのも、災害復興を持続可能な社会の構築のための機会として捉えようという提案であり、第1章で述べた減災政策の考えに沿ったものである。

これらは、価値判断に関わる問題だけに、〈市場〉や〈科学〉から当然に生まれてくる発想ではない。だからこそ、〈国家〉と〈共同体〉の果たすべき役割を筆者は強調したいのである。

減災対策の持続可能性を重視する減災政策においては、過疎化が進行する中山間地や、急傾斜地など特に災害リスクの高い地域に対して政策的資源を投入することには慎重でなければならない。被災後の復旧・復興にしても、長期的な戦略に基づき、復旧・復興投資の優先順位を明確にしなければならない。これは最終的には〈国家〉、特に政治の役割であることは言うまでもない。

このような優先順位の判断において、〈市場〉や〈科学〉は重要な情報を与えてくれる。しかし、単純に経済的基準や科学的リスク評価のみに判断を

委ねてはならないことは明らかである。それぞれの地域には固有の文化があり、歴史があり、人々の生活がある。何を残し、何をあきらめるかの判断は容易ではない。そして仮に災害リスクが高く、十分な対策が財政的に困難であっても、それを受容しながら共存する暮らしを選択する権利もあってよいはずだ。

政治的決定の前提として、このような〈共同体〉の主張する価値は十分に議論されていなければならない。そして、その決定に従ってどのように持続可能な社会を構築していくか、それを実質化していく作業においても〈共同体〉に期待されるものは大きいといえよう。

上記のようなガバナンス構想は現段階では抽象的なものであり、これをどのような具体的制度によって担保するのかは、本書が積み残した大きな課題であるといえよう。そのための研究展望を示して、本書の締めくくりとしたい。

❶減災政策のための財源と配分ルールに関する研究

一つ重要だと思われるのは、減災政策のための財源と配分ルールに関する研究である。現在、我が国では減災政策に関する財源や権限は各省庁に分散している。地震保険は財務省、生活再建支援金は内閣府、災害救助は厚生労働省、耐震化を含めた住宅政策は国土交通省といったように、それぞれの省庁の政策目的の範囲で予算が組まれている。そしてこれらを一体のものとして考えるための枠組みがない。

しかしながら、例えば耐震化が進めば地震保険の負担が軽減されるわけだから、地震保険の資金を耐震化のための財源として一部運用することはむしろ奨励されるべきことである。また企業の防災対策への貢献は、災害時における政府の負担を軽減し、災害時における被災者の生活の質を高めるのに貢献するかもしれないから、災害救助を担う厚生労働省の立場からも、企業の防災対策の推進は奨励されるべきことかもしれない。

だが、こうした様々な対策間の相互関係は極めて複雑で曖昧である。どのような政策分野でもそうであるが、特に災害という現象が高度に不確実であるために、これらの相互依存関係を完全に明らかにすることは困難であろう。

そこで、災害リスクに関する事前対策の費用の一部や、保険や支援金など事後対策のための資金の一部を特定の基金にプールする、「減災ファンド」のような仕組みが必要ではないかと思うのである。このファンドは地域ごと

に創設され、地域における被害軽減策や、災害発生時の被災者・被災事業所の保償のために使う資金として用いられる。そしてその原資として、税収の一定割合を宛てるとともに、地元事業者による出資、地震保険料の一部、地元自治体が持つ災害救助基金、災害発生時に当該地域に集められる義援金などを宛てる。そして設立されたファンドの運用は、出資者らによる運営協議会や専門家との協議により、地域の被害軽減や復旧・復興にとって最も有効な対策だと判断された事業や対策に対して補助を行うのである。

この発想は、災害リスクとその因果関係を科学的に解明し、それぞれの主体に対策の責任を負わせるアプローチではなく、地域を一つの運命共同体とみなし、共通の災害リスクに対して共有財産で軽減を目指すという、〈共同体〉の機能を発揮させるための仕組みである。このようなファンドを通じて、どのような災害リスクに対して、どのような対策にどの程度の政策的資源を配分するかということについての、幅広い議論が誘発されるのではないかと考えている。

いずれにせよ、減災政策の財源調達の仕組みとその配分のための意思決定枠組みを考えることによって、減災政策のガバナンスの具体的な変革を目指すことは今後の主要な研究課題となるであろう。

❷不確実性を内包した政策的意思決定のあり方に関する研究

もう一つは、〈科学〉が内包する不確実性を前提とした政策決定のルールに関する研究である。上記のようなファンドによって多様なステークホルダーによる対話と総合的な対策の検討が可能になったとしても、そのことは必ずしも合意の形成を保障するものではない。特に水害対策と地震対策、地震対策においても活断層型と海溝型という性格の異なるタイプの地震対策など複数のリスクを総合的に捉ええ優先順位をつけるということは、どのような方法によって可能なのか。例えば200年確率の水害と、今後30年以内の発生確率が50%である地震と、どちらのハザードが対策として優先されるべきかという問題に解答することは容易ではない。それぞれは異なる前提と考え方に基づくリスク評価だからである。

しかし、減災政策については、こうした問題について具体的に判断をしながら対策を進めてゆかねばならない。そのためには、社会で合意可能な論理、あるいは規範原則のようなものが必要不可欠になると思われるのである。

そして、具体的な政策決定が行われるために必要な科学的知識とは何かを

定義することも重要な作業である。そのことは〈科学〉に対して具体的な研究の方向性を示すことにつながるからである。

【参考文献】

Albala-Bertrand, J. M.（1993）, *Political Economy of Large Natural Disasters: with Special Reference to Developing Countries*, Clarendon Press.

Benson, Charlotte and Edward Clay（2000）, Developing Countries and the Economic Impacts of Natural Disasters, in A. Kreimer and M. Arnold（eds.）*Managing Disaster Risk in Emerging Economies*, The disaster risk management series 2, World Bank.

Birkland, Thomas A.（1997）, *After Disaster: Agenda Setting, Public Policy and Focusing Events*, Georgetown Univ. PRess.

Brookings Institution（2008）, *Tracking New Orleans and the Metro Area*, The New Orleans Index, Brookings Institution Metropolitan Policy Program and The Greater New Orleans Community Data Center, APRil.16, 2008.

Cannon, Terry（1994）, Vulnerability Analysis and the Explanation of 'Natural' Disasters, in Ann Varley（ed.）*Disasters, Development and Environment*, John Wiley & Sons, 13-30.

Dacy, C. Douglas and Howard Kunreuther（1969）, *The Economics of Natural Disasters: Implications for Federal Policy*, The Free Press, New York.

Doocy, Shannon et al.（2006）, Implementing Cash for Work Programmes in Post-tsunami Aceh: Experiences and Lessons Learned, *Disasters*, 30（3）, 277-296.

ECLAC（2003）, *Handbook for Estimating the Socio-economic and Environmental Effects of Disasters*, Economic Commission for Latin America and the Caribbean.

Horwich, George（1990）, Disasters and Market Response, *Cato Journal*, 9（3）, 531-555.

Horwich, George（2000）, Economic Lessons of Kobe Earthquake, *Economic Development and Cultural Change*, 48（3）, pp. 521-542.

IDNDR（1994）, *Yokohama- Strategy and Plan of Action for a Safer World*, International Decade for Natural Disaster Reduction. http://www.reliefweb.int/ocha_ol/PRograms/idndr/yokohama/index.html

ISDR（2002）, *Living with Risk: a global review of disaster reduction initiatives*, United Nations International Strategy for Disaster Reduction.

Kettl, Donald F.（2007）, *System under Stress: Homeland Security and Americanpolitics (2nd Edition)*, CQ Press.

Nagamatsu, Shingo（2002）, How much was donated after the 1995 Kobe earthquake? *Proceeding on 7th U.S. National Conference on Earthquake Engineering*, CD-ROM.

Ogus, Anthony（1995）, *Regulation: Legal Form and Economic Theory*, Clarendon Press.

Richardson, James A.（2007）, Housing and the New Orleans Economic Recovery, *Testimony to committee of Financial Service*, U.S. House of Representatives, Feb. 2007.

Sen, Amartya（1999）, *Development as Freedom*, Alfred A. Knopf. アマルティア・セン著、石塚雅彦訳『自由と経済開発』日本経済新聞社, 2000.

Skidmore, Mark and Hideki Toya（2002）, Do Natural Disasters Promote Long-Run Growth? *Economic Inquiry*, 40（4）, 664-687.

Slovic, Paul（1987）, Perception of Risk, *Science*, 236, pp.280-285.

Sylves, Rechard（2008）, *Disaster Policy & Politics*, CQ Press.

Tol, R. S. J. and Frank P.M. Leek（1999）, Economic Analysis of Natural Disasters, in T. E. Downing, A. J. Olsthoorn and R. S. J. Tol（eds.）, *Climate, Change and Risk*, Routledge, 308-327.

Thompson, William C. Jr., Comptroller City of New York（2002）, *One Year Later: The Fiscal Impact of 9.11 on New York City*, September 4.

United Nations Commission of Human Security（2003）, *Human Security Now* (Final Report of the Commission of Human Security). http://www.humansecurity-chs.org/finalreport/English/FinalReport.pdf

IFRCRCS（2001）, *World Disaster Report 2001: Focus on recovery*, International Federation of Red Cross and Red Crescent Societies.

愛知県（1960）『伊勢湾台風災害復興計画書』.

青山佾（2004）「セミナー自治体計画論（16）防災計画」『地方自治職員研修』37（7）, 61-63.

青木浩治（1999）「神戸港の将来展望」藤本建夫編『阪神大震災と経済再建』勁草書房, 180-211.

青木昌彦（2003）滝沢弘和・谷口和弘（訳）『比較制度分析に向けて』NTT出版.

赤井伸郎・永松伸吾（2003）「地方財政制度における災害保健機能とそのあり方について―阪神・淡路大震災の財政措置の実態と性質」『商大論集』54（5）, 619-639.

秋月謙吾（1995）「第5章:計画の策定」西尾勝・村松岐夫編,『講座行政学第4巻:政策と管理』有斐閣, 153-190.

浅間di他（1980）「座談会:防災行政について」『季刊防災』61.

足塚裕・加護野忠男（1997）「ケミカルシューズ産業の模索,」神戸大学〈震災研究会〉編著『阪神大震災研究3:神戸の復興を求めて』神戸新聞総合出版センター, 64-78.

足立幸男（1994）『公共政策学入門:民主主義と政策』有斐閣.

足立幸男編著（2005）『政策学的思考とは何か:公共政策学原論の試み』勁草書房.

渥美公秀（2008）「即興としての災害救援」山住勝広・ユーリア・エンゲストローム著『ノットワーキング―結び合う人

間活動の創造へ』新曜社.
新居amp太郎他（1981）「座談会：今後の防災行政のあり方について」『季刊防災』63.
五百旗頭真（1996）「第2章：危機管理―行政の対応」『阪神・淡路大震災誌―1995年兵庫県南部地震』朝日新聞社，330-374.
石井一ほか（1995）「阪神・淡路大震災に係る地方財政対策について」『地方財政』34（5），11-77.
石原安雄（1981）「防災と減災―とくに災害について」『季刊防災』63, 1-4.
今井実（1961）「災害対策基本法について―1―」『自治研究』37（12）．
上野山智也・荒井信幸（2007）「巨大災害による経済被害をどう見るか―阪神・淡路大震災，9.11テロ，ハリケーン・カトリーナを例として」『ESRI Discussion Paper Series』177.
大阪府（2006）『住宅・建築物耐震10カ年戦略プラン』http://www.PRef.osaka.jp/kenshi/kikaku/tuyoku/10plan/index.html
岡田憲夫（2006）「自然災害のリスクマネジメント」日本リスク研究学会編『リスク学事典』TBSブリタニカ，94-99.
岡田弘・宇井忠英（1997）「噴火予知と防災・減災」宇井忠英編『火山噴火と災害』東大出版会.
奥正嗣（1995）「「非ユークリッド型計画」としての危機管理計画―地方自治体の防災計画を中心として」『阪大法学』179, 25-852.
奥野（藤原）昌寛（1999）「情報化と新しい経済システムの可能性」青木昌彦ほか編『市場の役割・国家の役割』，東洋経済新報社，1999, 71-103.
越山健治（2006）「都市計画的視点から見た住宅復興の諸問題―被災後の都市社会が直面したすまいやまちの復興課題」『減災』1, 74-91.
加藤孝明・ヤルコンユスフ・小出治（2000）「地域防災計画策定支援システムの必要性とその例示」『総合都市研究』72, 219-229.
桂木隆夫（2005）『公共哲学とはなんだろう　民主主義と市場の新しい見方』勁草書房.
上村靖司（2007）「越後雪かき道場」『ゆき』68, 34-39.
河田惠昭（2006）『スーパー都市災害から生き残る』新潮社.
貝原俊民（1995）『大震災100日の記録』ぎょうせい.
貝原俊民（2005）『大震災からの警告―大震災は何を語りかけたのか』ぎょうせい.
風間規男（2002）「災害対策基本法の制定―防災政策ネットワークの形成」『近畿大学法学』50（1），1-82.
梶秀樹・塚越功編（2007）『都市防災学：地震対策の理論と実践』学芸出版社.
関西学院大学COE災害復興制度研究会編（2005）『災害復興：阪神・淡路大震災から10年』関西学院大学出版会.
関西学院大学災害復興制度研究所（2007）『被災自治体における上乗せ・横出し・独自支援策についての報告―2005年全国自治体調査から』.
木下武雄（1983）「防災事業の現状と今後への課題」『土木学会誌』68（10）．
熊谷良雄・岡田裕行・佐藤貴（2000）「阪神・淡路大震災以降の緊急対応への備え―都道府県での地域防災計画の改訂と総合防災訓練の改善」『都市問題』91（6），15-32.
黒田洋司（1998）「自主防災組織」その経緯と展望」『地域安全学会論文報告集』8.
高坂健次（2006）「進む階層化社会の中で「被害の階層性」は克服できるか―総資産5,000万円の壁をどう考えるか」関西学院大学災害復興制度研究所［編］『論』被災からの再生』関西学院大学出版会，65-79.
高坂健次・石田淳（2005）「災害とヴァルネラビリティ」関西学院大学COE災害復興制度研究会『災害復興：阪神・淡路大震災から10』関西学院大学出版会，167-181.
斉藤誠（2005）「リスクファイナンスの役割：災害リスクマネジメントにおける市場システムと防災政策」多々納裕一・高木朗義編『防災の経済分析』勁草書房，88-106.
佐藤主光（2005）「災害時の公的支援に対する経済学の視点」『会計検査研究』32, 33-50.
災害対策制度研究会（2002）『新・日本の災害対策』ぎょうせい.
災害対策制度研究会（2003）『必携　激甚災害制度の手引き』大成出版社.
島本慈子（1998）「倒壊―大震災で住宅ローンはどうなったか」筑摩書房.
清水亮（2007）「都市化と都市政策の展開」岩崎信彦・矢澤澄子監修・玉野和志・三本松政之編『地域社会の政策とガバナンス（地域社会学講座3）』東信堂.
杉山俊明（1986）「地震防災計画の現場から―静岡県の事例」『土木学会誌』71（4），64-67.
杉村芳美（1999）「雇用の復興と政策課題」藤本建夫編『阪神大震災と経済再建』勁草書房，112-138.
菅磨志保（2007）「阪神・淡路大震災10年以降の災害ボランティア活動―中越地震から能登半島地震へ」『消防科学と情報』90.
鈴木正敏（1999）『昭和恐慌史に学ぶ』講談社.
関満博（2001）「阪神復興とケミカルシューズ産業」関満博・大塚幸雄編『阪神復興と地域産業：神戸市長田ケミカルシューズ産業の行方』新評論，17-27.
関谷直也（2008）「災害の経済被害」吉井博明・田中淳編『災害危機管理論入門』弘文堂，242-251.
セン，アマルティア（2006）『人間の安全保障』集英社新書.
総務省消防庁（2006）『災害ボランティアと自主防災組織の連携に関する事例集』.
損害保険料率算出機構（2007）『日本の地震保険』．
竹内宏（1988）『昭和経済史』筑摩書房.
玉野和志（2007）「コミュニティからパートナーシップへ：地方分権改革とコミュニティ政策の転換」羽貝正美編著『自

治と参加・協働:ローカルガバナンスの再構築』学芸出版社.
高橋利昌(2006)「神戸からの発信――地域コミュニティの絆」『日本集団災害医学会誌』11(1),22-28. 竹内宏(1988),『昭和経済史』筑摩書房.
高橋亀吉・森垣淑(1993)『昭和金融恐慌史』講談社学術文庫.
高田光雄(2005)「住宅復興における取り組み」兵庫県『復興10年総括検証・提言報告:第3編健康福祉分野』327-375.
高嶋哲夫(2007)『巨大地震の日』ちくま文庫.
田近栄治(2000)「生活再建のための公的支援の課題とあり方」『兵庫県震災対策国際総合研究事業検証報告』第4巻,69.118.
田村圭子・林春男・立木茂雄(2005)「介護保険制度は要介護高齢者の災害対応にいかに働いたのか─2004年7.13新潟豪雨災害と10.23新潟県中越地震を事例として」『地域安全学会論文集』7.
田中一昭(1980)「都市防災対策行政のあり方についての一考察─行動管理庁の調査結果から」『自治研究』56(5).
大大特成果普及事業チーム33(2008)『巨大災害へのカウントダウン』東京法令出版.(近刊).
地引泰人(2008)「行政による被災者生活再建支援」吉井博明・田中淳編『災害危機管理入門』弘文堂,220-229.
豊田利久・川内朗(1997)「阪神・淡路大震災による産業被害の推計」『国民経済雑誌』176(2),1-15.
武川正吾編(2005)『地域福祉計画:ガバナンス時代の社会福祉計画』有斐閣アルマ.
中西準子(1995)『環境リスク論』岩波書店.
中川和之(2003)「「市民による自立再建」めざす震災復興対策」『岩波科学』73(9),982-990.
中谷武(1997)「被災地の雇用問題」神戸大学〈震災研究会〉編著『阪神大震災研究3:神戸の復興を求めて』神戸新聞総合出版センター,93-102.
中嶋猛夫(1970)「大都市防災計画の方向」『新都市』24(6).
中野一慶・多々納裕一・藤見俊夫・梶谷義雄・土屋哲(2007)「2004年新潟県中越地震における産業部門の経済被害推計に関する研究」『土木学会論文集』24, 289-298.
中林一樹・小坂俊吉・木平秀夫(1983)「大都市における地域防災組織の実情と住民の地震災害対応行動に関する研究」『総合都市研究』20.
長岡豊(1998)「経済復興」長岡豊編『震災復興の歩み―産業と都市の再生』知碩書院, 1-35.
永松伸吾(1999)「震災と家計資産に関する考察」『大阪大学ディスカッションペーパー』99-06.
永松伸吾(2000)「地方財政制度と震災復興」『月刊自治研』42(486), 35-43.
永松伸吾(2003)「防災政策のガバナンス―巨大リスクに対する公共の意思決定のあり方に関する一考察」『都市のガバナンスⅡ:政策アントロプレナーを求めて,』(財)阪神・淡路大震災記念協会,. 41-57.
永松伸吾(2006)「人口減少社会における防災政策の課題」『季刊ひょうご経済』93.
永松伸吾(2007)「自治体危機管理計画の調整課題:都道府県を題材として」日本自治体危機管理学会2007年度大会予稿集.
永松伸吾(2007)「地震に負けるな地域経済:小千谷・柏崎発「弁当プロジェクト」のススメ」独立行政法人防災科学技術研究所災害リスクガバナンス研究プロジェクト.
永松伸吾・丸谷浩明・野村達雄(2006)「関西企業の事業継続の取り組みと課題」『地域安全学会梗概集』18,. 25-28.
永松伸吾・林春男・河田惠昭(2005)「地域防災計画にみる防災行政の課題」『地域安全学会論文集』7, 395-404.
永松伸吾・林敏彦(2003)「間接被害概念を用いた復興政策評価指標の開発」『地域安全学会梗概集』13, 89-90.
永松伸吾・林敏彦(2005)「阪神・淡路大震災からの経済復興と復興財政の機能について」DRI調査研究レポート『震災復興と公共政策Ⅱ』7, 40-59.
西尾勝(1972)「行政と計画─その問題状況の素描」日本行政学会編『行政計画の理論と実際』勁草書房.
日本都市センター(2001)『近隣自治とコミュニティ』.
畑恵春・坂井豊(2005)「第十章:住宅復興への挑戦」(財)阪神・淡路大震災記念協会『翔べフェニックス:創造的復興への群像』297-330.
阪神・淡路大震災調査報告編集委員会(2000)『阪神・淡路大震災調査報告(共通編-1)総集編』.
林宜嗣(1999)『地方財政』有斐閣ブックス.
林宜嗣(2005)「震災10年と兵庫県の産業」『季刊ひょうご経済』85, 8-13.
林正寿(1999)『地方財政論:理論・制度・政策』ぎょうせい.
林敏彦(1996)『ハート&マインド経済学入門』有斐閣.
林敏彦(2005)「復興資金=復興財源の確保」兵庫県『復興10年総括検証・提言報告:第二編総括検証』372-449.
林敏彦・永松伸吾(2000)「しごとの復興:復興特需で遅れた構造改革」『阪神・淡路大震災復興誌(1998年度版)』65-73.
人と防災未来センター(2007)『2004年10月新潟県中越地震に関する研究報告書』.
http://www.dri.ne.jp/research/pdf/rep_14.pdf
兵庫県(1995)『阪神・淡路大震災復興誌[第一巻]』.
兵庫県(1998)『阪神・淡路大震災復興誌[第二巻]』.
兵庫県(2003)『災害復興公営住宅団地コミュニティ調査報告書』.
兵庫県土木部(1997)『阪神・淡路大震災「平成7年(1995年)兵庫県南部地震」―土木施設の地震災害記録』.
平山修久・河田惠昭(2007)「広域災害時における災害廃棄物処理の広域連携方策に関する研究」『土木学会論文集G』63(2), 112-119.
平山洋介(1999)「都市/統合/分割 復興公営住宅の実態とその意味」神戸大学〈震災研究会〉『阪神大震災研究4

大震災 5 年の歳月」神戸新聞総合出版センター, 253-268.
平泉信之・小黒一正・森朋也・中軽米寛子（2006）「地震保険改善試案―高まる地震リスクと財政との調和を目指して」財務総合政策研究所『PRI Discussion Paper Series』06A-14.
廣井悠・小出治・加藤孝明（2006）「住宅の耐震補強に関する選択行動分析」『地域安全学会梗概集』18, 29-32.
日野宗門（1998）「地域防災実践ノウハウ（18）防災施策の優先順位（その1）」『消防科学と情報』54, 31-41.
福留邦洋・立木茂雄・室崎益輝・小林郁雄・越山健治・菅磨志保・柄谷友香（2003）「居住地移動からみた復興公営住宅入居者の特性―2002 年兵庫県災害復興公営住宅団地コミュニティ調査報告」『地域安全学会論文集』5, 293-294.
福岡市（2006）『福岡県西方沖地震から一年記録誌』.
藤野良幸（1980）「相対的治水の思想―治水の安全性について」『季刊防災』62（53）, 1-3.
藤村重任（1962）「防災政策の動向と問題点―特に行政体制について」『水利科学』6（5）, 1-15.
古川俊一・北大路信郷（2004）『新版 公共部門評価の理論と実践:政府から非営利組織まで』日本加除出版株式会社.
防災行政研究会（2002）『逐条解説災害対策基本法（第二次改訂版）』ぎょうせい.
星野裕志（1997）「神戸港は競争優位性を回復できるか」神戸大学〈震災研究会〉『阪神大震災研究 3 神戸の復興を求めて』神戸新聞総合出版センター, 51-63.
堀田一吉（2008）「地震リスクと地震保険」『保険学雑誌』600, 263-282.
牧紀男・田村圭子・林春男（2006）「実効的かつ総合的な防災アクションプログラムのあり方に関する検討―各都道府県における防災アクションプログラムと計画マネージメント」『地域安全学会論文集』8, 197～206.
松下圭一（1992）『政策型思考の政治』東京大学出版会.
松原一郎（2000）「住まい復興のあり方―社会福祉の視点から」（財）阪神・淡路大震災記念協会『阪神・淡路大震災復興誌［第 5 巻］1999 年度版』.
丸谷浩明, 森伸一郎, 新井伸夫, 田和淳一, 天國邦博（2007）「地方自治体の BCP の特徴とその策定推進に関する考察」『地域安全学会梗概集』21, 95-100.
丸谷浩明（2008）『事業継続計画の意義と経済効果:平常時に評価される実践マネジメントへ』ぎょうせい.
真山達志（1997）「防災行政の課題」『年報行政研究』32, 45-58.
水俣市（2008）『平成 15 年水俣土石流災害記録誌―災害の教訓を伝えるために』.
宮川公男（1995）『政策科学の基礎』東洋経済新報社.
宮本太郎（2005）「ソーシャル・ガヴァナンス―その構造と展開」山口二郎・宮本太郎・坪郷實編著『ポスト福祉国家とソーシャル・ガヴァナンス』ミネルヴァ書房.
三谷陽造（2001）「大震災とケミカルシューズ産業の被災の状況」関満博・大塚幸雄編『阪神復興と地域産業:神戸市長田ケミカルシューズ産業の行方』新評論, 28-49.
三菱総合研究所（1995）『不測事態対応計画最終報告書―第 2 編』.
室崎益輝（1988）「高齢化社会における地域防災計画」『都市計画』152.
室崎益輝（1996）「新しい地域防災計画とこれからの防災, 季刊」『都市政策』84, 3-14.
室崎益輝（1998）「大震災とは何であったのか」『大震災以後』岩波書店.
室崎益輝（1999）「地域防災計画のあり方を考える」『地方自治職員研修』32（9）, 21-23.
室崎益輝・大西一嘉・百田克彦（1983）「神戸市における地域防災活動の要因分析―（その2）―自主防災組織形成に関する調査研究」『日本建築学会大会学術講演梗概集』.
目黒公郎・高橋健（2001）「既存不適格建物の耐震補強推進策に関する基礎的研究」『地域安全学会論文集』3, 81-86.
文部科学省（2005）『「全国を概観した地震動予測地図」報告書』文部科学省地震調査研究推進本部.
安田拡・内河友規・永松伸吾（2000）「阪神・淡路大震災からの復興と公的資金―政府・自治体からの「復興資金」はどのように投入されてきたか」『都市問題』91（1）, 95-114.
山下祐介・菅磨志保（2007）「防災福祉コミュニティ」大矢根淳ほか編『災害社会学入門』弘文堂, 212-219.
山鹿久木・中川雅之・斉藤誠（2003）「市場メカニズムを通じた防災対策について」『住宅土地経済』49, 24-32.
山本栄治（1999）「震災復興と金融問題」藤本建夫編『阪神大震災と経済再建』勁草書房, 78-92.
山本正典（2000）「市町村地域防災計画の現状分析と今後の課題」『月刊消防』22（9）, 62-66.
山中茂樹（2005）『震災とメディア:復興報道の視点』世界思想社.
矢守克也（2005）『〈生活防災〉のすすめ:防災心理学研究ノート』ナカニシヤ出版.
ゆめ風基金（2007）『障害者市民防災提言集』.
横山政敏（1995）「被災地における雇用の現状と雇用・失業対策のあり方」『1995 年度阪神・淡路大震災学術関連研究発表会論文集』立命館大学阪神・淡路大震災復興計画に関する特別調査研究プロジェクト, 21-35.
吉井博明（2004）『住宅の耐震改修に関する促進・阻害要因の分析―焼津市・掛川市における専門家診断及び耐震化工事世帯調査の結果』
吉井博明（2007）「迫られる巨大自然災害への対応―首都直下地震と東海・南海地震」大矢根淳・浦野正樹・田中淳・吉井博明編（2007）『災害社会学入門』弘文堂.
吉田敬一（2001）「ケミカルシューズ産業の歩み」関満博・大塚幸雄編『阪神復興と地域産業:神戸市長田ケミカルシューズ産業の行方』新評論, 50-70.
渡辺としえ（1999）「地域社会における 5 年目の試み―「地域防災とは言わない地域防災」の実践とその集団力学的考察」『実験社会心理学研究』39（2）, 188-196.
和久克明（2004）『風穴をあけろ―「被災者生活再建支援法」成立の奇跡』兵庫ジャーナル社.

あとがき

　本書は筆者にとって初めての単著である。本書の内容の多くは筆者のこれまでの研究の成果に基づいているが、結果的にはかなりの部分を本書のために書き下ろすこととなった。

　序で述べた「減災政策論入門」の構想がどれだけ実現しているか、今はただここまでお読み下さった方々の評価を待つより他はない。本当にこのような本が社会に受け入れられるのだろうかという不安は残るが、それでも、筆者のこれまでの研究が、減災政策論というコンセプトによってそれぞれの意味づけを明らかにできたことに個人的に満足している。これが筆者の独り善がりでないことを切に祈るばかりである。

　本書の内容は、2002年から2007年まで奉職した人と防災未来センターにおいて行った研究が中心である。人と防災未来センターでは、大学などと違って阪神・淡路大震災の被災地における復興の「当事者」という意味合いが強かった。例えば第1章で論じた生活再建支援法の改正や、兵庫県の住宅再建支援共済の設立を巡る論議では、神戸の市民活動家や、マスコミ、兵庫県職員、内閣府職員、同僚の研究員らと、毎日のように議論し、実際に制度が作られていく過程をリアルタイムに観察できた。特に理論的には合理的な政策案であっても、政策コストや政治的駆け引きの結果、その内容が変化していく過程を観察できたこと、そしてこうした議論の対象となる政策課題を設定していくうえで、市民活動の果たす役割の大きさなどを認識できたことは政策研究者として貴重な経験だったと考えている。また、人と防災未来センターでは、多くの災害現場を調査する機会に恵まれ、災害という現象を科学的に捉えながら、同時に被災者の目線に立つことの重要性も学ぶことができた。そして自治体職員の研修や、2005年～2007年まで京都大学からの委託により実施した大大特Ⅲ-3成果普及事業における自治体職員との共同研究事業は、地方防災行政の現場を知ることができる大変貴重な機会となった。とりわけ、センター長の河田惠昭先生（京都大学）からは、災害現象を理解する上での工学的発想の重要さを学んだ。また前述の大大特成果普及事業では、委託主でもあり、かつ人と防災未来センターの上級研究員でもある林春男先生

（京都大学）からは、防災というテーマを柔軟かつ大局的に捉えることを学んだ。

実際に本書を取りまとめるに当たっては、現在筆者が奉職している防災科学技術研究所における「災害リスクガバナンスプロジェクト」において得られた知見が極めて重要な役割を果たしている。このプロジェクトは地域社会の防災力を高めることを直接的な目標としているが、その手段として、社会における多様な主体による災害リスクの協治（リスクガバナンス）を目指す、これまでの防災分野には見られない新しいアプローチを採用している。現在は「災害リスク情報プラットフォーム研究プロジェクト」と名前を変えながら、その基本的なアプローチは現在も継続している。これらのプロジェクトの理論的背景にあるリスク学の考え方は、筆者がこれまで抱いていた防災・減災分野の特殊性や政策の難しさを説明するうえで大変有益であった。特にこのプロジェクトに筆者を招き入れてくださった長坂俊成主任研究員や、リスク学の先端的議論をいつも手ほどきしてくださっている客員研究員の池田三郎先生には心より感謝申し上げたい。

また、本書の執筆を勧めて下さり、絶えず励ましの声を掛けてくださった弘文堂の中村憲生氏にも心よりお礼を申し上げたい。氏から送られてくるメールのタイミングとその叱咤激励の内容は絶妙であった。信頼し期待されているという充実感と同時に、適度な緊張感を保ちながら執筆を進めることができた。初の単著のパートナーとして氏に巡り会えたことは本当に幸運であった。

そして、筆者を研究者として育ててくださった二人の恩師には、この場を借りて改めてお礼を申し上げたい。一人目は、中央大学在学中のゼミ担当教官であった今村都南雄先生である。普段のゼミはもちろんのこと、大学院進学の相談だけでなく、その後も節目節目で暖かい声を掛けて頂くなど、常に暖かく筆者の成長を見守って下さっていることが、筆者にとって研究を継続する励みの一つとなっている。

もう一人は、大阪大学大学院国際公共政策研究科在学中の指導教官であった林敏彦先生（現放送大学教授）である。先生には、現実社会の様々な問題の本質を、経済学の理論を用いて単純かつ明快に明らかにする術を教えて頂いただけではなく、その理論に溺れて、貨幣では測ることのできない人間の尊厳や文化といった価値を見失うことを強く戒めて下さった。まさにマーシャルがいう「明晰な頭脳と温かい心」を併せ持つことの重要性を日々の指導の中

で教わったように思う。

　最後に、最愛の家族に対してもお礼とお詫びである。本書の執筆は本業の研究業務に影響を及ぼさないよう、ほとんどがプライベートな時間に自宅で行われた。平日の夜に2～3時間を執筆に充てるようになってからは執筆が捗るようになったが、その分子ども達にはつまらない思いをさせたのではないかと思う。家が狭いため書斎を設けられず、リビングでノートパソコンを拡げて執筆せざるを得なかったが、家族のくつろぎの場の真ん中で毎晩仕事をしている人間がいるという状況は、子ども達だけではなく同居している母にとっても決して気持ちの良い光景では無かったに違いない。

　そして子ども達が父に甘えられなかった分のしわ寄せを一手に引き受けてくれている妻には特別の感謝である。一冊の本を書き上げることは確かに容易では無かったが、会社員としてフルタイムで働く妻には私の知らない、全く違う苦労があることかと思う。それでも、できる限り筆者の執筆環境を整えようと、子どもたちを連れ出すなどの労をとってくれたことを本当に嬉しく思っている。

　　　2008年9月4日

　　　　　　　　　　　　　　　　　　　　　　徹夜明けのリビングにて

　　　　　　　　　　　　　　　　　　　　　　　　　　永松仲吾

索 引

あ

アクションプログラム
　　　　　　　　218-221, 231
アジェンダ ………………… 74, 80
安全保障……………… 88-89, 244
伊勢湾台風 ………… 106, 195, 212
インセンティブ
　　　　45, 47, 66, 77-78, 83, 240
雲仙普賢岳噴火災害 ……… 67
エンパワーメント ………… 240

か

介護保険制度 ………………… 201
外部不経済 …………………… 53
価値判断 ……… 5, 6, 53, 183, 216-217
ガバナンス ………… 182, 243-245
ガバナンス型計画 …… 229, 232
関東大震災 …… 54, 166, 169-170
義援金 ……………… 66-67, 157
危機管理計画 ………… 223-225
規制 ……………………… 82-84
規制緩和 ……………………… 93
競争 …………………………… 84
協働 ………………… 199-200
共同体の論理 ……………… 152
業務継続計画 ……… 225-227
クラウディングアウト …… 158
グローバル化 … 138-141, 147, 241
経済効率 …………………… 167
経済成長 …… 92, 94, 104, 131, 193
激甚災害法 ……… 174, 179-180
ケミカルシューズ産業 … 139-141
減災 ……………… 85-87, 197
減災政策 ………………………… 5
広域災害 ……………… 214-216
合意形成 ……………………… 182
公共政策学 …………………… 5
公共土木施設災害復旧事業国
　　庫負担法 …………………… 176
神戸港 ………………………… 138
国内総支出（GDE） ………… 104
国内総生産（GDP）………… 97
国民保護法 ………………… 224
国会 ………………………… 60, 63
コミュニティ ………… 196, 198
雇用 ……………… 134-136, 147
コンプライアンス ………… 240

さ

災害救助法 ………………… 54
災害対策基本法 …… 21,179-180,
　　　　　　　210-212, 215, 217, 221
災害弔慰金制度 …………… 65
裁定 …………………………… 109
再保険市場 …………………… 69
事業継続計画 …… 77, 144-146
自己責任 …………… 44, 79, 88
自主防災組織 … 195, 199, 202
市場 ………………… 92-93, 193
市場経済 ……… 121-123, 151
市場原理 ……………………… 89
市場重視 ……………………… 50
市場メカニズム
　　　　　　76-78, 109, 112, 201
自助努力 …………………… 62
地震防災戦略 ………… 38, 204
地震保険制度 ……… 65-66
自然災害 …………… 28, 31
持続可能 … 109, 137, 181-182, 244
持続可能性 ………………… 171
持続可能性の高い地域経済 152
持続可能な地域の復興 …… 146
持続可能な都市 ……………… 51
自治事務 ………… 213, 224, 230
資本市場 …………………… 69
社会の持続可能性 ………… 90
住宅市場 ……………… 58, 50, 57
首都直下地震 ……………… 40
首都直下地震の被害想定 … 51
乗数効果 …………………… 108
情報の非対称性 …………… 46
将来世代 …………… 58-59, 168
昭和金融恐慌 ……… 169-170
人口減少 ………………… 107, 173
震災貸付 …………………… 133
政策介入 ……………… 53, 90
政策過程 ……… 53, 80, 102
生産力の回復 ……………… 167
政治 ………………………… 183

政治過程 …………………… 73
政治的実現可能性 …… 65, 75
政治的戦略 ………………… 73
脆弱性 ………………… 28, 192
政府 ………………………… 193
政府の介入 ………………… 84
政府の役割 ………………… 197
セーフティネット ……… 88, 240
世論 ………………………… 74
全国知事会 ………………… 60
専門家 ……………… 204, 208
贈与経済 …………………… 142

た

対応計画 …………………… 213
大規模地震対策特別措置法
　　　　　　　　　32, 198, 215
耐震改修の市場 ……… 46-47
地域防災計画 ……… 210-217
治山治水緊急措置法 ……… 211
地方交付税 ……… 178, 186-187
中央防災会議
　　　　3, 29, 38, 61, 212, 215
中間所得層 ……………… 36, 59
中山間地 …………………… 173
調整経済 ……………… 122, 151
低頻度巨大災害 ……… 29-30
低頻度高被害型の災害 …… 55
低頻度高被害型リスク … 26-27
東海・東南海・南海地震 … 172-173
東海地震 …………………… 174
倒産 …………………… 132-133
東南海・南海地震 … 39, 173, 174
東南海・南海地震対策特別措置
　　法 ……………… 32, 215
都市化 ……………… 196-197
鳥取県西部地震 ……………… 62
取引費用 ………… 121-122, 124

な

新潟県中越沖地震
　　　　　　　63, 101, 124, 150-151
新潟県中越地震 … 34, 45, 62, 115,
　　　　　148-150, 160-161, 177, 216
新潟地震（1964年）………… 54
日本銀行 …………………… 131

能登半島沖地震 …………… 63

は

バウチャー ……………… 124
ハザード ……………… 28, 192
ハザードマップ …………… 78
ハリケーン・カトリーナ
　　……………… 108, 111, 207
阪神・淡路大震災
　　…26, 32-36, 40-42, 56, 102, 108, 110,
　　115, 124, 141, 160-161, 183-184,
　　188-190, 192, 199-200
被害想定 …………… 29, 204-209
兵庫県南部地震 …………… 30
費用便益分析 ……………… 71

不確実性 …… 70-71, 75-76, 199, 246
福岡県西方沖地震 …… 154-155
復興基金 …………………… 60
復興資金需要 ………… 158-164
復興需要 ……… 125-159, 158-164
防災関係予算 ……………… 20
防災基本条例 ……………… 222
法定受託事務 ……… 213, 224
補完性の原理 ……………… 217
北海道南西沖地震 ………… 67
ボランティア 67, 104, 115, 200, 242

ま

マスコミ ……………… 24, 73
宮城県沖地震(1978年) … 40

民主主義 ……………… 75, 223

や

予防計画 ………… 213-214, 220

ら

ライフサイクル …………… 49
利益集団 …………………… 74

2004年インド洋津波災害 147
9.11テロ …………………… 101
CATボンド ………… 69, 170
GDP …………… 103-104, 161

［著者紹介］
永松伸吾（ながまつしんご）
中央大学法学部政治学科卒業。大阪大学大学院国際公共政策研究科比較公共政策専攻・博士後期課程退学。同研究科助手。この間財務省よりAsian Disaster Preparedness Center 客員研究員としてバンコクに派遣。阪神・淡路大震災記念人と防災未来センター専任研究員、独立行政法人防災科学技術研究所特別研究員。人と防災未来センター研究副主幹を経て、関西大学社会安全学部准教授。
地域安全学会奨励賞（2003年）、日本計画行政学会奨励賞（2008年）、本著にて日本公共政策学会著作賞（2009年）、村尾育英会奨励賞（2010年）を受賞。国際公共政策博士。
http://www.disasterpolicy.com/

減災政策論入門――巨大災害リスクのガバナンスと市場経済

2008（平成20）年11月30日　初版1刷発行　【シリーズ災害と社会 4】
2013（平成25）年11月30日　同　2刷発行

著　者　永　松　伸　吾
発行者　鯉　渕　友　南
発行所　株式会社　弘　文　堂　　101-0062　東京都千代田区神田駿河台1の7
　　　　　　　　　　　　　　　　TEL 03(3294)4801　振替 00120-6-53909
　　　　　　　　　　　　　　　　http://www.koubundou.co.jp
装　丁　笠井亞子
印　刷　三美印刷
製　本　井上製本所

© 2008 Shingo Nagamatsu. Printed in Japan
R　本書の全部または一部を無断で複写複製（コピー）することは、著作権法上での例外を除き、禁じられています。本書からの複写を希望される場合は、日本複写権センター（03-3401-2382）にご連絡ください。

ISBN978-4-335-50104-3

シリーズ 災害と社会
Man and Society in Disaster

災害は社会の仕組みを可視化する！

阪神・淡路大震災、津波、水害、火山の噴火、地球環境の変動に伴う諸災害、サリン事件や9.11などのテロ、原発事故、迫り来る首都直下地震など、さまざまな災害状況と向き合う、実践的な知としての災害社会科学。最新の研究成果を背景に、新たな視点を提示する画期的なシリーズ。実践の場からのコラム多数収載。A5判2色刷。

●既刊

1 災害社会学入門 大矢根淳・浦野正樹・田中淳・吉井博明＝編
災害は社会の仕組みを可視化する。実践的な学の、最新の研究領域を紹介。
定価(本体2600円+税)

2 復興コミュニティ論入門 浦野正樹・大矢根淳・吉川忠寛＝編
地域を復元＝回復する原動力に着目した、新しい復興論の誕生。
定価(本体2600円+税)

3 災害危機管理論入門
──防災危機管理担当者のための基礎講座　吉井博明・田中淳＝編
失敗事例をもとに、危急の場合に必要な対応策を具体的に解説。定価(本体3000円+税)

4 減災政策論入門
──巨大災害リスクのガバナンスと市場経済　永松伸吾＝著
公共政策論に新しい領野を拓く、「災害の経済学」誕生。定価(本体2600円+税)

5 災害ボランティア論入門 菅磨志保・山下祐介・渥美公秀＝編
ボランティア論の画期をなす実践的な論考、ついに登場。定価(本体2600円+税)

6 リスク・コミュニティ論──環境社会史序説　山下祐介＝著
コミュニティが消えてゆく。共同体はどのように変容してゆくのか。定価(本体2600円+税)

7 災害情報論入門 田中淳・吉井博明＝編
災害から命を守るために、情報で何ができるか？　実践の場で試される情報論。
定価(本体2600円+税)

8 社会調査でみる災害復興──帰島後4年間の調査が語る三宅帰島民の現実
田中淳・サーベイリサーチセンター＝編
災害復興のプロセスや被災者の暮らしを、実地の調査で明らかにする。定価(本体2600円+税)